YAPAY ZEKÂ

FIRSAT MI, YOKSA TEHDİT Mİ?

YAPAY ZEKÂ FIRSAT MI, YOKSA TEHDİT Mİ?

Dr. Okan ACAR

ISBN: 978-625-7130-48-6

3. Baskı: Kriter Yayınevi 2025 / İSTANBUL

Yayınevi Sertifika No: 45353

Anahtar Kelimeler: Dijital Dönüşüm, Makine Öğrenmesi, Teknoloji

Üçüncü Baskı, 276 s. 13,5 cm x 21 cm

Kaynaklar var, Dizin var.

Kapak Tasarımı: Ahmet Baran

Mizanpaj: Kriter Yayınevi

Baskı: Çözüm Baskı Merkezi Ticaret Limited Şirketi

Emniyetevleri Mahallesi Güvercin Sokak No:7/1 Kağıthane / İstanbul

Matbaa Sertifika No: 49099

İletişim:

Kriter Yayınevi

Hobyar Mah. Cağaloğlu Yokuşu Sok. Fevzi Bey Han No: 21 Kat: 2 No: 5

Fatih / İstanbul

Tel: 0 212 527 31 89

info@kriteryayinevi.com

www.kriteryayinevi.com

YAPAY ZEKÂ

FIRSAT MI, YOKSA TEHDİT Mİ?

Dr. Okan ACAR

Üçüncü Baskı

2025 – İstanbul

KRİTER

TEŞEKKÜR

Bu kitabın sizler ile buluşmasında emeği geçen birçok insan var.

Öncelikle uzun zamandır aklımdaydı bir kitap yazmak. Daha önce tezim kitap haline getirilmişti ama bu farklı bir şeydi. İlgimi çeken ve beni derin araştırmaya yöneltecek birçok konu olabilirdi. Bunlardan birine karar vermekten daha önemlisi böyle bir işe niyet edip sonunu getirmekti. Bir kere başlamışsanız sonunu mutlaka getirirsiniz diyeceğim ama bu her zaman olmuyor. Maalesef ülkemizde şevkle başlayıp sonradan vazgeçtiğimiz birçok başlangıcımız oluyor. O nedenle başlayıp emek sarf edip sonunu getirememek korkutmuyor değildi.

Derken eşim profesör olmak için bir kitap yazdı ve beni de cesaretlendirdi. Bunun için eşim Aslı'ya teşekkür etmem lazım.

İşin yarısı gitmişti ve şimdi üzerinde çalışılacak doğru konuyu seçmek gerekiyordu. Açıkçası bunun için o kadar zorlanmadım çünkü hem yaptığım iş ile ilgili olduğundan hem de bireysel olarak da ilgimi çektiğinden yapay zekâ üzerine yazmaya karar verdim.

Kitap bitti ve bunu veri bilimcilere göstermeliyim dedim. Bu anlamda da yaptıkları tespitlerden ve önerilerden dolayı çalışma arkadaşlarım Betül Özyürür ve Melikşah Çelik'e ayrıca teşekkür ediyorum.

Şimdi iş kitabı basmaya geldi. Bana ve yazdıklarıma inanan sonra da bu kitabı basmaya karar veren Kriter Yayınevi'ne şükranlarımı sunuyorum.

Bir de pandemi sürecinde yazılan bu kitabın bende şöyle bir hatırası var. Çalışma arkadaşlarıma Mart 2020'de evden çalışmaya geçtiğimizde uzun zamandır ertelediğiniz bir hayaliniz, eksik olduğunuzu düşündüğünüz bir yetkinliğiniz veya öğrenmeniz gereken bir konunuz varsa, işte sizin için tam fırsat demiştim. Onlara tavsiyede bulunup benim kendimle ilgili olanı yapmamam doğru olmazdı. Bu anlamda da beni buna dolaylı olarak mecbur bıraktıkları için tüm çalışma arkadaşlarıma teşekkür ediyorum.

Kitap basıldı, birçok arkadaşım tarafından okundu ve onlardan beni mutlu eden sayısız olumlu geri dönüş aldım. Fakat kitabın eksikleri de yok değildi. İkinci baskı için bunların düzeltilmesi gerekiyordu. Sevgili arkadaşım Emre Memiş benim için detaylı bir okuma gerçekleştirerek nasıl oldu da fark etmedim dediğim pek çok hatayı düzeltmemi sağladı. Kendisine çok teşekkür ediyorum.

Unutmadan, son olarak da ilkokuldan doktoraya tüm eğitim hayatım boyunca bana destek oldukları ve yol gösterdikleri için anne ve babama minnettar olduğumu belirtmek isterim.

Bu kitabı kızım İpek'e hediye ediyorum.

ÖN SÖZ

Dijital ve dijital dönüşüm hepimizin hayatını çok yakından etkiliyor. İşletmeler yeni dijital çözümler ile müşterilerine, onların deneyimlerini arttırmak noktasında işlerine yarayacak çözümler sunmaya gayret ediyorlar. Dijital dönüşüm ile birlikte karşımıza çıkan en önemli kavramlardan biri de hiç şüphesiz yapay zekâdır. Ben de birkaç yıldır yaptığım okumaları, izlediğim videoları, gittiğim etkinlikleri ve buralardan aldığım notları bir araya toplayarak hem kendim hem de ilgi duyanlar için bir kitap haline getirmeye çalıştım.

Bu kitap belki kafanızdaki yapay zekâ ile ilgili tüm soruların cevaplarını vermeyecektir. Fakat size bir bakış tarzı ve çalışmalarınızda yönünüzü tayin edecek çeşitli ipuçları gösterecektir. Bazen bir ipucu bizi çok farklı dünyalara götürebiliyor. Özellikle farklı kaynakları inceleyen okuyucular ve araştırmacılar ne demek istediğimi daha iyi anlayacaktır.

Eğer sürekli bir araştırma içinde iseniz, bir konuyu öğrenmeye gayret ediyorsanız; karşılaştığınız sorunları, yaşadığınız olayları, deneyimlediğiniz süreçleri o konu etrafında düşünmeye başlıyorsunuz. Ben de yapay zekâ ile ilgilenmeye başladığımdan beri özel hayatımda veya iş hayatımda deneyimlediğim tüm süreçleri daha iyi hale getirebilmek için yapay zekâdan nasıl faydalanabilirim diye düşünmeye başladım. Düşündükçe başka şeyler keşfettim. Bu keşiflerden ben faydalanmışsam, eminim herkes faydalanabilir diye düşünüyorum. Hatta farklı disiplinleri bir arada incelediğinizde bunun bambaşka keşiflere imkân sağladığını anladım. Örneğin hem felsefe okuyup hem de makine öğrenmesi okuduğumda aralarında ilgi çekici bağlantılar olduğunu fark ettim. Eminim farklı disiplinler arasında bu şekilde bağlantılar keşfetmek konuyu daha genel amaçlı olarak değerlendirmenizi, büyük resmi görmenizi ve farklı arayışlara yönelmenizi sağlayacaktır.

Bu kitabı işinizi geliştirmek, hayatınızı düzenlemek gibi bir amaçla okumayın. Eğer bu konuya ilgi duyuyorsanız bunu bir başlangıç olarak ele alın. Sonra daha derinlemesine keşfetmek istediğiniz başlıkları başka kaynaklardan da inceleyin. Güzel bir temel ortaya koymuş olursunuz. Zaten sonra gerisi mutlaka gelir.

Son olarak da bu kitabı yazmak ile ne amaçlıyorum? Aslında öğrenmeye çalışıyorum. Öğrenmenin en güzel yöntemi anlatmaktır. Anlattığınız bilgi belleğinizde daha fazla kalır. Sonra onu başka bilgiler ile bir araya getirip daha değişik fikirlere veya bilgilere erişirsiniz. Bu, belki bir bilgi eksikliğinizin farkına varmanızı sağlar, belki de bir konuda daha derin öğrenme ihtiyacınızı tetikler.

Hepinize keyifli okumalar diliyorum.

İÇİNDEKİLER

GİRİŞ

İşinizden çıktınız ve evinize gitmek istiyorsunuz. Akıllı telefonunuzu elinize aldınız, evinize giden en az trafikli yolu seçmek için malum uygulamalardan birine girdiniz ve rotanızı çizdiniz. İşte bir yapay zekâ kullandınız. Yapay zekâ bize bu kadar yakın ve en önemli zamanlarda hayatımızı böylece kolaylaştırıyor.

Sadece rota çizmekte mi kullanıyoruz? Elbette hayır. Microsoft Word'ü açtınız, bir yazı yazdınız ve yanlış yazdığınız kelimelerin altında bir kırmızı çizgi belirdi. Bu çizgiye tıkladığınızda size doğru kelimeyi önerdi. Yine yapay zekâ kullandınız. Hayatımızın içinde, hiç beklemediğimiz bir anda karşımıza çıkabiliyor ve bizim için hayatı daha yaşanabilir yapıyor.

Bu örnekleri arttırmak mümkün. Zaten bunları kitabın içerisinde göreceğiz.

Peki, kitapta neler var? Öncelikle yapay zekâyı tanımlayacağız? Neyin yapay zekâ olduğuna, neyin olmadığına karar vereceğiz. Her algoritma, her yazılım bir yapay zekâ mıdır? Yapay zekâ olması için ne içermesi, neye çözüm bulması ve bu çözümü nasıl bulması gerekecek? Buna karar vermeliyiz.

Yapay zekâyı bu kadar önemli yapan nedir? Neden artık konferanslarda, akademik etkinliklerde, sunumlarda, webinarlarda, araştırma raporlarında bu kavramı daha fazla duyuyoruz? O kadar konu varken beni yapay zekâ ile ilgili bir kitap yazmaya iten sebep nedir?

İlginç olması mı? Diğerlerinden geri kalmama ihtiyacı mı? FOMO* mu? İşimize değer katması mı?

---

* FOMO: Fear of Missing Out: Bir şeyi kaçırma korkusu

Yapay zekâ işletmelerin son dönemlerde en çok önem verdiği alanlardan biri olmaya başlamıştır. Bu teknolojiyi öğrenmek, işletmelerin içinde deneyimlemek her kurumun başlıca amaçları arasında yer almaktadır. Ben de bu kitabımda son birkaç yıldır yapay zekâ okumalarımdan elde ettiğim bilgileri ve aldığım notları sizler için derlemek istedim.

Bu kitap beş bölümde yazılmıştır.

Birinci bölümde yapay zekânın ne olduğunu, günümüzdeki seviyeye nasıl geldiğini, tarihçesini, Sanayi 4.0 ile olan ilişkisini ve Sanayi 4.0'ın getirdiği yeni teknolojiler ile birlikte nasıl değer oluşturduğunu ele alacağız.

İkinci bölümde ise daha derinlere dalmaya başlayıp yapay zekânın hangi alanlarda kullanılmaya başlandığını, günümüzün başarılı kullanım alanlarından biri olan biyometri ile olan ilişkisini, yapay zekânın daha üst seviyede değer oluşturabilmesi için hangi problemleri aşması gerektiğini tartışacağız.

Üçüncü bölüm ise daha çok yapay zekânın nasıl çalıştığının ele alındığı bölüm olacak. Burada veri bilimi ile yapay zekânın ilişkisi ile başlayıp, yapay zekânın günümüzdeki en önemli uygulama alanı olan makine öğrenmesinin ne olduğundan bahsedeceğiz.

Dördüncü bölüm bir devletin veya bir işletmenin yapay zekâ ile ilgili bir strateji çizmek istemesi durumunda hangi temel öğelere odaklanması gerektiğini ortaya koyacaktır. Burada sorumlu yapay zekâ ile açıklanabilir yapay zekâya da bir parantez açılacaktır. Bir strateji oluştururken beklentilerimizi de iyi belirlememiz gerekir. Bu anlamda, yapay zekânın sınırlarının da ortaya konması önemlidir.

Beşinci bölümde ise yapay zekâ ile birlikte farklılaşmak ne kadar mümkün konusuna gireceğiz. Özellikle devletlerin bu konuda yaptığı yatırımlar ile nasıl bir rekabetin içinde olduklarını göreceğiz. Elbette benzer bir rekabet işletmeler hatta bireyler arasında da devam ediyor.

Altıncı bölümde ise bizi biraz düşündürecek, yapay zekâdan korkmalı mıyız sorusunu irdelemek istiyorum. Yapay zekâ önemli kazanımlar sağlıyor ama diğer taraftan da bazı alanlarda bizleri yıpratacak mı? Veya en temel özelliklerimizden biri olan düşünme özelliğimizi elimizden mi alacak? Bugüne kadar övündüğümüz birçok insani özelliğimiz yeni nesiller tarafından unutulacak mı? Bunları tartışacağız.

Bir de ek bölüm koydum. İlginizi çekerse diye bazı önemli yapay zekâ uygulamalarını burada sizler ile paylaşacağım.

Bu kitabı okurken eminim bazı git-geller yaşayacaksınız. Aslında bir taraftan amacım da buydu. Bu teknolojinin bize olan faydası ile bizden götüreceklerini anlamaya çalışmak. Hatta kitabın içerisinde bazı tezatlar da göreceksiniz. Bunları da bilinçli şekilde koydum. Örneğin yapay zekâ işsizliği arttıracak mı? Yoksa yeni iş imkânları sağlayarak işsizlik artık sorun olmayacak mı? Eminim iki önermeyi de doğrulayacak görüşler bulacaksınız.

Ve tabii, bir sorunun cevabını bulmaya çalışacağız:

Yapay zekâ bir fırsat mı? Yoksa bir tehdit mi?

Paulo Coelho'nun dediği gibi; "Gidilmeye değer hiçbir yolun kestirmesi yoktur".

Çıktığınız yolun size başarılar getirmesini diliyorum.

BÖLÜM -1: YAPAY ZEKÂNIN DÜNÜ, BUGÜNÜ

Yapay Zekâ Nedir?

Yapay Zekânın Aşamaları

Yapay Zekânın Tarihçesi

Yapay Zekânın Önemi

Yapay Zekâ Nedir?

Yapay zekâyı anlayabilmek için zekâyı anlatmakta fayda var. Öncelikle karıştırılan iki kavramdan başlayalım. Zekâ ve akıl, çoğunlukla birbirinin yerine ve istemsizce kullanılan kavramlardır. Bu konu üzerine Mümin Sekman *Her Şey Beyinde Başlar* adlı kitabında güzel bir metafor ile bir tanımlama yapıyor. Beynimiz bir araç ise akıl onu süren şoför, zekâ ise aracın donanımıdır. Zekâ daha çok kalıtsal yollar ile anne ve babamızdan bir miras olarak kalması yanında akıl tamamen kendi isteğimiz ve çabamızla geliştirilebilen bir şeydir. Zekâ da elbette geliştirilebiliyor ama bir aracın donanımını ne kadar iyileştirebileceğinizi düşünerek buradaki sınırlarınızı anlamış oluyorsunuz.

Türk Dil Kurumu'na göre ise zekâ; "İnsanın düşünme, akıl yürütme, objektif gerçekleri algılama, yargılama ve sonuç çıkarma yeteneklerinin tamamı, anlak, dirayet, feraset" anlamlarına gelmektedir. Görüldüğü gibi aslında zekâ dilimizde ve diğer dillerde de çok geniş bir anlamda kullanılıyor.

Hepimizin kullandığı Wikipedia'ya göre de zekâ "zihnin öğrenme, öğrenilenden yararlanabilme, yeni durumlara uyabilme ve yeni çözüm yolları bulabilme yeteneğidir".[1]

Akıl ise elimizdeki kapasiteyi nasıl kullandığımız ile ilgilidir. Yüksek seviyede zekâya sahip olan insanlar olabilir. Fakat bunu doğru yerde, doğru şekilde kullananlar başarılı olurlar. Aklı geliştirmek bilgi, tecrübe ve düşünme ile olur. Örneğin araç sürdükçe deneyim kazanırız ve daha iyi araç sürmeye başlarız. Ne kadar çok öğrenir ne kadar çok bilgiler arasında bağlantı kurarsak o kadar da aklımızı geliştirebiliriz.

Zekâ seviyesinin yüksek olması elbette iyi bir şeydir. Bunu olumlu yönde kullanmak daha iyi bir şeydir. İşte bu zekânın insanlarda değil de makinelerde olması yapay zekâ olarak adlandırılmaktadır. Bir makine üst düzey bir yapay zekâya sahip olabilir. Bunu iyileştirebilecek kapasiteye de sahip olabilir. Fakat bu doğru yerde kullanılmadıkça verim elde edilemez ve fayda sağlanamaz.

Şimdi artık yapay zekâdan ne anlıyoruz, biraz ondan bahsedelim.

Yapay zekâ en basit tanımı ile insanın karar alma davranışını taklit eden yazılımlar, makineler veya algoritmalardır. Bir makinenin karar alabilmesi için öncelikle insan davranışını taklit etmesi gerekir demiştik. İşin zor kısmı da buradadır. Çünkü insan ifade edebildiğinden daha fazlasını biliyor. Örneğin size rokayı tanımlayın desem, muhtemelen yeşil bir ottur dersiniz. Belki bitkiyi yakından tanıyanlar fazladan birkaç açıklama daha yapabilirler. Bu açıklamalar hiçbir zaman tam olarak bitkiyi tanımlamayacaktır. Oysa makineler, makine öğrenmesi altında çeşitli uygulamalar ile rokayı diğer bitkilerden ayırt edebilmektedir. Bizim görür görmez tanıdığımız fakat yeterince tasvir edemediğimiz roka, makine tarafından da tanınabilmekte yalnız nasıl tanıdığına dair her zaman bize bilgi verememektedir. Bu da bizi açıklanabilir yapay zekâya götürüyor ki bundan da ileride bahsedeceğiz.

Yapay zekâyı kimler nasıl tanımlamış bir de ona bakalım.

SAS'a göre yapay zekâ "makinelerin tecrübelerden öğrenmesini mümkün kılan, yeni girdilere bunu adapte eden ve insanın yapabildiği görevleri yapan algoritmalardır."[2]

Britannica'ya göre "bir bilgisayarın veya bilgisayar kontrolünde olan bir robotun akıllı varlıkların yapabildiklerini yapmasıdır."[3]

Yapay zekânın tanımlanması ondan ne beklendiği ile de ilgilidir. Kimi yerde robotların yapay zekânın bir parçası olduğunu görürsünüz, kimi yerde de kural bazlı çalışan robotların bir zekâ içermedikleri ifade edilmektedir. Bana göre kural bazlı çalışan hiçbir sistem bir yapay zekâ olarak adlandırılamaz. Yapay zekânın farklı ortamlarda insan davranışını taklit ederek, sürekli öğrenerek, yeni ortamlarda doğru kararlar alabilmesi gerekmektedir. Oysa kural bazlı çalışan sistemlerde bu mümkün olmaz. Kural bazlı çalışan sistemler tecrübelerinden öğrenemez ve yeni durumlarda doğru kararlar veremez. Daha doğrusu karar veremez.

Yapay zekâ kavramını ilk kullanan John McCarthy'dir. Ona göre öğrenme ve zekânın tüm özellikleri en ince detayına kadar tanımlanabilirse, bilgisayarlar bunu simüle edebilir ve insan gibi düşünebilir. Kısacası, öğrenmenin önce nasıl olacağının anlaşılması daha sonra da bilgisayarlara bunun anlatılması gerekmektedir.

Peki, bir makine bir insanı nasıl taklit edebilir? Bunu anlamanın yolu önce bizim evreni nasıl anladığımız ve algıladığımızla ilgilidir. İlkçağdan bu yana birçok filozof, bilim insanı ve akademisyen varlıkları nasıl algıladığımızı araştırmış. Böylece felsefe diye bir bilim ortaya çıkmış. Eğer varlığı anlamak bu kadar detaylı bir süreç ise yapay zekânın çalışması da o kadar önemli, çığır açıcı ve geçmişten günümüze görülmemiş ölçüde büyük bir olaydır.

Felsefede deneycilik veya amprizm denilen bir akım var. Descartes bunun en büyük temsilcilerinden biridir. Gerçek bilgiye deney ve tecrübe ile ulaşabileceğimizi söylüyor. Yapay zekânın da bilgiye ulaşması için benzer bir yöntem izliyoruz. Önce deneyimliyoruz, sonra öğreniyoruz, sonra da karar veriyoruz. Şimdi bunu aşama aşama görelim.

Önce ajan (agent) kavramı ile başlayalım. Ajan, algılayıcılar (sensörler) vasıtasıyla çevresini analiz edebilen ve buna tepki verebilen yapıdır. Bunu yapay zekânın çevresini anlamakta ve çevresine tepki vermekte kullandığı süreçler olarak düşünebiliriz. Ajanı bir insan olarak düşündüğümüzde; insanın çevresini algılayabileceği gözleri, elleri, kulakları, burnu ve dili var. Kısacası beş duyu organı ile dünyayı algılamaya çalışmaktadır. Bu algılamayı beyninde değerlendirip daha sonra da aksiyona yani harekete geçmesi için elleri, bacakları, sesi vb. var. Böylece dünyaya bir tepki verebiliyor.[4]

Bir bitkiyi düşündüğünüzde üzerine istemediği türden böceklerin gelmesi durumunda bunu yapraklarının yenmesinden, böceklerin kokusundan veya bilinen ya da bilinmeyen birçok etkenden anlayıp, böcekten kurtulmaya karar verip sonrasında ya bir salgı ile böceği rahatsız ediyor ya da yine ürettiği bir sıvı ile bu böceğin düşmanlarını çağırabiliyor. Görüldüğü gibi hep aynı doğrultuda ilerleyen bir süreç var.

Benzer bir süreç neden makineler için de kullanılmasın? Çevre tarafından tetiklenen bir süreç, makinenin algılayıcıları tarafından algılanıp, yine makine tarafından yorumlanarak, makinenin buna bir tepki oluşturması sağlanabilir. Örneğin bir makine, kamerası vasıtası ile çevresini algılayıp buna hareket ile karşılık verebilir.

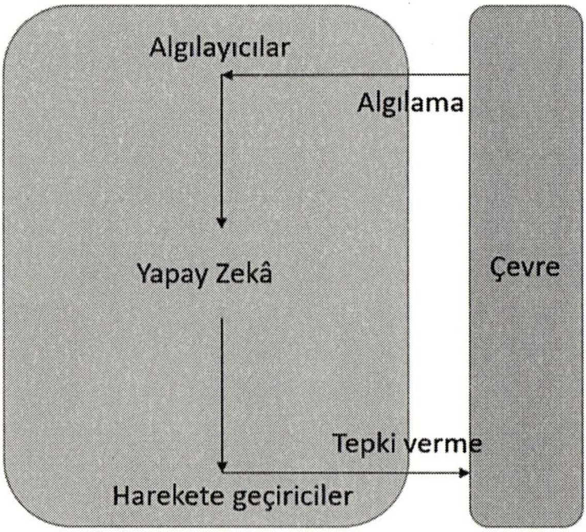

Şekil 1. Yapay Zekâ Çalışma Süreci

Renato Bruni'nin *Biyo-İnovasyon* kitabı var. İnovasyonun temelinin doğa olduğunu hatta bitkiler olduğunu anlatıyor. O zaman yapay zekânın da temeli yine çevremizde gördüğümüz varlıklar, onların birbirleriyle ve insanlarlarla etkileşimi olabilir. Hatta kitapta ismi geçen ünlü tasarımcı Achille Castiglioni'nin şöyle bir sözü var:

"Kendini tasarıma adamak isteyen gençlere şunu söylemek isterim. Dünyanın nasıl bir yer olduğunun biraz farkına varmak için kırsalda, şehrin sokaklarında gezinin. İcatların hepsi oralarda bulunur ve size de sadece onları toplamak kalır."[5]

Gerçekten de etrafımıza baktığımızda; uçak veya otomobil tasarımlarından güneş panellerine, yapıştırıcılardan vantuzlara kadar neredeyse her şey doğadan ilham alınarak geliştirilmiştir. İnsanlar doğayı taklit ederek inovasyon yapmışlardır.

O zaman bu neden yapay zekâ için de geçerli olmasın?

Neden yapay zekâ için insanların algılama, bilgi toplama, yorumlama, karar alma ve harekete geçme ile ilgili yeteneklerini kullanmayalım. Elbette bu çok kolay değil. Çünkü insanın düşünme yapısını taklit etmek bir hayli zor. Çünkü bunu henüz biz bile tam olarak bilmiyoruz.

Yapay zekâ doğru çalışsa bile önemli olan bunun bir makine tarafından yapıldığının bilinemeyecek kadar insansı olmasıdır. Henüz bu aşamalarda almamız gereken mesafeler var. Fakat yine de sıfır noktasına göre epeyce ilerideyiz.

Herhangi bir işlemin bir yapay zekâ tarafından yapılıp yapılmadığını anlayabilmek için Turing Test'i önerilmektedir. Buna göre duvarın arkasında A ve B olduğunu düşünün. Bunlardan B gerçek bir insan ve A bir bilgisayar üzerinde çalışan yazılımdır. Duvarın önündeki C insanı, A ve B'yi görmeden sadece klavye ve monitör marifeti ile A ve B'ye istediği soruları sorabilir. B kişisi insan olduğu için normal cevaplar verebilir. Buna karşılık A bilgisayarının amacı insan gibi cevaplar verip C kişisini kandırmaktır.

Bu test yapısı bilgisayar bilimlerindeki pek çok yapay zekâ probleminin çatısını teşkil etmektedir. Dizi halinde tekrarlanan testler sonucunda sorgulayıcı, tutarlı bir şekilde insanı saptayamadığı takdirde makine Turing Testi'ni geçmiş sayılır.[6]

Yapay Zekânın Aşamaları

Yapay zekâ bugüne kadar hep gelişerek gelmiştir. Daha yarım asır önce karşılaşılan sorunlara insanların bulamadığı birçok çözüm bugün yapay zekâ ile gerçekleştirilebilmektedir. Bu alandaki gelişmelerin hızı ileride gelebileceği aşamayı anlama noktasında bize çok önemli tüyolar veriyor. Elbette bunları öngörmek ve hatasız şekilde tahminlemek halen çok zor. Fakat biz bugüne nasıl gelindiğini bildiğimiz için bundan sonra da ne hızla gidebileceğini anlayabiliyoruz.

Öncelikle şunun farkında olmalıyız ki yapay zekâ konusunda halen alınacak çok yolumuz var. Fakat özellikle bazı alanlarda yaşanan gelişmeler bize umut veriyor. İsmail Hakkı Aydın ile Can Hikmet Değirmenci'nin *Yapay Zekâ* kitabında insanlığın yapay zekâda arzulanan seviyeye ulaşması için en az 15-20 seneye ihtiyacı olduğu belirtiliyor.

İnsanlık 2.0 kitabında da Ray Kurzweil, insanlığın gelişimi gibi teknolojinin de bir gelişimi olduğunu belirtmektedir. İnsanlık nasıl aklını kullanarak belli bir olgunluğa gelmişse teknolojiyi kullanarak da gelişimine devam etmektedir. Her geçen yıl kat edilen mesafe bir önceki yıldan çok daha fazla oluyor. Bu da üstel bir büyüme ve gelişme anlamına geliyor. Özellikle son 250 yıldır yaşanan gelişmeler bunu doğruluyor. Her ne kadar dünya savaşları, salgın hastalıklar gibi nedenler ile bu gelişmenin yavaşladığı zamanlar olsa da genelde hızlı bir ilerleme sürecinin içerisinde yer aldığımızı söyleyebiliriz.

Bunu şöyle bir benzetme ile anlatabiliriz.

Elinizdeki şişeyi bir musluğun altına tuttuğunuzda önceleri sabit bir hızla dolduğunu görürüsünüz. Fakat şişenin üst kısmı daraldıkça suyun dolma hızı artar. Hatta bir ara öyle bir aşamaya gelir ki taşmasını engelleyemezsiniz.

Şişenin sabit hızla dolması gibi teknoloji de yüzyıllarca sabit seyretmişti. Fakat son 2,5 asırdır insanlık yeni icatlardan elde ettiği faydayı görünce teknolojiye sarıldı ve buna odaklandı. Böylece teknolojik gelişim hiç olmadığı kadar hızlı ilerledi. Son yıllarda ise insanlık geleceğini özellikle teknolojide arıyor. Bundan elbette yapay zekâ da nasibini alıyor. Fakat henüz şişenin dolduğu aşamaya gelmiş olduğumuzu düşünmüyoruz. Gartner'a göre birçok teknolojide ilerlenmiş olmasına rağmen yapay zekâ noktasında henüz bulduğumuz kullanım alanlarını genişletme ve geliştirme çabasındayız.

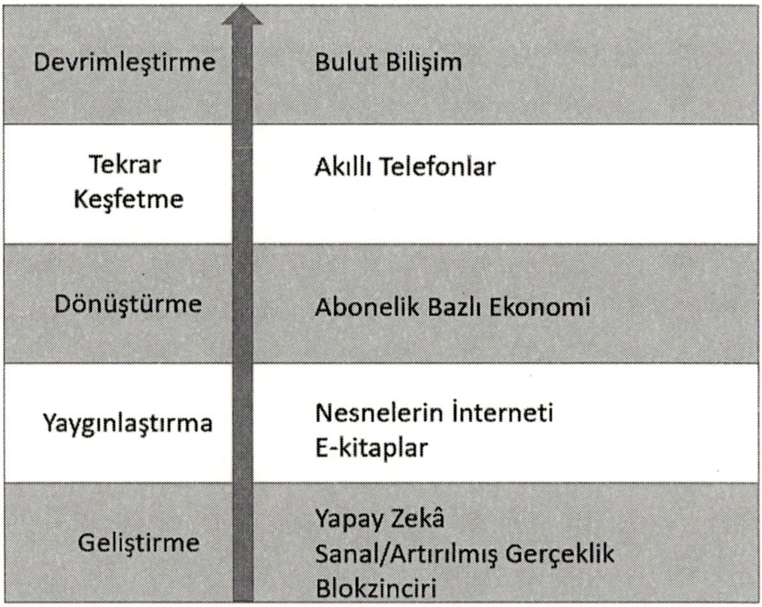

Şekil 2. Teknolojilerin Olgunluk Seviyeleri
(Kaynak: Gartner)

Elbette konuya sadece yapay zekâ olarak bakmak, tüm yapay zekâ uygulamalarının kaba bir ortalamasını almaya benzer. Oysa birçok yapay zekâ uygulaması önemli gelişimler göstermiştir. Örneğin ileride bahsedeceğimiz öneri motoru algoritmalarında yaygınlaştırma aşamasını geçmiş iken, sesli asistan konusunda henüz geliştirme aşamasında olduğumuzu söyleyebiliriz.

Yapay zekânın geldiği ve gideceği aşamaları çeşitli kaynaklarda farklı olarak görmek mümkündür. Bunlardan en bilineni hiç şüphesiz:

- Dar (Kısıtlı) Yapay Zekâ (Artificial Narrow Intelligence - ANI) ve
- Genel (Güçlü) Yapay Zekâ (Artificial General Intelligence - AGI)

Şeklinde yapılan ikili sınıflamadır. Dar Yapay Zekâ, bir bilgisayarın bir web sayfasını tarama, yüz tanıma, ses tanıma, uygun rotayı oluşturma veya satranç oynama gibi tek bir görevi son derece iyi şekilde yerine getirme yeteneğini ifade eder. Burada belirli görevler vardır. Bu görevlerin dışına çıkılmaz. Yapay zekâ da bu görevlerin dışındaki bir görevi kendi kendine öğrenemez. Fakat o görev ile ilgili daha nitelikli kararlar verebilmek için öğrenmeye devam edebilir.[7]

Genel Yapay Zekâ ise oldukça kapsamlı görevlerden oluşan bir yapıdır. Genel Yapay Zekâ, bir insanın yapabileceği herhangi bir detaylı görevi anlama veya öğrenme kapasitesine sahip bir makinenin varsayımsal zekâ seviyesini gösterir. Henüz bu aşamaya insanlık ulaşamamıştır. Örneğin bir yapay zekânın herhangi bir insan gibi disiplinler arası düşünebilmesi, şirketin yönetiminde kararlar alıp yıl sonunda şirketin kâr etmesini sağlaması, sanatçı gibi düşünerek eserler ortaya koyabilmesi, hukukçu gibi kanunları yorumlayarak adalet mekanizması içerisinde yer alabilmesi, matematik formülleri geliştirebilmesi, inovasyon çalışmalarında bulunması gibi sadece insan ile ilişkilendirilebilen alanlarda faaliyet göstermesi bu yapay zekâ seviyesine örnek olarak verilebilir.

Bu sınıflandırma ile birlikte daha detay ve öngörüsel düşünüldüğünde üç farklı sınıf da karşımıza çıkabilmektedir. Bunlar: [8]

- Yardımcı veya Artırılmış Yapay Zekâ (Augmented Artificial Intelligence)
- Süper Yapay Zekâ ve
- İnsan Ötesi Yapay Zekâdır.

Yardımcı Yapay Zekâ kavramı, yapay zekâ teknolojilerinin insanın tamamen yerine geçmek yerine insanlara yardımcı olmak için özel olarak geliştirildiğini vurgular. Bu şekilde, Yardımcı Yapay Zekâ uygulamaları insan ve makine zekâsını birleştirir. Başarısızlık riskinin çok fazla olduğu veya yapay zekânın insanları denklemden tamamen çıkaracak kadar gelişmemiş olduğu sistemlerde kullanılabilir.

Süper Yapay Zekâ ise insanüstü yapay zekâdır. Bu teknoloji, en parlak ve en üstün olduğu bilinen insan zekâsından daha üst düzey zekâya sahip olan varsayımsal bir yapıdır. Bu zekâ insanın ötesinde algılayabilen, hız ve çıktılar anlamında daha üst düzey performans sergileyen bir yapıdır.

İnsan Ötesi Yapay Zekâ ise artık sermaye sahibi olabilen, yatırım yapabilen, sadece bir şirkette değil devletlerin yönetiminde söz sahibi olabilen, öngörülen en üst düzey yapay zekâ yapısıdır. Tüm insanlık üzerinde etkilidir. Bu iş korkunç boyutlara varır mı bunu bilemiyoruz. Elbette bu tarz sistemlerin distopik sonuçları bazı filmlere konu olmuştur. 2015 yapımı *Terminatör Genisys* filmini izleyenler bilecektir. Orada Skynet

sistemi askeri uyduları, tankları, denizaltıları ve hatta nükleer silahları kontrol edebilmekteydi.

Eğer yukarıdaki yapay zekâ teknolojilerini gelişmişliğine göre bir sıraya koymamız gerekirse aşağıdaki sıralama doğru olacaktır. İlk iki aşamada oldukça önemli geliştirmelerin yapıldığını ve işe yarar uygulamaların devreye alındığını görmekteyiz. Genel Yapay Zekâ üzerinde çalışmalar olsa da henüz emekleme aşamasındadır. Bu çalışmalar olgunlaştıkça daha derin ve insan ötesi uygulamalar ile karşılaşmak olasıdır.

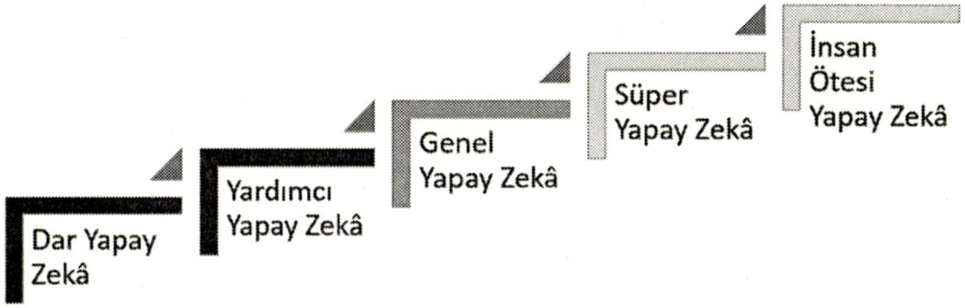

Şekil 3. Yapay Zekâ Aşamaları

Yapay Zekânın Tarihçesi

Yapay zekâ da diğer teknolojiler gibi yıllar içinde olgunlaşarak bugünlere gelmiştir. Bu teknolojinin geçirdiği aşamaları bilmek, bundan sonra gideceği yolu ve yönü anlamak için faydalıdır.

Yapay zekâ için birçok başlangıç noktası ifade edilmiştir. Cezeri'nin robot çizimleri, *Oz Büyücüsü*'ndeki kalpsiz teneke adam gibi figürler çeşitli kaynaklarda birer başlangıç noktası olarak gündeme gelmektedir. Fakat genel olarak yapay zekânın başlangıcı İkinci Dünya Savaşı ile olmuştur diyebiliriz.

Cezeri Robotu

Teknolojik anlamda yaşanan tüm gelişmeler aslında birer ihtiyaçtan kaynaklanmıştır. Bu kapsamda da İkinci Dünya Savaşı'nın uzaması devletleri yeni arayışlara itmiştir. Alan Turing, Almanların ünlü kod şifreleme makinesi olan Enigma'yı* kırmaya yardımcı olacak Bombe adında elektromekanik bir makine tasarlamış ve bu cihaz, korumalı mesaj trafiğine saldırmada o zaman için en önemli ve tek tam otomatik kod kırma makinesi olarak kullanılmıştır.[9]

Bu dönemde bilimkurgu anlamında robotlar üzerinden

* "The Imitation Game" adlı filmi izlemenizi tavsiye ederim.

yapay zekânın (henüz adı konmamıştı) gelişimi başlamıştır. Buna verilebilecek en iyi örneklerden biri 1939 yılında New York'taki World's Fair'de sergilenen Electro adlı bir robottur.

1940'larda bazı filmlerde ev hanımlarına yardımcı olan, onların seslerini tanıyıp talimatlarını yerine getiren robotlar hayal edildiğini görüyoruz.

Bunlar insanlar arasında robot farkındalığını da arttırmıştır.

1950'de Turing *Bilişim Makineleri ve Zekâ* başlıklı bir makale yayımlamıştır. Böylece yapay zekâ olarak adlandırılacak alana kapıları açmıştır. Bu aşamada henüz yapay zekâ kavramı ortaya atılmamıştı. Bu daha sonra John McCarthy tarafından yapılacaktır. McCarthy yazdığı makalede basit bir soruyu sorarak başlamıştır. "Makineler düşünebilir mi?" Turing daha sonra makinelerin düşünüp düşünemeyeceğini değerlendirmek için bir yöntem önermiştir. Bu yöntem Turing Testi olarak biliniyor. O zamanki ismi ile "Taklit Oyunu" makinelerin düşünebileceğini kanıtlamak için kullanılabilecek basit bir araç olarak öne çıkmaktaydı. Turing Testi insanoğluna zeki bir insandan ayırt edilemeyen bir bilgisayarın yani makinenin düşünebileceğini göstermiştir. Öyle ki bugün internette sık sık karşımıza çıkan Captcha sorguları birer Turing Testidir.[10]

Bundan güç alan araştırmacılar, matematiksel problemleri çözebilecek algoritmalar geliştirmeye odaklandılar. Joseph Weizenbaum, 1966 yılında Eliza olarak adlandırılan ilk sohbet botunu ortaya koydu. Bugün chatbot* adı altında bu tarz uygulamaları hizmet sektöründe gözlemlemekteyiz.

1972 yılında ise ilk akıllı insansı robot, Japonya'da WABOT-1 olarak adlandırıldı. Daha sonra 1980'lere kadar yapay zekâ üzerine önemli bir çalışma yapılamadı. Çünkü hükümetler bu alana fon ayırmada sıkıntılar çektiler. Dünyada ekonomik

---

* Chatbot: Sohbet robotu

problemler vardı ve bu nedenle lüks görüldüğü için yapay zekâ çalışmaları durdu. Bu döneme yapay zekânın kış dönemi denir.

Rosey - Jetgiller

Söz konusu gelişmeler yaşanırken televizyonda da robotları görmeye başlamıştık. Örneğin 1962 yılında yayına giren *Jetgiller (Jetsons)* dizisinde Rosey adlı robotun Jetgiller'in tüm sorunlarını çözen bir karakter olduğunu izlemiştik.

1980 yılında yapay zekâ uzman sistem ile geri döndü. Bir insan uzmanın karar verme yeteneğini taklit eden uzman sistemler programlandı. Yine aynı yılda Amerikan Yapay Zekâ Derneği'nin ilk ulusal konferansı Stanford Üniversitesi'nde yapıldı.

1990'ların başına kadar yine bir uyuklama devresi vardır. Fonlama sıkıntıları tekrar boy göstermiştir. 1993 yılından sonra akıllı asistanların devreye girmeye başladığını görüyoruz.

IBM Deep Blue, 1997 yılında dünya satranç şampiyonu Gary Kasparov'u yenerek bu seviyede bir insanı yenmeyi başaran ilk bilgisayar oldu. Bu o zaman için çok önemli bir gelişmeydi. Bugün bu olay birçok kaynakta yapay zekânın dönüm noktalarından biri olarak kabul edilir. Çünkü insanlar artık makinelerin kendilerinden daha iyi oldukları noktada onlara güvenmeye başlamışlardır. Örneğin görsel tanımada yapay zekâ insanların görsel tanıma yeteneğini 2015 yılında geçmişti. Bu dönemden sonra görsel tanıma konusunda da birçok uygulama geliştirildi.

Kasparov'un yenilmesi, makinelerin insanlardan daha iyi kararlar verebileceğini ortaya koymuştu. Aslında bakıldığında makineler elektronik devrelerden oluşan kör, sağır ve duygusuz varlıklardır. Bunları yetenekli yapan algoritmaları ve bu algoritmaları süratle çalıştırabilmeleridir.

Burada da Moore Yasası devreye giriyor. Moore Yasası, Intel şirketinin kurucularından Gordon Moore'un 1965 yılında Electronics Magazine dergisinde yayınlanan makalesi ile teknoloji tarihine kendi adıyla geçen yasaya verilen isimdir. Moore her 18 ayda bir tümleşik devre üzerine yerleştirilebilecek bileşen sayısının iki katına çıkacağını, bunun bilgisayarların işlem kapasitelerinde büyük artışlar oluşturacağını, üretim maliyetlerinin ise aynı kalacağını, hatta düşme eğilimi göstereceğini ifade etmiştir.[11] Bu da yapay zekânın gelişiminin geometrik hızla ilerleyeceğini bizlere gösteriyor.

1997 yılında Sojourner adındaki yapay zekâ destekli robot Mars'a gönderildi. 3 ay boyunca Mars yüzeyinde dolaştı ve yüzlerce fotoğrafı dünyaya gönderdi.

2000'lerin başından itibaren kullandığımız ev aletlerinde yapay zekâ uygulamaları belirmeye başlamıştı. İlk kez, yapay zekâ eve bir elektrikli süpürge olan Roomba ile girdi.

Yapay zekâ 2006 yılına kadar iş dünyasına da geldi. Facebook, Twitter ve Netflix gibi şirketler yapay zekâ kullanmaya başladı. Hatta yapay zekâ noktasında aralarında büyük bir yarış da meydana geldi.

2011 yılında IBM Watson, karmaşık soruların ve bilmecelerin çözülmeye çalışıldığı bir yarışma programı olan Jeopardy yarışmasını kazandı. Watson, doğal dili anlayabildiğini ve zor soruları hızlı bir şekilde çözebileceğini kanıtlamıştı. Bu o zamana kadar ulaşılmış oldukça üst bir aşamadaydı. Bu gelişme araştırmacıları heveslendirdi.

2014 yılında, Eugene Goostman adındaki Chatbot, Turing Testi üzerine bir yarışma kazandı.[12]

Ekim 2015'te Google'ın şirketi olan DeepMind'ın geliştirdiği AlphaGo, Çinliler'in tarihi Go oyununda üç kez Avrupa

Şampiyonu olmuş Fan Hui'ye karşı oynadı. AlphaGo, bir Go profesyoneline karşı maçı 5-0 kazandı.

2016 yılında ise AlphaGo, son on yılın en büyük oyuncusu kabul edilen ve 18 kez dünya şampiyonu olmuş efsanevi Go oyuncusu Lee Sedol ile Seul'de karşı karşıya geldi. AlphaGo'nun 4-1'lik zaferi, dünya çapında 200 milyondan fazla insan tarafından izlendi.[13]

Google 2018 yılında, telefonla rezervasyon yapabilen uygulaması Duplex'i tanıttı. Bu, izleyiciler tarafından büyük bir beğeni ile izlendi. Duplex kuaförü aradı ve bir randevu oluşturmasını istedi. Kuafördeki yetkili bir makine ile konuştuğunu fark etmedi. Bu konuya ek bölümde değindik.

Yapay zekâ ile ilgili gelişmeler kısaca böyleyken ileride neler ile karşılaşacağımıza dair birçok farklı senaryo çizilebilmektedir. Bunların bir kısmına kitabın farklı yerlerinde değineceğiz. Bu aşamada özetle şunu söyleyebiliriz. Gelinen son noktada yapay zekâ üzerine matematik ya da istatistik kullanarak başarılı modeller geliştirebiliyoruz. Bu modeller şimdilik özel alanları kapsıyor ve genele yeterince hitap etmiyor. Fakat ilerleyen zamanlarda Genel Yapay Zekâ ve sonrasında gelmesi öngörülen Süper Yapay Zekâ ile İnsan Ötesi Yapay Zekâ'nın duygusal zekâyı da geliştireceği, insanlığı farklı boyutlara taşıyacağı ve devletlerarası ilişkilerin bile artık makineler arası iletişim kurularak yapay zekâ ile yürütüleceği bir dünyaya doğru gidiyor olabiliriz.

Yapay Zekânın Önemi

Yapay zekânın bizim için önemini anlamak için biraz geçmişe bakmak gerekiyor. Özellikle son üç asırdır yaşanan teknolojik gelişimlerin tüm insanlığı etkileyenlerini düşündüğümüzde, bunların çoğunlukla genel maksatlı teknolojiler olduğunu görüyoruz. Buhar motoru, elektrik, içten yanmalı motor teknolojisi, internet vb. bu kategoride yer alıyor. Bu anlamda çağımızın en önemli genel maksatlı teknolojisinin de yapay zekâ olduğunu söyleyebiliriz.

Bugüne nasıl geldiğimizi anlamak için son zamanlarda yaşanan teknolojik gelişmelerden bahsetmek gerekir. Buradaki gelişmeleri Sanayi 1.0 ile Sanayi 4.0* arasındaki süreç kapsamında değerlendirebiliriz.

Sanayi 1.0'dan anladığımız en basit anlamda sanayileşmedir. 1800'lerde işçilere yardımcı olmak için su ve buharla çalışan makineler geliştirildi. Bu makineler ile üretim gücü, kas gücünden makineye aktarılmış oldu. Böylece insanlar sadece kendi ihtiyaçları için üretmiyorlar, başkaları için hatta tüm toplum için de üretim yapıyorlardı. Pazarın ihtiyaçları ve oluşan talep düşünülerek üretim planlaması başladı.

Sanayi 2.0'ın başlangıcından anladığımız ise elektriğin icadıdır. 20.yy'ın başında elektrik en önemli güç kaynağı haline gelmişti. Elektrik; su ve buhardan daha kolaydı. Taşınabilir olması çok büyük rahatlıktı. Bu aşamadan sonra üretim hızla arttı. Seri üretim montaj hatlarında üretilebilen mallar yaygınlaştı. Amerikalı makine mühendisi Frederick W. Taylor, işçi ve işyeri yöntemlerini optimize etmek için Bilimsel Yönetim Yaklaşımı'nı tanıttı. [14]

---

* Endüstri 4.0 olarak da kullanılmaktadır.

Sanayi 3.0 ise 20.yy'ın son çeyreğinde gerçekleşti. Özellikle elektronik aletlerin bulunması ve üretimde kullanılmaya başlanması bu devrin en temel özelliğidir. Bilgisayarların gelişmesi, internetin kullanılmaya başlanması ve yazılımların devreye girmesi üretim kapasitesini hiç olmadığı kadar artırdı. Böylece makineler daha kapsamlı işleri kendi başlarına yapabilir hale geldiler.

İnsan nüfusu da bu teknolojik gelişmeler ile birlikte sağlanan ortamda (buna eğitim, sağlık, yeterli besine ulaşma gibi imkânların yaygınlaşmasını örnek gösterebiliriz) hiç görülmediği oranda artmaya başlamıştır. 19.yy başına kadar 1 milyarın altında kalan insan nüfusu sadece 200 senede beş kattan fazla artarak 6 milyarı geçmiştir. 2050 yılın kadar da bu rakamın 11 milyar seviyesine yükseleceği öngörülmektedir.[15]

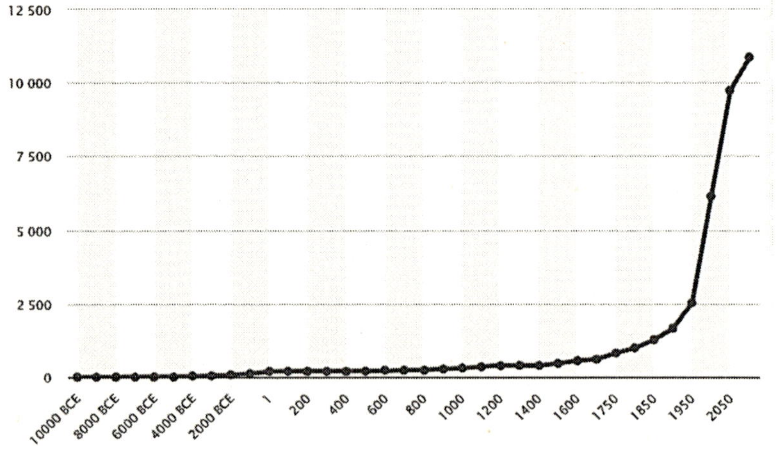

Şekil 4. İnsan Nüfusu (Milyon-Kişi)

(Kaynak: Statista)

Son aşamada ise dijital devrim denilebilecek çağı yaşıyoruz. Buna Sanayi 4.0 da diyoruz. Dünya Ekonomik Forumu Kurucusu ve İcra Kurulu Başkanı Prof. Klaus Schwab, *Dördüncü*

Sanayi Devrimi adlı kitabında çalışma hayatımızı ve birbirimiz ile olan ilişkilerimizi temelden değiştiren bir devrimin başında olduğumuzu söylüyor. Bu anlamda Sanayi 4.0 ile gelen devrimde hayatı kolaylaştıracak birçok önemli teknolojinin var olduğunu görüyoruz. Bunların hayata geçmesi için de veriye, donanıma ve arka planda çalışan yapay zekâya ihtiyacımız oluyor.

Önceki sanayi devrimleri insanlığı hayvan gücünden kurtarmış, seri üretimi mümkün kılmış ve milyarlarca insana dijital yetenekler getirmiş olabilir. Ancak Sanayi 4.0 devrimi temelde farklıdır. Fiziksel, dijital ve biyolojik dünyaları kaynaştıran; tüm disiplinleri, ekonomileri ve endüstrileri etkileyen ve hatta insan olmanın ne anlama geldiğine dair zorlayıcı felsefi tartışmalar içeren bir dizi yeni teknoloji ile tanışmış oluyoruz.[16]

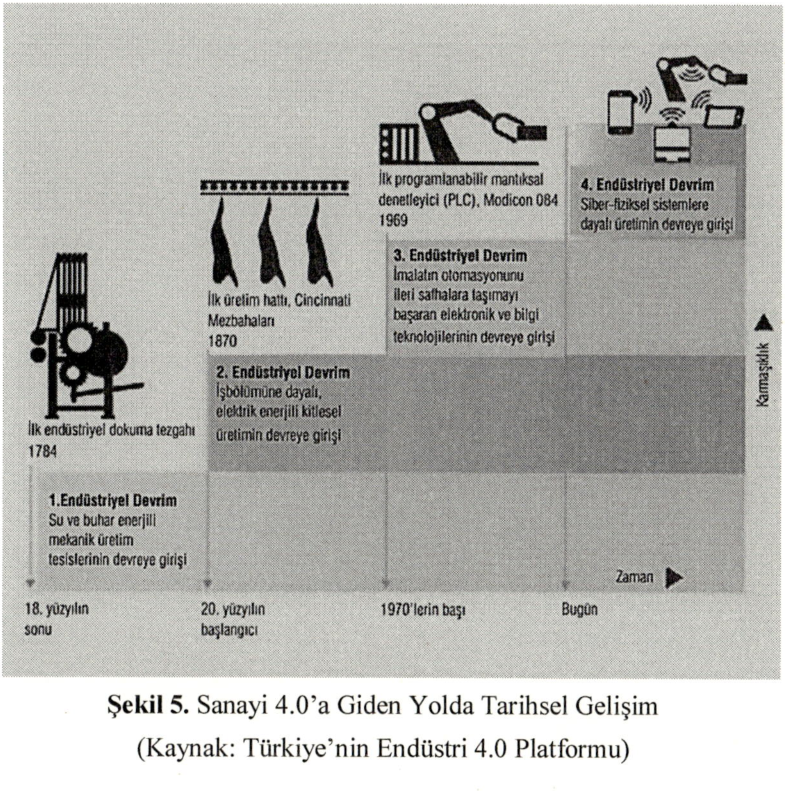

Şekil 5. Sanayi 4.0'a Giden Yolda Tarihsel Gelişim

(Kaynak: Türkiye'nin Endüstri 4.0 Platformu)

Peki, bu teknolojiler neler ve yapay zekânın buradaki önemi nedir? Aşağıda bunları tek tek inceleyeceğiz.

Büyük Veri (Big Data)

Büyük veri, bir şirketin stratejileriyle ilgili kararlarını etkileyen; büyük, çeşitli ve karmaşık veri kümeleri ile çalışmasını sağlayan önemli bir teknolojidir. Bu nedenle, veri hacmindeki artış ile teknolojik yeteneklerdeki gelişmeler; üretkenlik ve inovasyonu artırarak şirketlerin rekabet avantajını birbirlerine göre farklılaştırmaktadır.

Büyük veri, işletmelerin karar mekanizmalarında daha doğru adımlar atabilmeleri için her türlü veriden yararlanmaları noktasında önemlidir. Peki, büyük veri denildiğinde aklımıza ne gelmesi lazım? Bunun için büyük verinin hangi kavramlardan oluştuğunu göstermemiz gerekiyor. Bu kavramlar da sırasıyla; hız (velocity), çeşitlilik (variety) ve hacimdir (volume). Şimdi bunlara bakmaya başlayalım.

Hız, insanların özellikle sosyal medyada yaptıkları paylaşımların her geçen gün artması ile verinin baş döndürücü bir hareket kabiliyetine ulaşmasını ifade ediyor. Çeşitlilik, verinin birçok çeşidinin karşımıza çıkabileceğini anlatıyor. Örneğin; resim, video, metin vb. birçok veri çeşidi hemen her yerde kullanıma hazır bekliyor. Hacim ise, bu verilerin kapladığı alanı ve aynı zamanda miktarını ifade ediyor.

Büyük verinin işletmeye sağladığı yararları yanında zorlukları da var. Örneğin işletmelerin donanım ihtiyacı her geçen gün artıyor. Bunu şöyle anlatalım. Sosyal medyada müşterilerin birbirlerini tetikleyen paylaşımları ve bunların hızlı şekilde yayılması; verinin metin, resim, video gibi farklı biçimlerde internette gezmesi, bu verilerin boyutunun cihaz kalitesinin artması ile daha fazla alan gerektirmesi ve doğal olarak kapasite sorunlarını beraberinde getirmesi…

Şekil 6. Büyük Veri Yapısı

Şunu da unutmamalı ki, yapay zekâ yeterli miktarda kaliteli veri olduğunda en iyi seviyede çalışır. Algoritma, ilgili veriler arttıkça ve çeşitlendikçe daha iyi performans gösterir. Yeterli kalitede ve miktarda veri ile beslenmediğinde yapay zekâ başarısız olur. Standart yazılımları kural ile eğitirken, yapay zekâlı algoritmaları ise veri ile eğitmemiz gerekiyor. Bu nedenle kaliteli, çeşitli ve yeterli miktarda veriye ihtiyacımız var.

Dünya çapında oluşturulan veri miktarı da tahmin edeceğiniz gibi gittikçe artıyor. 2017 yılında 26 Zetabyte olan veri miktarının, 2024 yılında 149 Zetabyte'a ulaşması öngörülmektedir.[17]

Doğru veya kaliteli verinin toplanması da çok önemlidir. Kaliteli veriler, daha doğru modeller demektir. Daha doğru modeller de daha kabul edilebilir sonuçlar anlamına gelir. Bunların ne anlama geldiğine ileride değineceğiz.

Robotlar (Robotics)

Karşımıza her gün çıkan kavramlardan biri de robotlardır. Robotları da kendi içerisinde ikiye ayırmak gerekir. Fiziki robotlar ve yazılım olarak çalışan robotlar.

Şirketler 20.yy ortalarında tekrarlayan operasyonel işleri için önemli miktarlarda bütçe tahsis ettiklerini anladılar. Bunu aşmak için ağırlıklı olarak imalat sektöründeki fiziksel robotları kullanmaya başladılar. Robotların hassasiyetlerinin artması ve verimliliklerinin yükselmesi, bunların birçok sektörde yaygınlaşmasını sağladı. Fiziksel robotların yapacağı işi dijital dünyada dijital robotlar da yapamaz mıydı?

Aslında dijital dünyada çalışmak gerçek dünyada çalışmaktan daha kolaydı. Çünkü her şey matematiksel ifadeler ile kodlanabiliyor, dış dünyanın değişkenlikleri burada geçerli olmuyordu. Böylece sadece yazılım olarak çalışan bu robotların yaptığı işe Robotik Süreç Otomasyonu (RPA)* demeye başladık. RPA sürecini fiilen işleten robotlara da daha kolay anlaşılsın diye dijital robotlar diyelim.

Dijital veya fiziki robotlar 2030'a kadar ABD'deki işlerin % 47'sini otomatik hale getirecek deniyor. Peki, dijital robotlar tam olarak ne işe yarıyor? İnsanlar tarafından manuel yapılan, belli rutinlerde tekrarlayan, yapılması gereken ama insanlara yeterince değer katmayan işleri işte bu dijital robotlar yapıyor. Bu robotlara dijitalde başlayıp dijitalde devam eden ve dijitalde sonlanan her görevi verebiliyorsunuz. Örneğin her akşam belli bir saatte robotunuz bir raporu sistemden çekebilir, bunu Microsoft Excel'e atabilir, düzenleyebilir, dosyalarınız arasına kaydedebilir, mail olarak istediğiniz insanlara gönderebilir. Bu kadar işi eskiden insanlar yapıyordu.

RPA ile birçok kazanım sağlanabiliyor. Şimdi bunlara bakalım.

Tanımdan da anlaşılacağı gibi, bu teknolojide hem işletmeler hem de çalışanlar için önemli faydalar var. Düşük maliyet, artan hız, sistemler arasında uyumun artması, daha kaliteli hizmetler, artan çeviklik ve en önemlisi mutlu çalışanlar bu faydalar arasında sayılabilir.

---

* RPA: Robotic Process Automation

Robotlar ve insanlar karşı karşıya geldiğinde hemen aklımıza robotlar insanların işlerini mi alıyor sorusu geliyor. RPA'dan insanların korktuğunu görüyoruz ama genellikle RPA ile tanışan çalışanların daha mutlu oldukları gözlemleniyor. Daha verimli işler yaptıklarını fark ediyorlar, kendilerine güvenleri artıyor, yetkinliklerini geliştirmek için bu bir vesile oluyor.

Aşağıdaki grafikte bu teknolojiye yatırım yapan firmalar ve bunların uyum sağlayanlarının oranı görünüyor. Kabaca bakıldığında yatırım yapanların sadece yarısı bu teknolojiye uyum sağlamış ve bundan yeterince fayda görmeye başlamış görünüyor.[18] Bu elbette biraz zaman alacak.

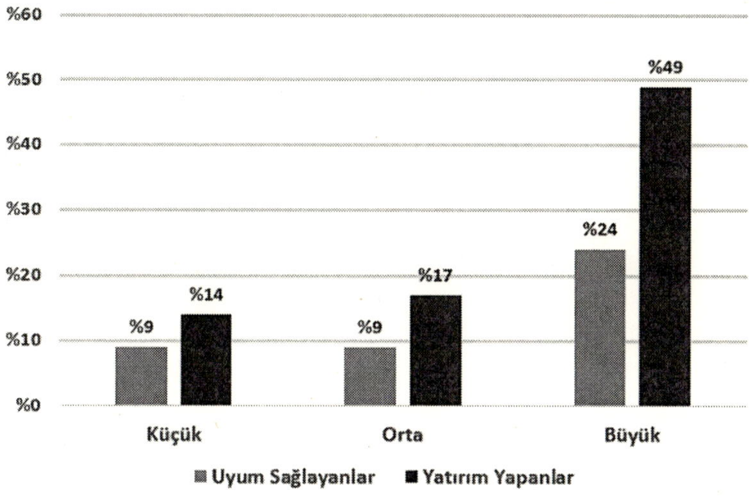

Şekil 7. RPA Kullanımından Fayda Sağlayan İşletmeler (Kaynak: Statista)

RPA'da daha iyi performans almak için kodlama yapanların işin doğasının farkında olması gerekiyor. RPA teknolojisi yavaş yavaş gelişiyor. Bu gelişim şimdilik kural tabanlı çalışan robotların yaygınlaştırılması şeklinde devam ediyor. Fakat ileride bunların yapay zekâ ile desteklenmesini bekliyoruz. Böylece karşılaştıkları en ufak sorunda duran, kodlayıcının müdahalesini bekleyen yapılardan kendi kendine kararını veren ve işleme devam eden süreçlere doğru geçmeyi umuyoruz. Bu nedenle, günümüzde RPA kodlayıcıları RPA aracına yapılan her görevi tek tek, çok net olarak anlatmalıdır.

Kodlayıcılar; resim, video veya taranmış belgeler gibi yapılandırılmamış veriler yerine Microsoft Excel dosyaları gibi yapılandırılmış verilerle işe başlamalıdır. Kuşkusuz, çalışan kazancı* yapılandırılmamış belgelerde (herhangi bir OCR** teknolojisi kullanıyorsanız) önemli ölçüde yüksek olacaktır. Ancak iyi bir başlangıç ve hızlı kazançlar için yapılandırılmış veriler daha iyi sonuçlar gösterir ve şirket içi motivasyonu artırır.

Şimdi, RPA'nın önemli kullanım alanları hakkında konuşabiliriz. Farklı sektörlerde çok sayıda kullanım alanı olmasına rağmen en iyi performans alınanlar genellikle aşağıdaki iş kollarında görülmektedir:

- Müşteri hizmetleri
- İnsan kaynakları yönetimi
- Tedarik ve satın alma yönetimi
- Finans ve muhasebe
- İç denetim.

Yukarıdakilerin bazılarına detaylı şekilde baktığımızda aşağıdaki alt alanlarla karşılaşırız:

- Bordro işlemleri
- Sipariş yönetimi
- Faturalandırma

---

* Çalışan kazancı, tam zamanlı çalışan personelin istihdamı yerine RPA süreçlerinin devrede olması anlamına gelmektedir.

** OCR: Optical Character Recognition (Optik Karakter Tanıma)

- Düzenleyici kurumlara ve otoritelere uyum
- Mutabakat
- Hesap açma
- Rapor oluşturma ve postalama
- Sigorta işlemleri
- AML*
- Fatura işleme ve
- Sözleşme yönetimi.

RPA yazılımınızı kendiniz de geliştirebilirsiniz. Ancak şirketler genellikle bu konuda uzmanlaşmış bir firmadan ürün satın almak isterler. Bunun nedenleri arasında; kendini ispatlamış bir uygulamaya hemen sahip olabilmek ve tüm güncelleme ile bakım maliyetlerinden de tasarruf etmek yer alır. Forrester Wave raporlarında tedarikçilerin karşılaştırması çeyrek bazında yapılmaktadır. Eğer böyle bir karar almak istiyorsanız söz konusu raporları incelemenizde fayda var.

RPA günümüzün önemli bir teknolojisi olup birçok önemli faydayı da beraberinde getirmektedir. Bu teknolojinin kendi başına bir yapay zekâ olduğunu söylemek doğru olmaz. Çünkü kural tabanlı çalışan sistemler akıllı kabul edilemezler. Yalnız ister RPA olsun isterse de fiziki robot sistemleri olsun yapay zekâ ile desteklendiğinde karşımıza oldukça farklı alanlarda çalışabilen yardımcılar ve çalışanlar çıkarabiliyor. Hatta belki ileride yöneticiler de karşımıza çıkabilir.

Bunlara örnek olarak cerrahi işlemlerde kullanılan robotları verebiliriz. En bilinen örneği olan Da Vinci Robotu, cerrahların kapalı ameliyat yapmalarına olanak sağlıyor. Da Vinci, ameliyat bölgesini üç boyutlu ve hassas şekilde gösteren, dokuyu tutup dikiş yapmaya olanak veren, cerrahın kolundaki titremeleri ortadan

---

* AML: Anti Money Laundering (Kara Para Aklamayı Önleme)

kaldıran bir sistemdir. Tek başına bir ameliyat yapması mümkün olmasa da bunun yapay zekâ yolunda atılmış bir adım olduğunu söyleyebiliriz.

Bir önemli robot türü de insansı robotlardır. Bunların görünüşleri ve hareketleri insanın doğasından ilham alınarak geliştirilmiştir. Bunlar henüz başrollerini Fatma Girik ve Kemal Sunal'ın oynadığı *Japon İşi* filmindeki robot kadar gelişmiş olmasalar da karşınızda sanki bir insan varmışçasına sizinle iletişime geçebiliyorlar.

En meşhuru da şüphesiz Sophia'dır. Sophia, Hong Kong merkezli Hanson Robotics tarafından geliştirilmiştir. Ekim 2017'de Sophia, bir ülkenin vatandaşlığını alan ilk robot olarak Suudi Arabistan vatandaşı oldu. Kasım 2017'de Sophia, Birleşmiş Milletler Kalkınma Programı'nın ilk inovasyon şampiyonu seçildi.[19] Sophia sesinizi saniyeler içinde tanıyıp, analiz edip, size karşılık verebiliyor. Ayrıca sizi yüzünüzden tanıyabiliyor ve en önemlisi öğrenebiliyor.

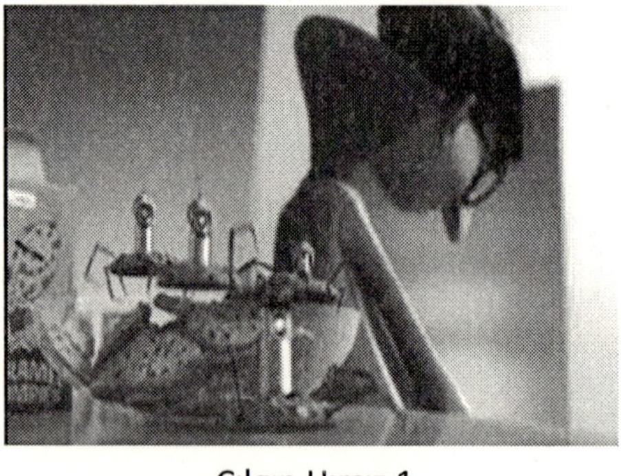

Çılgın Hırsız 1

Son olarak da böcek büyüklüğünde ve hatta daha küçük boyutlarda olup kendilerine verilen bir görevi tamamlamak için ekip halinde çalışan robotları verebiliriz. Bunlar halen gelişme aşamasındadır. Türkçemize *Çılgın Hırsız* olarak çevrilen orijinal ismi *Despicable* olan animasyon türündeki filmde yer alan kurabiye hırsızı robotları gözümüzde canlanması için bir örnek olarak gösterebiliriz. Bunlar tanımlanmış bir hedefe ulaşmak için kararlar alarak birlikte çalışan robotlardır.

Biz bu robotları kurabiye robotu olarak hatırlayalım. Hiçbirimiz *Black Mirror* bölümlerinden *Sosyal Linç'teki (Hated in the Nation)* arı robotları hatırlamak istemeyecektir sanırım.

Diğer taraftan gözle görülemeyecek büyüklükteki nano robotlar üzerine çalışmalar yapıldığını da biliyoruz. Bunlar ile birlikte sağlıktan güvenliğe birçok alanda çığır açıcı gelişmeler bizi bekliyor olabilir. Kurzweil'in *İnsanlık 2.0* kitabında bunlara geniş şekilde yer veriliyor.

Blokzinciri (Blockchain)

Blokzincirini basitçe tanımlamak istediğimizde sürekli sayısı artan ve birbirine bağlı bloklardan oluşan; herkese açık, dağıtılmış bir hesap defteri diyebiliriz. Blokzinciri üzerinden yapılan herhangi bir işlem aracıya gerek duymaksızın tüm bloklar içinde saklanır. Blokzinciri içindeki bu bloklar birbirlerine şifreli olarak bağlandığı için oldukça güvenli bir yapıdır.

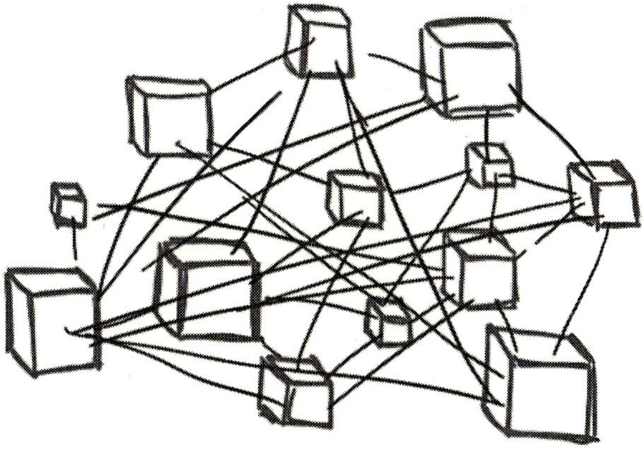

Şekil 8. Blokzinciri Yapısı

Blokzinciri içerisinde yer alan bloklardan her biri bir öncekinin bilgisini üzerinde taşır. Böylece araya başka bir blok girmesinin önü alınmış olur. Peki, bu ne işimize yarar? Öncelikle işlemi yapanlar birbirlerine güvenir. Çünkü bu diğer bloklar tarafından da doğrulanır. Güvenli bir işlem olduğu kadar aracılık maliyetleri de minimuma indirilmiş olur çünkü bir banka gibi tek bir aracıya ihtiyaç duyulmaz. Bu durumda blokzincirlerinin yaygınlaşması ile aracılık gelirlerinin de azalması beklenmektedir.

Blokzinciri denmişken akıllı sözleşmelerden bahsetmemek olmaz. Peki, nedir bu akıllı sözleşmeler?

Sözleşmeler bilgisayar diline dönüştürülüp bloklara kayıt ediliyor. Dağıtık defterlere kopyalanan sözleşmelerde taraflar tamamen anonim olarak tutuluyor. Kod parçacığı belirli görevler ve detaylar belirlenerek (zaman sınırı, nereden nereye ne gideceği gibi...) hazırda bekliyor. Zamanı geldiğinde de işlemi yerine getirmek için harekete geçiyor ve gerekli şartlar sağlanıyorsa işlem başarılı bir şekilde tamamlanıyor veya tamamlanmadan iptal ediliyor.

Örneğin Burak'ın Ahmet'e para gönderdiği her senaryoda bu paranın yarısının otomatik olarak Can'a gönderildiği bir sözleşme kurgulayalım. Bu senaryo akıllı sözleşme haline getirilip kayıt altına alınıyor. Burak'tan Ahmet'e gönderilen her para otomatik olarak kodu tetikliyor ve bu paranın yarısı Can'a gönderiliyor. Bu süreci dilediğiniz gibi detaylandırabilir ve daha işlevsel hale getirebilirsiniz.[20]

Akıllı sözleşmeler, bir arabulucunun hizmetlerinden faydalanmaksızın para, mülk, hisse veya değerli herhangi bir şeyi şeffaf, taraflar arasında anlaşmazlık yaşamayacak şekilde değiştirmenize yardımcı olur. Bu işleyiş temelde aşağıdaki gibi akmaktadır.

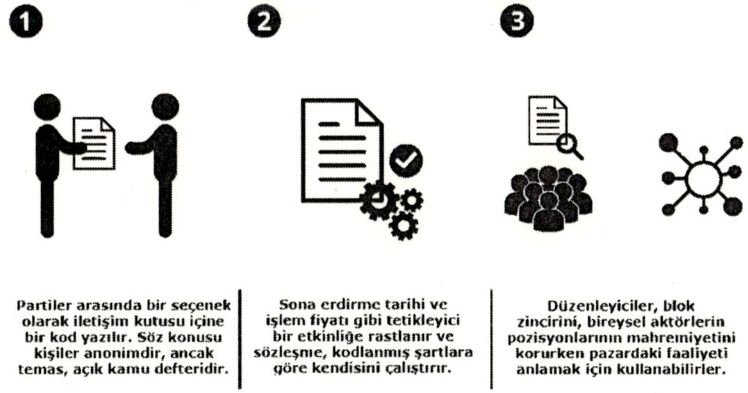

Şekil 9. Akıllı Sözleşme Süreci

(Kaynak: Burak Budak, "Akıllı Sözleşmeler Nedir, Nasıl Çalışır?")

Yapay zekâ algoritmaları öğrenmek, sonuç çıkarmak ve nihai kararlar vermek için verilere ihtiyaç duyar. Bir veri havuzundan veya güvenilir bir platformdan veri toplandığında yapay zekâ daha iyi çalışır. Blokzinciri ise yukarıda açıklandığı gibi, verilerin şifreli şekilde imzalandığı, onaylandığı ve üzerinde anlaşmaya varacak şekilde depolandığı bir defter olarak işlev görür. Blokzincirinde veriler yüksek güvenlikte ve esneklikle saklanır. Böylece dış müdahalelere karşı oldukça güvenlidir.

Blokzincirinin önemli yapılarından olan akıllı sözleşmeler, karar vermek ve analiz yapmak amacıyla yapay zekâ algoritmaları için kullanıldığında, bu kararların sonuçları güvenilir olur. Ayrıca dış müdahalelere karşı da blokzinciri kendi kendini koruyan yapısı devreye girer. Böylece verilerin değiştirilmesinin önüne geçilmiş olur. Bu sebeple yapay zekâ ve blokzincirinin birlikte çalışması kullanıcılara güvenebilecekleri sonuçlar sağlar.[21]

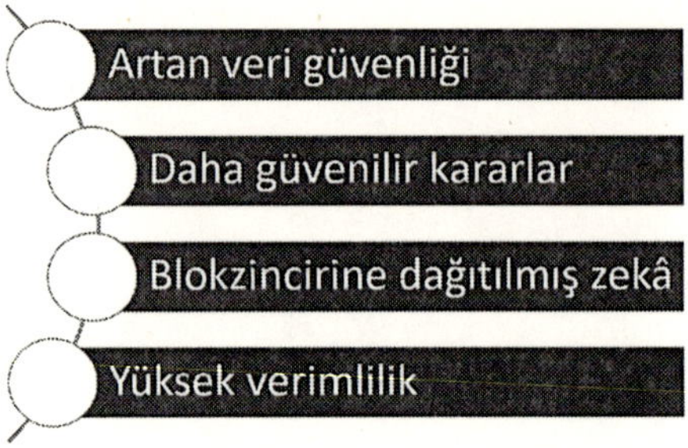

Şekil 10. Yapay Zekâ ile Blokzincirinin Birlikte Çalışması

(Kaynak: Salah, Rehman, Nizamuddin, "Blockchain for AI: Review and Open Research Challenges")

Blokzinciri ile birlikte bu platformlardaki işlemlerde kullanılan dijital paralar da mevcuttur. Bunlardan en fazla bilinenleri; Bitcoin, Ripple, Etherium ve Litecoin para birimleridir. Aşağıdaki grafikte ise tüm dijital para birimlerinin pazar değerlerinin toplamı yer almaktadır.[22] Hatırlanacaktır, 2017 yılında bu para birimleri zirve yapmış ve o günlerde haberlerde de çokça gündem olmuştur.

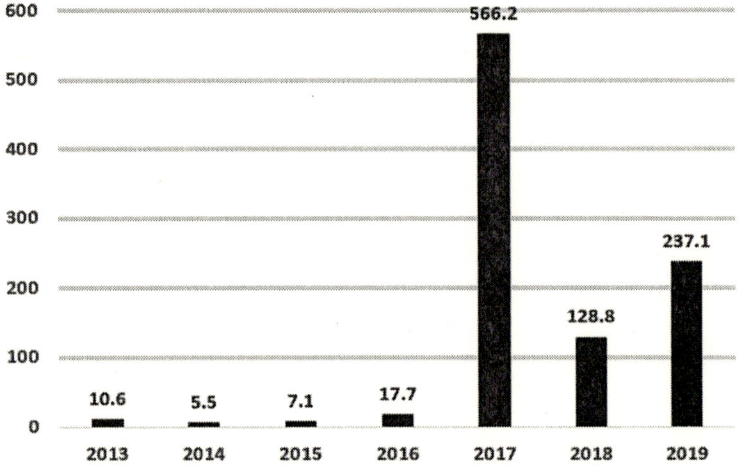

Şekil 11. Dijital Paraların Pazar Değerleri

(Kaynak: Statista)

Bu para birimlerinin ülkeler bazında ne kadar ilgi topladığı da ayrı bir konudur. 2018 yılında yapılan bir araştırmada katılımcılara, dijital para yatırımları olup olmadığı sorulmuştur.[23] Dijital para yatırımı olanların tüm yatırımcılara oranı aşağıdaki grafikte gösterilmektedir. Buna göre özellikle ülkemizde yüksek bir ilginin mevcut olduğu anlaşılmaktadır.

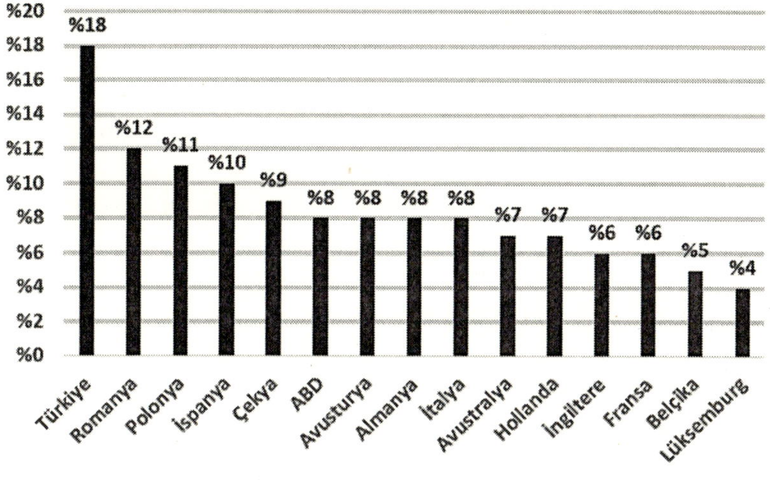

Şekil 12. Ülkelerin Dijital Paralara Uyum Oranı -Yatırımcı Oranı- 2018

(Kaynak: Statista)

Fintekler ve Tekfinler

Bankaları etkileyen önemli teknolojik gelişmelerden biri de Fintek girişimlerinin gittikçe önem kazanması ve ekonomik büyüklüklerinin hızla artmaya başlamasıdır. Peki, finans ve teknoloji kelimelerinden oluşan Fintek sözcüğü tam olarak nedir dediğimizde karşımıza birçok tanım çıkıyor.

Gartner'ın yaptığı tanımlamaya göre Fintekler;

"Finansal hizmetlere yenilikçi yollarla yaklaşan ya da banka ürün ya da hizmetlerinin üretilme, dağıtılma veya gelir oluşturma şeklini kökten değiştirebilen, yeni dijital teknolojiler sunan startup* teknoloji sağlayıcılarıdır."

Bu şirketler görüldüğü gibi startup teknoloji şirketleri olarak kabul ediliyor. Önceleri küçük bir startup olan bu girişimler daha sonraları hızla büyüyüp birer Unicorn** haline gelebiliyorlar.

Fintekler ilk ortaya çıkmaya başladıklarında bankacılığı ortadan kaldıracaklarından endişe ediliyordu. Bu halen bankacıların en büyük endişelerinden biri olmaya devam etse de Fintekler bankalar ile birlikte çalışan çevik organizasyonlar olarak konumlanmaya başladılar. Bu organizasyonların bankalar için değerli olan özelliklerini sıralarsak; düşük maliyet ile yüksek verim üretebilmeleri, çevik oluşları, yenilikçi yaklaşımlar benimsemeleri, kurumsal sistemlerin altyapılarını modernleştirmeleri, özellikli konulara odaklanmaları sayesinde güçlü çözümler sunabilmeleri ve belki de en önemlisi müşteri deneyimini merkeze alabilmeleridir.[24]

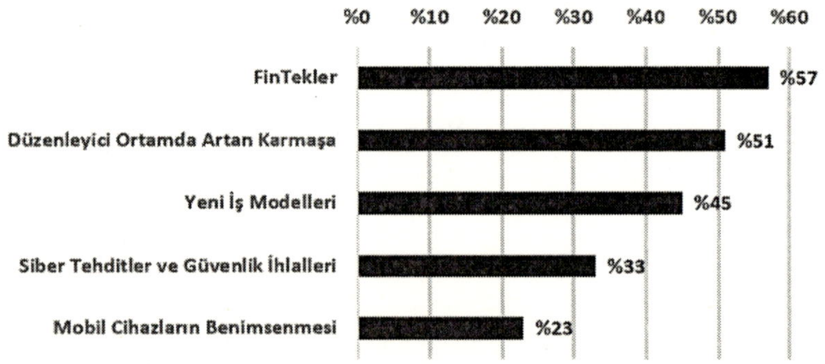

Şekil 13. Finans Kuruluşları için En Büyük Yıkıcı (Disruptive) Etkiler (Kaynak: KPMG)

---

* Startup: Sıfırdan bir işe başlayan girişimlere verilen isim

** Unicorn: Değeri 1 milyar USD'den fazla olan startup

Fintekler'in bankalarla birlikte çalışabilmeyi başarabildiklerinden bahsetmiştik. Fakat teknoloji şirketlerinin finansal çözümler üretmesi bankaları tam anlamıyla gafil avlayabilir. Tekfin olarak da bilinen Google, Apple, Facebook gibi şirketlerin çok geniş kullanıcı sayılarına ulaşmış olmaları bu firmaların yapacakları her türlü finansal girişimin de geniş kitleler tarafından kabul edilmesini sağlayacaktır. Örneğin Apple firmasının yürürlüğe soktuğu ApplePay ödeme sistemi tüm ödeme sistemi altyapısını, bankaların ödemelere yaptıkları aracılığı, Visa/Mastercard işleyişlerini kökten değiştirebilir. Bu da mevcut ödeme sistemi taraflarının ileride ApplePay ödemelerinde rol alamayacakları anlamına gelebilir. Bunun bankacılık üzerinde büyük etkileri olması beklenebilir.

Yapay zekâ üzerine çalışan Fintekler'in de finans alanında yeni roller üstleneceğini düşünebiliriz. Bunlar yukarıda belirtildiği gibi bankaların veya finans kuruluşlarının tamamen yerini almasa da bazı uygulamaları ile bankaların iş ortağı olabilirler.

Yapay zekâ üzerine çalışan Fintekler'in hangi alanlarda faaliyet gösterdiklerini özetlemeye çalışalım:

- Robodanışmanlık (Roboadvisory): Yatırım danışmanlığı özel bir müşteri grubuna doğrudan portföy yöneticileri tarafından verilen bir hizmettir. Bu özellikli hizmet ülkemizde olduğu gibi dünyada da bazı kurallara bağlıdır. Bu kuralların detayına burada girmiyoruz. Robodanışmanlık veren Fintekler kullandıkları algoritmalar ile sadece belirli bir müşteri kesimine değil tüm tercih eden müşterilere, yatırım tutarlarının az veya fazla olmasından bağımsız şekilde hizmet verebiliyorlar. Böylece fazla bir birikimi veya yatırımı olmayan insanlar da danışmanlık hizmetine ulaşmış oluyor.
- Kredilendirme: Bazı Fintekler, kurmuş oldukları kredi modellemeleri ile bankaların standart uygulamalarından

bağımsız şekilde yapay zekâ tabanlı algoritmalar vasıtasıyla krediye başvuranların kredi değerliliklerini ölçebiliyor. Dünya üzerinde birçok farklı Fintek bireylere veya işletmelere kredi sağlama noktasında yardımcı oluyor. Bunu yaparken kendi fonlarını kullananlar da var, bankalar ile anlaşıp arkasına bankanın fonlama kapasitesini alanlar da var.

- Kredi Tahsilatları: Ödemesinde gecikme ihtimali yüksek olan müşterilerin belirlenmesi önemli bir konudur. Bankaların standart yaklaşımlarından farklı olarak, sektördeki başka dinamiklere bakan bazı Fintekler çok işe yarar sonuçlar üretebilir. Örneğin metin analitiği algoritmaları ile tüm interneti araştıran Fintekler önemli bilgilere ulaşabilir ve finansal kurumları çok önceden haberdar edebilir.

- Bireysel Finans Danışmanlığı: Ülkemizde henüz yeterince biliniyor olmasa da dünyada bireylerin finansal hizmetlerden daha doğru biçimde yararlanabilmesi için bireysel finans danışmanlığı verilmektedir. Bir bireyin veya kurumun bunu yapmasındansa bir Fintek doğru kurgulanmış yapay zekâ tabanlı algoritması ile söz konusu danışmanlığı verebilir.

- Uyum, mevzuat ve yasal konular: Bir finansal kurumun en başta uyması gereken bazı düzenlemeler vardır. Ülkemizin ve dünyadaki bazı kurumların düzenlemeleri, müşterini tanı prensipleri gibi birçok önemli konu finansal kurumlar için oldukça önemlidir. Bunlara uyulmaması durumunda önemli yaptırımlar ile karşılaşmak olasıdır. Bu nedenle finansal kurumlar bu tarz düzenlemeler noktasında kendilerine destek verebilecek olan Fintekler* ile çalışmayı düşünebilirler. Örneğin müşte-

* Yasal düzenlemeler konusunda hizmet veren Finteklere Regtek de denir.

riyi tanı prensibi gereği hesabı açanın ve sonradan bu hesapta işlem yapanın doğru müşteri olup olmadığını anlamak için bir Fintek yapay zekâ tabanlı bir süreç ortaya koyabilir.

Elbette bunları artırmak mümkündür. Buraya sadece bu dünyayı anlayabilmek için bazı örnekler koyduk.

Siber Güvenlik (Cyber Security)

Siber güvenlik, şirketlerin tüm dijital envanterinin güvenli şekilde çalışmaya devam etmesini ve müşteri verilerinin gizliliğinin korunmasını sağlayan politikaların bütünüdür. Harvard Business Review tarafından yayınlanan ve dilimize Optimist yayınevi tarafından çevrilen *Siber Güvenlik* adlı kitap çarpıcı şekilde; "Eğer misyonunuz gereği kritik sistemleriniz dijital ve şu ya da bu şekilde internet ile bağlantılı ise asla tam anlamıyla güvenli hale gelemezsiniz" diye söze başlıyor. Evet, bu çok ciddi ve endişe verici bir olay.

Yukarıdaki cümle gösteriyor ki aslında tam bir güvenlik yoktur. Sadece artırılmış güvenlik vardır. Kullandığımız teknolojilerin karmaşıklığı arttıkça, onları oluşturanlar bile tam olarak bunları kavrayamayabiliyor. Bu sebeple birçok sızma girişimi başarılı olabiliyor. ABD şirketlerinin bir sızma yaşadıklarını ancak 200 günde saptadıkları belirtiliyor.

Güvenlik ihlalleri ile ilgili rakamlara geçtiğimizde karşımıza şu gerçekler çıkıyor. 2017 yılında dünya çapında birçok şirket ile yapılan bir araştırmaya göre saldırıların %70'i etkisizleştirilirken, 2018'de bu rakam %87'e çıkmış. Diğer taraftan da saldırı miktarı da artmaya devam etmiş. 2017'de toplam 106 saldırı raporlanırken 2018'de bu rakam 232'ye çıkmış.[25] Saldırılara karşı durmada şirketler daha başarılı olmaya başlasalar da saldırı adedi ve şekli değiştikçe bu başarıları uzun süreli devam edemeyebiliyor.

Konuştuğumuz gibi siber suçların sayısı her geçen gün artmaktadır. ABD için düzenlenen aşağıdaki grafiğe göre veri ihlalleri 1.500 seviyesine ulaşmış olup, ele geçirilen veri sayısı (kayıt) da 164 milyonu aşmıştır.[26] Bu sebeple siber güvenlik oldukça önemli hale gelmiştir.

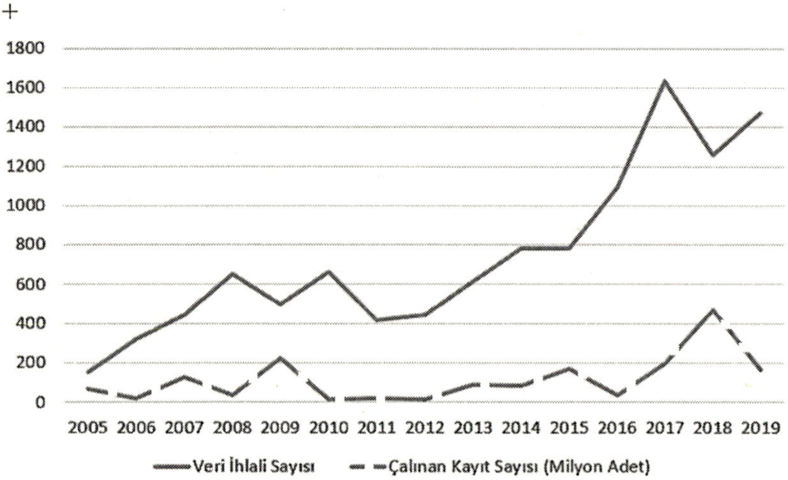

Şekil 14. ABD'de Yaşanan Veri İhlalleri Sayısı ve Çalınan Kayıt Sayısı (Kaynak: Identity Theft Resource Center)

Peki, bu sızmayı yapanlar kimler? Kabaca söylersek ihlallerin dörtte biri iç kaynaklıdır. Yani çalışanların da bu noktada tamamen suçsuz olduğunu söyleyemiyoruz. Ayrıca sektörlere göre de bu duruma bakarsak; konaklama, eğitim, imalat ve perakendecilikte dış kaynaklı ihlaller olurken; eğitim, sağlık ve kamu yönetimi gibi alanlarda iç kaynaklı ihlaller önemli oranlara çıkmaktadır. Özellikle sağlık hizmetlerinde iç kaynaklı ihlaller %55 ile diğerlerinden ayrışmaktadır.

Yapılan saldırılar özellikle kişisel verilerin ve ödeme bilgilerinin alınması şeklinde sonuçlanıyor. Saldırganlar konaklama, perakendecilik ve gıdada ödeme bilgilerini ele geçirmeye çalışırken; eğitim, enformasyon, sağlık hizmetleri gibi alanlarda kişisel verileri hedefliyor. Çok büyük ölçüde tek bilgi türünü içeren ihlallerle karşılaşan sektörler savunmalarını iyice sağlamlaştırabilir. Çünkü burada risk belirlidir ve kötü adamlar hep aynı şeyin peşindedir. Fakat birden fazla veriyi hedefleyen saldırganlarla karşılaşan sektörler her alanda savunmalarını doğru konumlandırmalı, esnek olmalıdır.

Bugün gelinen noktada şirketler saldırıları geri püskürtme yeteneklerini geliştirmiş olsalar da başarıya ulaşan saldırıların yol açtığı hasarı azaltamıyorlar. Bu nedenle şirketler çevrimiçi sistemlere sahip olmanın getirisinin bu risklere değip değmeyeceğini düşünmelidirler. Bu nedenle sızma olduğunda bir felakete yol açabilecek kritik sistemleri internet dışında tutma konusunu değerlendirmeliler.

Yine yapılan bir araştırmaya göre yöneticilerin %38'i siber güvenlik riskleri konusunda ileri derecede kaygılı olduğunu belirtirken, çok daha küçük bir oranı bu konulara hazırlıklı olduğunu söylemiştir. Şirketler için halen denetim ve saygınlık riskleri siber güvenlikten daha önde geliyor. Yaklaşık 3000 kişiyle yapılan bir çalışmada sorulan "şirketinizin stratejik hedeflerine ulaşmasının önündeki en büyük üç tehdit nedir?" sorusuna verilen yanıtlardan sadece %8'inde siber güvenlik beyan edilmiştir. Bunun yanında yöneticiler güvenlik sorunlarının üzerine gitmek için gereken uzmanlıktan da yoksun olduklarını düşünüyor.

Firmalar şu üç can sıkıcı gerçeği kabullenmek ve gereken karşılığı vermek zorunda. Öncelikle siber risk Moore Yasası uyarınca evrimleşiyor. İkinci olarak tüm tehdit yöntemlerinde olduğu gibi savunma saldırıdan çok daha zor bir iştir. Saldırganların kazanması için bir kez bile başarılı olmaları yeterlidir. Üçüncü ve en kötüsü sabır ve gizlilik her zaman saldırgandan yanadır. Şirket rehavete düşerse saldırgan uygun zamanda başarılı olabilir.

2014 yılında IBM şirketi, incelediği güvenlik vakalarının %95'inin insan hatası içerdiğini açıklamıştı. Ayrıca veri ihlallerinin %90'ı e-posta oltalaması (phishing) sonucu gerçekleşiyor. Bu durumda çalışanların bilinçlendirilmesi oldukça önemli oluyor. Verizon raporuna göre siber saldırıların önemli bir kısmı çalışanların ilgili ekipleri bilgilendirmesi ile ortadan kalkabiliyor. Fakat çalışanlar kendilerinden istenen bilgi güvenliği uygulamalarını kabullenemiyor. Bu nedenle uzun ve sık değişen şifreler yerine çok aşamalı doğrulama yapılması, gün boyu süren eğitimler yerine kişiye özel eğitim verilmesi, bilgi teknolojileri birimlerindeki çalışanların denetleyen değil danışılan bireyler yapılması gerekiyor.

Eninde sonunda tüm işletmeler veri güvenliğini önemsemeye başlayacaklar veya verdikleri önemi artıracaklar. Güvenilir görünmek isteyen şirketler, gizliliğe ve güvenliğe öncelik vermeye başlayacaktır. Tüketiciye bunu açıkça göstererek ve şeffaf davranarak müşteri ilişkilerini güvence altına almaya çalışacaklardır.

Bir güvenlik uzmanının dediği gibi tümüyle güvenli olan tek bilgisayar, kimsenin kullanmadığı bilgisayardır. O sebeple yaşadığımız dünyada bu tarz ihlallerin olabileceği gerçeğiyle yaşamayı öğrenmeli ve tehditlere karşı hazırlıklı olmalıyız.

PWC, 2018 yılında yapay zekâ öngörüleri adıyla bir rapor yayımladı. Burada dikkat çeken başlıklardan biri de siber güvenlik konusudur. Gelecekte siber atakların yapay zekâ kullanılarak daha güçlü şekilde yapılacağı ve işletmelerin başına büyük sorunlar açabileceği öngörülmektedir. Fakat siber savunmanın da yapay zekâ kullanarak daha etkin yapılacağını unutmamak gerekir. 9.500 iş insanının cevapladığı bir araştırmanın sonucuna göre, katılımcıların %27'si siber güvenlik için yapay zekâya yatırım yapacaklarını belirtmektedir.[27]

Centrify'ın 1.000 bilgi teknolojileri profesyoneli ile yaptığı araştırmaya göre, işletmelerin %79'u siber güvenlik amacıyla makine öğrenmesinden faydalandığını ifade etmiştir.

Peki, yapay zekâ siber güvenlikte nasıl rol oynayabilir? Şimdi de bu konuyu değerlendirelim.

Yapay zekâ, işletmenin kayıtlı verilerine dışarıdan yapılan sızmaları tespit etme konusunda önemli kazanımlar sağlayabilir. Ayrıca bunlara yanıt verme maliyetini de düşürür. Yapay zekâyı bu alanda kullanmak kuruluşların yeni tehditleri tanımlayabilmeleri için tehditleri anlamalarını sağlayacaktır. Bu tehditlerin modellerini ve izledikleri yolları öğrenmelerinde kendilerine büyük bir yardımda bulunacaktır.

Yapay zekâ, organizasyonları ihlallere cevap verme konusunda daha hızlı hale getiriyor. Bir organizasyonu siber saldırılara karşı korumak için hızlı müdahale şarttır. Yapay zekânın tehditleri ve ihlalleri tespit etmek için harcanan toplam süreyi ortalama %12 azalttığı ortaya konulmuştur. Bazı durumlarda yapay zekânın bunu %15'ten fazla azaltmayı başardığı da ortaya çıkmıştır.[28]

Siber güvenlik dediğimizde konuya bir de farklı bir alandan bakmak lazım. O da yapay zekâ modellerinin saldırıya açık olması konusudur. Bunu şu iki başlıkta özetleyebiliriz:

- Kaçırma Saldırısı (Evasion Attack): Yapay zekâ modellerinin çalışma sistemini bozmak, böylece doğru sonuçlar vermesini engellemek için yapılan saldırılar.
- Zehirleme Saldırısı (Poisoning Attack): Yapay zekâ modellerinin yanlış çalışmasını sağlamak ve böylece saldırganın isteğine göre sonuç vermesi için yapılan saldırılar.

Şimdi bunlara örnekler verelim.

Finansal sektördeki en önemli konulardan biri kredi verilecek insanların tespit edilmesidir. Bir bankadan kredi sağlamak isteyen bir korsan, bankanın yapay zekâ sistemine sızıp kredi sahtekârlığı yapabilir. Bu sistemi tamamen bozması durumunda söz konusu açık fark edilene kadar binlerce kredi dosyası onaylanmış ve krediler ödenmiş olabilir.

Bir şirketin sohbet robotuna sızmayı başaran bir hacker işletmeyi cinsiyetçi, ayrımcı, ırkçı vb. gösterebilir. Markaya önemli bir itibar sorunu yaşatabilir. Hatta bunu yaptıktan sonra robotun eski hale gelmesini sağlamak için fidye isteyebilir.

Bunlardan belki daha önemlisi korsanlar toplumsal sorunlara yol açabilirler. Örneğin trafik akışını, tren güzergâhlarını veya baraj taşmalarını idare eden siber-fiziksel cihazları kontrol eden sistemlerin çalışma mekanikleri bozulabilir. Bunların çalışma sistemi bozularak ülke içerisinde bir kargaşa oluşturulabilir.

Hasta güvenliği problemleri yaşanabilir. Klinik ortamda tıbbi cihazlara ya da tavsiye sistemlerine müdahale gerçekleştirilerek doğrudan ölümlere neden olunabilir. Bunun yanında hastalara yanlış müdahaleler yapılıp hastaların daha da hastalanmaları mümkün hale getirilebilir.

Makine öğrenimini ya da yapay zekâ sistemlerini kullanan nesnelerin interneti sistemlerine bağlı cihazlara müdahale edilebilir.[29]

Görüldüğü gibi yapay zekâ siber güvenlik konusunda hem bir tehdit hem de büyük bir fırsattır. Bunu uygun güvenlik altyapıları ile kullanmak işletmeler açısından elzemdir.

Nesnelerin İnterneti (Internet of Things)

Bir kısım uzmana göre Sanayi 4.0 ile nesnelerin interneti kavramı birbirlerinin yerine kullanılmaktadır. Bu anlamda nesnelerin interneti günümüzde oldukça önemlidir. Birbirleri ile bağlantılı cihaz sayısının son dönemlerde hızlı şekilde artıyor olması ve ileride daha çok artacağının beklenmesi, bu konuyu önemli hale getirmektedir. Bağlantılı cihazlar (bunların 2030 yılına kadar 50 milyar adede yükseleceği öngörülüyor[30]) internet üzerinden birbirleri ile bağlantı kurabilen cihazlar olarak biliniyor.

Samuel Greengard tarafından kaleme alınan *Nesnelerin İnterneti* adlı kitapta bağlantılı nesnelerin de iki çeşidi önümüze çıkıyor. Bunlar; dijital nesneler ve fiziki nesnelerdir. Fiziki nesneler (örneğin bir basılı kitap) siz bunu dijitale aktarmadıkça dijital dünyada yer almıyor. Fakat dijital kökenli nesneler (e-kitap) ise siz burada veri oluşturdukça herhangi bir müdahaleye gerek kalmaksızın dijital dünyaya veri aktarmaya başlıyor. Bu nedenle ileride dijital nesnelerin artması ile buradan oluşturulacak bağlantılar ve elbette veriler de gittikçe artacaktır.

Nesnelerin interneti veri oluşturma ve veriyi başka cihazlara aktarma mantığı ile çalıştığından temelde algılayıcılara ihtiyaç duyuyor. Örneğin araç lastiklerine yerleştirilen çipler; araç lastiğindeki aşınma, sürüş güvenliği, sürüş süresi, sürücünün sürüş özellikleri gibi bilgileri sürekli şekilde bir merkeze iletebiliyor. Bu da ilgili çiplerdeki algılayıcıların veri oluşturması ve bu veriyi anlık olarak internet yardımı ile veri işleme merkezine göndermesi ile mümkün oluyor. O zaman bizim bu algılayıcılara ciddi şekilde ihtiyacımız bulunuyor.

Veri dediğimizde de karşımıza şu konu çıkıyor. Bu kadar veri nerede ve nasıl tutulacak? Bu durumda bulut tabanlı veri depolama sistemleri gittikçe önem kazanmaya başlıyor. Çünkü veri, büyük veriyi anlatırken değindiğimiz gibi çok hızlı yer değiştiriyor, karşımıza çok çeşitli şekillerde çıkıyor ve oldukça fazla sayıda üretiliyor. Bunların veri tabanlarında veya veri merkezlerinde tutulması, sonrasında da işlenerek aksiyon geliştirilmesi gerekiyor. Burada böyle bir yoğunluk ve yatırım mecburiyeti gözlemlenirken, diğer taraftan da veriler artık birer varlık olarak değerlendirilip şirketlerin bilançolarında değerlemeye tabi tutuluyor. Bunları son dönemlerde görmeye başladık bile. Örneğin Facebook'un Whatsapp'ı yüksek bedelle satın almasının ardında hep veri olduğu söylendi.

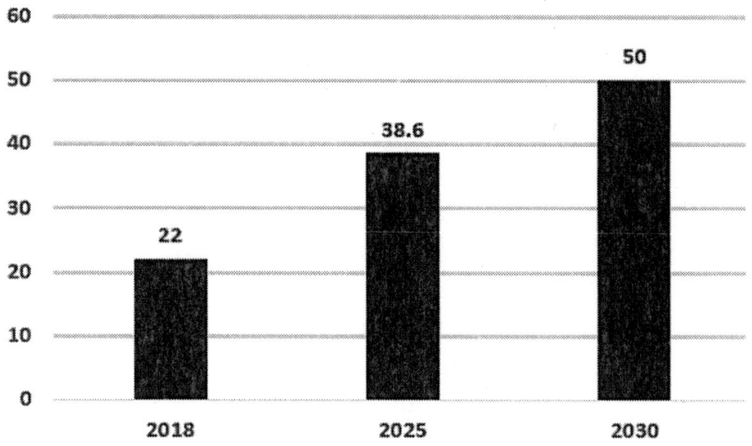

Şekil 15. Bağlantılı Cihazların Sayısı (Milyar Adet)
(Kaynak: Statista)

Nesnelerin interneti denildiğinde verilerin temelde üç şekilde iletilebildiğini görebilmekteyiz. Bunlar;

- Makineden makineye
- İnsandan makineye ve
- Akıllı cihazlardan makineye.

Peki, biz yukarıda belirttiğimiz üç veri aktarım şekli ile nasıl süreçler tasarlayabiliyoruz veya ileride tasarlamayı başaracağız? Konunun en önemli tarafı insan elbette. İnsanın hayatını kolaylaştıracak ve yaşam kalitesi ile yaşam süresini arttıracak çok önemli gelişmeler bu teknoloji ile günlük hayatımıza girmeye başladı bile.

Örneğin derinin altına yerleştirilen algılayıcılar ile tansiyon, kalp atış hızı, şeker seviyesi vb. sürekli ölçülebilecek. Bu ölçümler birer girdi olarak kullanılarak yapılan modellemeler ile arka planda bir yapay zekâ çalışacak ve insanların muhtemel sağlık sorunları önceden tahmin edilebilecek. Eskisi kadar doktorlara ve hastanelere muayene veya check-up için ödeme yapılmayacak.

Bir insanın giysisine yerleştirilen algılayıcılar o insanın ne kadar kalori harcadığını ne kadar yürüdüğünü ne kadar su içmesi gerektiğini vb. anlık olarak takip edebilecek. Bu teknoloji hasta olanlara hangi ilaçtan ne kadar (500mg veya 1000 mg gibi standart şekilde değil) içmeleri gerektiğini bildirebilecek.

İnsanlar, giyilebilir cihazları ile birçok veriye anında ulaşacak, sesli komutlar bu cihazlar tarafından algılanıp nesneler üzerinde işlem yapılacak. Örneğin bir insan, kol saatindeki uygulama ile klimayı çalıştır dediğinde evindeki klima çalışacak. Bunları zaten görmeye başladık.

Algılayıcılar ortamı anlayıp (mesela hava tahminlerindeki duruma göre) kendi başlarına harekete geçecekler (güneşli ise sulama sistemini çalıştıracak). Bu da yapay zekânın ve karar destek sistemlerinin de artık gittikçe önemli hale geldiğini gösteriyor.

Trenler uzaktan izlenecek ve rayların aşınması takip edilecek. Bu şekilde muhtemel kazaların önlenmesi sağlanacak. Aynı şekilde araçların en fazla fren yaptıkları yerler konum tabanlı izlenecek ve böylece o kavşaklara ek tedbirler düşünülebilecek.

Algılayıcıların koku ve tat alması ile gıdaların bozulup bozulmadığı ya da ne zaman bozulacağı gibi bilgiler sürekli olarak elde edilebilecek. Böylece hem tüketicinin hem de esnafın hakları korunmuş olacak.

Bunların bir kısmı çoktan başladı bile...

Nesnelerin interneti bu kadar büyük bir çığır açarken ve aynı zamanda insanların hayatlarını kolaylaştırırken peki hiç olumsuzluğa sebep olmuyor mu?

Öncelikle internet korsanlarının, verilerin bu kadar dağınık şekilde bir yerden başka bir yere gittiği bir dünyada rahat durmayacaklarını biliyoruz. Örneğin bir insan akıllı gözlüğü ile bir kitap okurken, film izlerken, mobil şubesinden hesaplarına bakarken araya giren bir korsan bu verileri çalabilir veya kötü amaçlı olarak kullanabilir. Örneğin gözlüğünüzle ailenize bakıp onların sağlık durumları ile ilgili bilgi almaya çalışıyorsanız araya giren bir korsan ailenizin resimlerini, aile yaşantınızı, ailevi problemlerinizi öğrenebilir ve ileride aleyhinize kullanabilir. Hatta daha kötü niyetli birileri araçlarınızın fren sistemlerine bile dışarıdan müdahale edebilir.

Bir diğer konu da bu kadar rahatlığa alışmış insanların artık ellerinden bir iş gelmeyecek hale dönüşmeleridir. Buna keyif tuzağı adı veriliyor. İnsanlar hem yetenek olarak hem de iş yapma isteği olarak oldukça aciz durumlara düşebilirler. Kilo alabilirler ve son derece sağlıksız bir yaşam sürmeye başlayabilirler.

Sorunlardan bir tanesi de bazı mesleklere artık ihtiyaç duyulmayacak olmasıdır. Örneğin sayaç okuyuculuğu gibi bir meslek tarihe karışacak. Elektrik, su veya doğalgaz sayaçları üzerindeki algılayıcılar ile merkeze kullanım tutarları bildirilecek ve insanlar da tanımladıkları banka hesabından veya kredi kartından bu bedelleri ödeyebilecek.

Akıllı Şehirler (Smart Cities)

Nesnelerin interneti dediğimizde bununla ilgili diğer kavramların da açıklanması gerekiyor. Bunlardan biri de akıllı şehir kavramıdır.

Wikipedia'ya göre akıllı şehir, farklı türdeki algılayıcıları vasıtasıyla veri toplayan, daha sonra bu verileri kullanarak şehrin varlıklarını, kaynaklarını ve hizmetlerini verimli bir şekilde yönetmeye çalışan kentsel alandır. Akıllı şehirlerde; trafik ve ulaşım sistemleri, enerji santralleri, kamu hizmetleri, su şebekeleri, atık yönetimi, şüpheliler veya suçlular, okullar, kütüphaneler hep bu veri akışının başladığı yerlerdir. Algılayıcılar ve kameralarla, bu merkezlerden veya şahıslardan alınan veriler bazı durumlarda ilgili algılayıcının içerisinde işlenerek (edge computing), bazı durumlarda ise merkeze gönderilerek analiz edilir, yapay zekâ sistemlerine girdi olarak katılırlar.[31]

Konunun gelişmesi ile birlikte akıllı şehirlere yapılan yatırımlar da gün geçtikçe artıyor. Aşağıda gösterildiği gibi 2023 yılı sonuna kadar bu yatırımın 190 milyar USD boyutlarına varması öngörülüyor.[32]

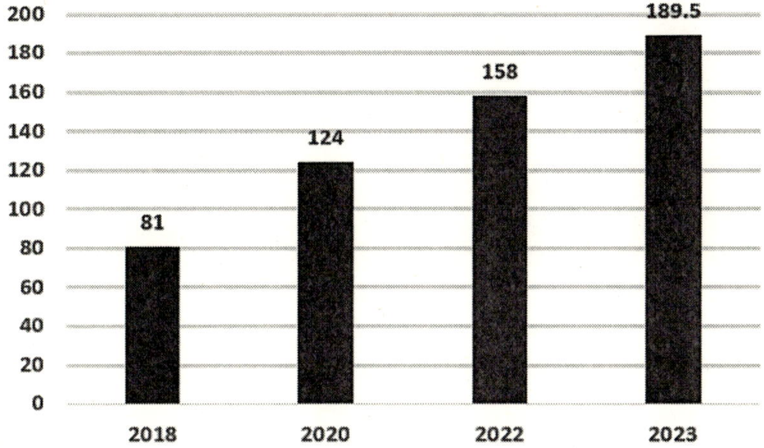

Şekil 16. Akıllı Şehirlere Yapılan Harcamalar (Milyar USD)

(Kaynak: Statista)

Konuya dünyadan akıllı şehir uygulamalarını inceleyerek devam edelim. Deloitte ve Vodafone tarafından 2016 sonunda düzenlenen rapora göre dünyada birçok akıllı şehir uygulaması devreye alınmıştır.

Los Angeles'ta akıllı ulaşım sistemleri ile duraklamalarda %35, kavşaklardaki beklemelerde %20 ve seyahat süresinde %13 azalma sağlanmıştır. Bunlara bağlı olarak yakıt tüketiminde de %12,5 kazanım elde edilmiştir.

Akıllı sokak aydınlatması sistemiyle Oslo'daki elektrik tüketimi tasarruf oranı %70'dir.

Akıllı park sistemiyle, 200.000 insanın yaşadığı bir Avrupa şehrinde, park yeri bulma zamanı %50 azaltılarak hem yaşam kalitesine katkıda bulunulabilir hem de yakıt tasarrufu sağlanabilir.

Park gelirleri artarken personel giderleri %5-10 arası düşürülebilir.

ABD'de Georgia, Tennessee ve Kuzey Karolina eyaletlerinde kullanılmaya başlanan 15.000 akıllı sayaç, operasyon maliyetlerinin %65, ödenmeyen fatura borçlarının ise %50 azalmasını sağlamıştır.

ABD'de Kaliforniya eyaletine bağlı Santa Cruz bölgesinde suç önleyici yöntemlerin 6 ay boyunca kullanımı sonunda bölgedeki hırsızlık olaylarının %19 düşüş gösterdiği tespit edilmiştir.

Peki, akıllı şehir sistemlerinde ne tür eğilimler var? Hangi kullanım alanları mevcut? Şimdi bunları inceleyelim.

Entegre ve Akıllı Ulaşım Ağları

Algılayıcılar yardımıyla trafik yoğunluğu tahmin edilerek gerekli önlemler alınabilir, karbon salınımının önüne geçilebilir, yakıt israfı azaltılarak ekonomik fayda sağlanabilir. Burada algılayıcıların doğru çalışması yanında bunların entegre olarak birlikte çalışması da önemlidir.

Akıllı Park Sistemleri

Her metropolün sorunlarından biri park problemidir. Hepimiz bir yere giderken oraya nasıl gideceğimizden ziyade aracımızı nereye koyabileceğimizi düşünerek yola çıkıyoruz. Bu anlamda akıllı park çözümleri şehir yöneticilerinin sınırlı park noktalarını planlamasına yardımcı olmakta, insanların park yeri bulma problemine çözüm getirmektedir. Bu sistemlerin park yeri bulma noktasında insanlara %50'ye yakın zaman tasarrufu yaptırdığı ortaya konulmuştur.

Ulaşım Araçlarının Otomasyonu, Sürücüsüz Araçlar

Toplu taşıma araçlarının algılayıcılar ile takip edilmesi ve sistemlerin entegre edilmesiyle araçların kullanım ve sefer planlarının yapılması kolaylaşmakta, sürücü veya araç atamalarında manuel yapılan hataların önüne geçilmektedir.

Risk Analizi İçin Drone Kullanımı

Çeşitli algılayıcılar ile donatılmış dronlar arama kurtarma veya güvenlik amacıyla kullanılabilir. Bu araçlar ile bir bölgeye operasyon düzenlenmeden bölgede ön keşif yapılması sağlanabilir. Aynı zamanda dronlar kameraları aracılığıyla geniş bölgelerde henüz ihbarı yapılmamış bir yangın, çatışma vb. olayları algılayıp güvenlik güçlerini harekete geçirebilir.

Suç Tespiti

Suç ihtimali yüksek olan bölgelerden gelen veriler ile bir suç olayının gerçekleşmesi ihtimalini güvenlik kuvvetlerine bildirebilen uygulamalar yapılabilir.

Acil Durum Uygulamaları

Herhangi bir sağlık sorunu yaşayan bir insanın kullandığı cep telefonu veya takmış olduğu bir bileklik vasıtasıyla durumunun en yakın sağlık kuruluşuna bildirilmesi veya ambulans sevk edilmesi gibi bir model çalışılabilir.

Akıllı Dağıtık Enerji Şebekeleri

Belirli sınırlar içinde yer alan ve birbirine bağlı, dağıtılmış enerji kaynağı olan mikro şebeke grupları, ana şebekeye bağlı olarak veya bağımsız şekilde enerji üretebilmektedir. Bu sistemler arzu edilen durumlarda şebeke arızalarını hafifletme amacıyla otonom faaliyet gösterebilmektedir.

Akıllı Sayaç Sistemleri

Akıllı sayaç ve ölçü sistemleri tüketicilerin enerji kullanımlarının anlık takibine olanak verirken, enerji tasarrufunu da teşvik etmektedir. Dolayısıyla akıllı sayaç sistemleri akıllı şebekelerin ana unsurudur.

Akıllı Sokak Aydınlatması

Toplam elektrik tüketiminin yaklaşık %15'ini oluşturan sokak aydınlatmasında, akıllı uygulamaların mevcut altyapıya entegre edilmesi halinde enerji tüketiminin takip edilebilmesi ve optimizasyonu mümkündür. Böylece çevre şartlarına, ortamın aydınlığına göre sokak aydınlatmalarının çalışması sağlanabilecektir.

Entegre Su Yönetimi

Nesnelerin internetiyle çeşitli algılayıcıların mevcut altyapılara entegre edilmesi su akışı takip edilmesini sağlarken, sızıntı veya hırsızlık gibi nedenlerden oluşan su kayıplarının önüne geçilebilmektedir. Ayrıca enerji ve halk sağlığı güvenliği açısından su kaynaklarının ve dağıtım sistemlerinin güvenliği teknoloji desteğiyle artırılmakta, günümüzün artan terör saldırılarına karşı risklerin daha etkin yönetimi sağlanmaktadır. Tahminlere göre dünyada sızıntı kaynaklı su kayıpları yaklaşık %50 civarındadır. Bu oldukça yüksek bir orandır. Akıllı ve entegre su yönetimi ile bu kayıpların önüne geçilebilir. Örneğin Tokyo bu işten 180 milyon USD'ye yakın kazanç elde etmiştir.

Atık Su Yönetimi

Su arıtma sistemleri, nesnelerin interneti aracılığıyla akıllı bir yapıya kavuşturulabilmekte; gri suların tuvalet sistemlerinde ve sulama alanlarında tekrar kullanılması gündeme gelebilmektedir.

Akıllı İklim Uygulamaları

Akıllı şehir uygulamaları iklim değişikliği sonucu beklenen uzun süreli kuraklık, sert hava koşulları, deniz seviyesinin yükselmesi, seller ve su baskınları, bina ve altyapı yıkımları gibi afetlere karşı şehirlerin hazırlanması ve etkin yönetimi için makineler ve sistemler arası iletişimin sağlandığı çözümler sunmaktadır.

Katı Atık Yönetimi

Çöp konteynerlerine yerleştirilen algılayıcılar aracılığıyla konteynerlerde biriken çöp miktarına göre çöplerin toplanma zamanı ve rotası optimize edilebilmektedir. Bu sayede tasarruf miktarı %43'e kadar yükselmektedir.

Akıllı Binalar

Akıllı bina tasarımları ile beraber enerji verimliliği en üst düzeyde sağlanmaktadır. Böylece binaların operasyonel giderleri de birçok kalemde azalmaktadır. Örneğin insan olduğu zaman yanan ışıklar, sıcaklığın artışına göre çalışan klimalar, güneşin geliş açısına göre otomatik inen perdeler vb. uygulamalar hep bunlar ile ilgilidir. İlerleyen dönemlerde bu konuda yapılan harcamaların 150 milyar USD'yi aşması bekleniyor.[33]

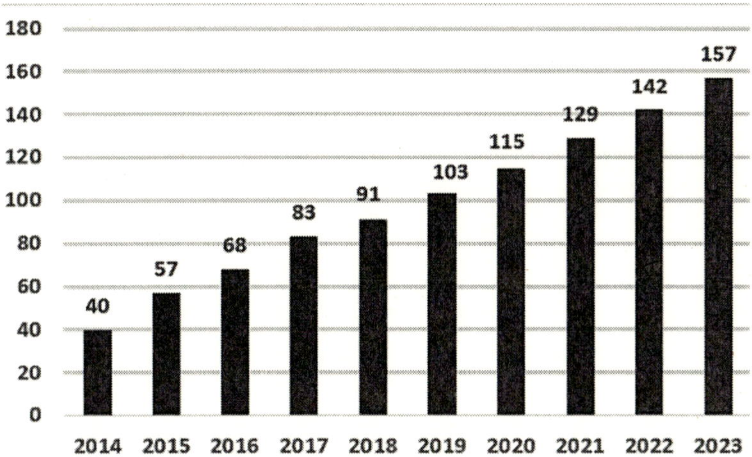

Şekil 17. Akıllı Evlere Yapılan Harcamalar (Milyar USD)

(Kaynak: Statista)

Akıllı Sağlık Uygulamaları

Yaşlıların, hastaların veya engellilerin üzerlerindeki bir cihazla merkeze veri akışı sağlanabilir. Böylece anormal bir durum oluştuğunda, yakınlarına veya sağlık ekiplerine bilgi vermek mümkün olabilir. Örneğin ABD'nin Boston kentinde 3 hemşire ile kalp yetmezliği çeken 250 hastanın sağlık verileri izlenmiş, yapılan düzenli veri takibi sonrasında bu hasta grubu arasında hastane başvuruları %44 azaltılmış ve 10 milyon USD'den fazla tasarruf elde edilmiştir.

Akıllı Turizm Uygulamaları

Bilişim araçlarının fiziksel altyapıya entegrasyonunun sağlanması, turistlerin hareket kabiliyetini artırırken, bu insanların gezilerinden daha fazla keyif almalarını sağlamaktadır. Dolayısıyla ziyaretçilerin ve hatta yerleşiklerin yaşam kalitesi iyileştirilmektedir. Ulaşım, konaklama ve yeme-içme aktivitelerinde, turistlerin yararlanabileceği kapsamlı ve sınıflandırılmış içerikler, çeviri ve yönlendirme gibi anlık hizmetlerle kullanılabilir hale getirilebilmektedir.[34]

Dünyada hangi şehirlere akıllı şehir diyebiliriz diye baktığımızda Caspar Herzberg'in *Akıllı Şehirler, Dijital Ülkeler* kitabında çok detaylı değerlendirmelere ulaşabiliyoruz. Buna göre bazı şehirler akıllanmaya çalışmakta bazıları ise sıfırdan inşa edilmektedir.

Örneğin Barcelona yaptığı projeler ile akıllı şehirlerin en bilinenlerinden biri olma noktasında önemli bir yol almış görünüyor. Mevcut şehir yapısı, dijital teknolojiler ile donatılmış olup insanların hayatlarını kolaylaştırıcı birçok uygulama devreye alınmıştır. Diğer taraftan Suudi Arabistan'ın devasa projesi Kral Abdullah Ekonomik Şehri de 2005 yılında inşa edilmeye başlandı. 20 yıl içerisinde bitirilmesi ve 100 milyar USD'ye mal olması beklenen şehir tam bir akıllı şehir olacak.

Ülkemizde de akıllı şehir uygulamaları yapılmaktadır.[35] Özellikle göze çarpan ulaşım alanında yapılan yatırımlardır.

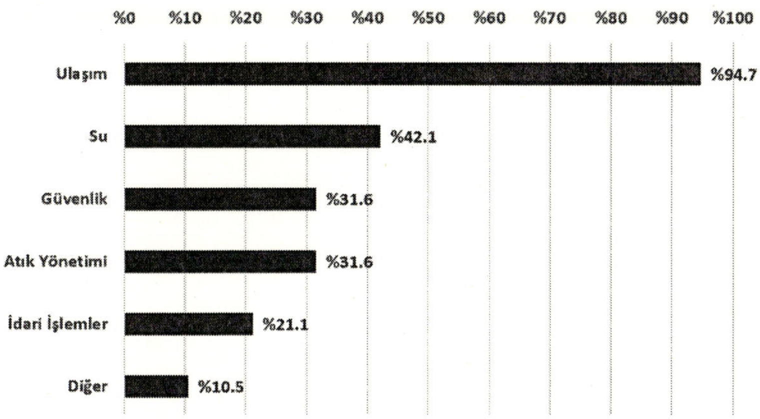

Şekil 18. Türkiye'de Akıllı Şehir Uygulama Alanları

(Kaynak: Deloitte, Vodafone raporu)

Bir örnek vermek gerekirse; Kayseri'de kavşaklara yerleştirilen algılayıcılar ile otomatik sayımlar yapılarak aracın daha fazla olduğu yola verilecek geçiş üstünlüğü otomatik olarak belirlenmektedir. Böylece araç sayısının fazla olduğu geçişlerde gereksiz beklemelerin önüne geçilmiş, trafik yoğunluğu azaltılarak araçların yakıt tasarrufuna katkıda bulunulmuş, şehirdeki araçların sera gazı emisyonu oranı en aza indirilmiştir.

Kayseri Kavşak Projesi

Üç Boyutlu Baskı ve Üç Boyutlu Yazıcılar (3D Printing)

Üç boyutlu baskı, üç boyutlu olarak tasarlanmış sanal bir nesnenin polimer, kompozit ve reçine gibi malzemelerden ısıl veya kimyasal işlemden geçirilerek üretilme işlemidir. Bu işlemi gerçekleştiren cihazlara üç boyutlu yazıcı adı verilir. Baskılar birçok türde hammaddenin kullanılması ile yapılabilir. Normal kullanıcı bazında en yaygın kullanımı olan hammadde PLA ve ABS adı verilen sert plastiklerdir.[36]

Üç boyutlu yazıcılar günümüzün çığır açıcı projelerinden biridir. Eskiden sadece kâğıt üzerine çıktı alabilirken, şimdi çeşitli malzemeler kullanarak üç boyutlu çıktılar alabiliyor ve böylece yaptığımız tasarımlar üzerinde daha rahat kafa yorabiliyoruz. Diğer taraftan üç boyutlu yazıcılar kalıp maliyetlerimizi ve kalıp yapmak ile kaybedilen zamanı da minimuma indirmiştir. Halen günümüzde en büyük problemlerden biri örnek basılması için harcanan maliyettir. Tasarımcı tasarımı yapar ve bunun üretici tarafından üretildikten sonra müşterinin son onayının alınmasını ister. Fakat her zaman müşterinin zihnindeki ve kâğıtta gördüğü ile eline fiziki olarak aldığı bir değildir. Bu sebeple müşteri her zaman bu projeye onay vermeyebilir. Bu, sürecin en başa dönmesine ve maliyetlerin artmasına sebep olur.

Şöyle bir örnek verelim. Bir bankasınız ve müşterileriniz için bir hediye tasarlamak istiyorsunuz. Aklınızdaki tasarım tasarım firması tarafından sanal halde hayata geçiriliyor. Siz de uygunluk verip bunun kalıbının üretilmesini istiyorsunuz. Sonra bir adet ürün üretiliyor ve size gönderiliyor. İlk kalıp da sizin için üretildiğinden 100 bin TL'ye alacağınız 1.000 tane ürünün ilk 20 bin TL'sini sadece kalıba ve bir adet numune ürüne veriyorsunuz. İlk ürün geliyor, üretime devam edelim mi diyorlar. Fakat siz beğenmiyorsunuz ve kalıp çöpe atılıyor. Bu süreçleri yaşamamak için üç boyutlu yazıcı kullanmak en iyisidir.

Henüz belki o aşamalara gelmedik ama diyelim ki internet üzerinden bir tasarım yapıp tekstil firmasının sistemine yüklüyorsunuz. Sonra size bu ürün üretilip gönderiliyor. Yakın zamanda neden olmasın?

Üç boyutlu baskı pazarının gelişimi oldukça heyecan verici. 2024 yılında bu pazarın tüm dünyada 40 milyar USD'yi aşması bekleniyor.[37]

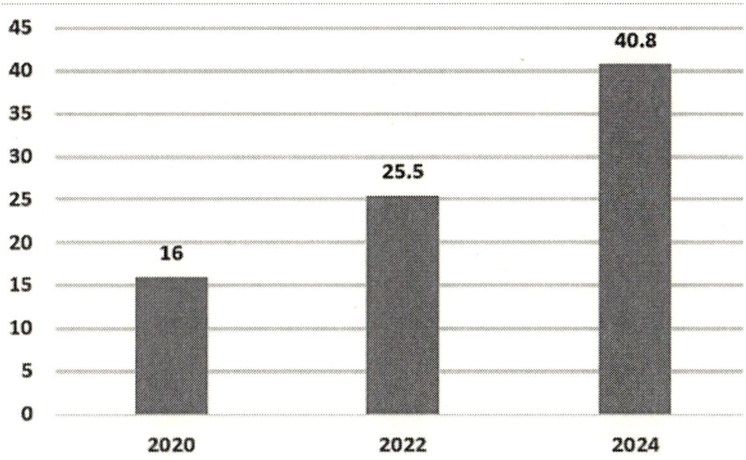

Şekil 19. Üç Boyutlu Baskı Pazarı – Tüm Dünya (Milyar USD)

(Kaynak: Statista)

Peki, konumuza yani yapay zekâya geri dönelim. Üç boyutlu baskı ile yapay zekâ bir araya gelebilir mi? Londra merkezli bir teknoloji firması olan AMFG'nin CEO'su Keyvan Karimi "Henüz tüm üretim sürecini yapay zekâ ile kontrol etmede bir hayli gerideyiz" diyor.[38]

Fakat yine de bazı güzel uygulamalar var. Bu uygulamalara geçmeden şunu belirtelim. Projenizi üç boyutlu olarak yazdırmak için bilgisayar yardımlı tasarım yazılımını kullanarak üç boyutlu modelinizde çalışmalısınız. Yapay zekânın, belirttiğimiz bilgisayar yardımlı tasarım yazılımlarında kullanımı artarken üç boyutlu çıktıların da daha başarılı sonuçlar verdiğini söylememiz gerekiyor.[39]

Şimdi bu yazılımların hangi alanlarda başarılı sonuçlar aldığına bakalım.

Örneğin hata tespiti söz konusu olduğunda yapay zekâ, yazılım ile üç boyutlu modelleme programlarına dahil edilebilir. Yapay zekâyı üç boyutlu baskıda kullanmak baskı sürecini optimize edebilir ve hatalardan kaçınmaya yardımcı olabilir.

Yapay zekâ gerçek zamanlı olarak kontrol sağlayabilir, zaman ve malzeme israfını önemli ölçüde azaltabilir. Ayrıca, baskı işleminden sonra sorunları doğrudan tespit etmek ve üç boyutlu yazdırılan modellerin kalite kontrolünü iyileştirmek için de kullanılabilir.[40]

Diğer taraftan modellerin hassasiyet seviyesinin arttırılmasını sağlayabilir. Yapay zekâ, bilgisayar destekli tasarım modellerini hızlıca düzeltir ve daha yüksek doğrulukta parçalar üretmeye yardımcı olur. Basılı parçaların tasarıma daha uygun olmasını ve gerekli toleranslar içerisinde kalmasını sağlar. Bu yöntem aynı zamanda parçanın farklı bir makinede yazdırılsa bile aynı şekilde çalışmasını sağlayarak tutarlılığını artırır. Ayrıca, geleneksel üretim süreçleriyle mümkün olamayacak üst düzey tasarımlar da ortaya çıkartılabilir.

Diğer taraftan da yapay zekâ, üstün işlevlere sahip yeni malzemeler icat etme sürecinde önemli bir rol oynamaktadır. Bu gelişme ile bilim insanlarının ve mühendislerin daha güçlü, daha hafif, daha esnek ve üretimi daha ucuz olan yeni bir malzeme sınıfı tasarlamalarının önü açılıyor. Yapay zekânın güçlü bir alt kümesi olan makine öğrenmesi ve tahmine dayalı modelleme, bu yeni materyallerin keşfini hızlandırmak için kullanılıyor. Tasarımcılar sadece istenen özellikleri bir programa giriyorlar ve algoritmalar hangi kimyasal yapı taşlarının mikro düzeyde birleştirilebileceğini tahmin ederek istenen işlev ve özelliklere sahip bir yapı oluşturabiliyor.

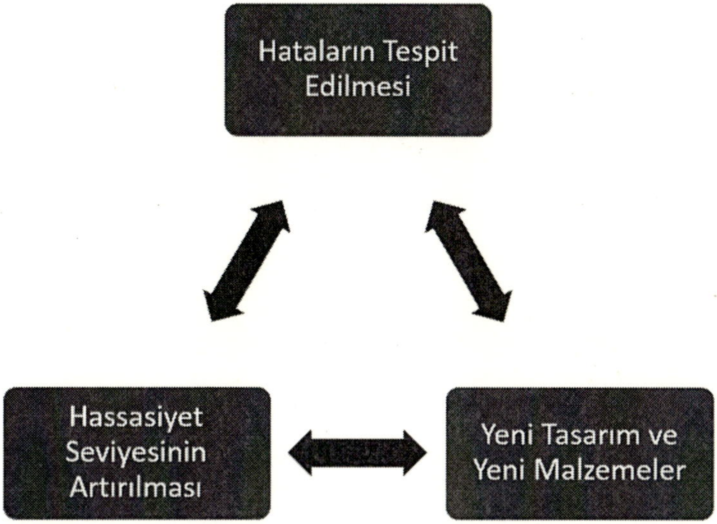

Şekil 20. Yapay Zekânın Üç Boyutlu Baskı Teknolojisine Katkıları

Bulut Bilişim (Cloud Computing)

Bulut bilişim, bilişim aygıtları arasında ortak veri paylaşımını ve verinin bilgiye dönüştürülmesini sağlayan hizmete verilen isimdir. Bulut bilişim bir ürün değil hizmetler bütününün ortak adıdır. Kullanıcıların bulundukları konumlarda herhangi bir işlem, yazılım, veri erişimi veya servis altyapısına sahip olmadan tüm bu hizmetlere bir bilişim servisi aracılığı ile kolayca erişip kullanabilmelerini sağlayan bilişim servisidir.[41]

Bulut bilişim günümüzün en önemli ekonomik kavramlarından biri olan paylaşım ekonomisinin bir sonucudur. Eskisi gibi her kullanıcının her donanıma, uygulamaya, platforma sahip olmasından ziyade bunları ortak kullanıp sahip olma maliyetini azaltma mantığına dayanan bir sistemdir.

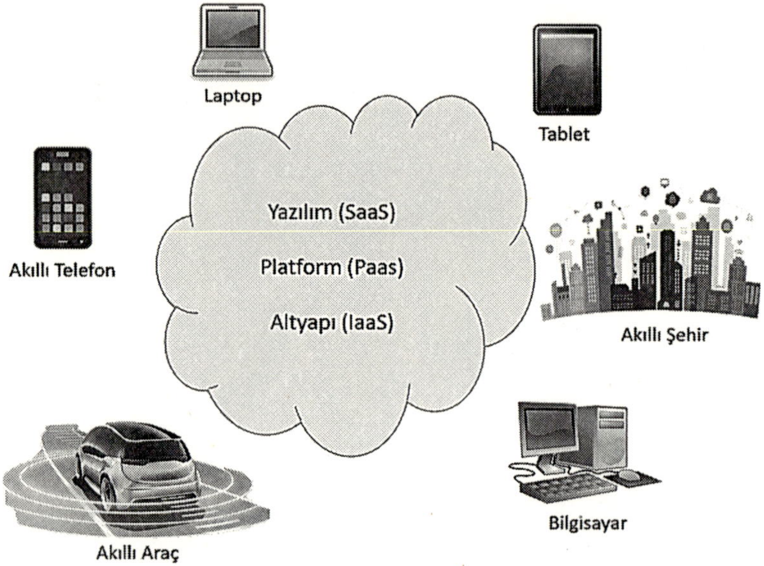

Şekil 21. Bulut Bilişim Çalışma Modeli

Bulut yapılarında kullanılan temel gösterim, "Hizmet Olarak" (as a service - AAS) şeklinde yazılmasıdır. Örneğin;

- Hizmet olarak platform (Platform as a service - PAAS),
- Hizmet olarak yazılım (Software as a service - SAAS) veya
- Hizmet olarak altyapı (Infrastructure as a service - IAAS).

Şimdi bunlara bakalım.

Hizmet olarak platform; geliştirilmiş olan bir platformun tüm dünyada kullanıcılar tarafından aynı ortak amaç doğrultusunda kullanılmasını ifade eder. Örneğin Google APP Engine (Google uygulama motoru), Google Play'de uygulama geliştirmek isteyen kullanıcılara bir platform sunmaktadır.

Hizmet olarak yazılım konusunda ise kullanıcılar, web tabanlı çalışan bir yazılıma ödedikleri kiralama ücreti ile erişilebilirler. Örneğin Office 365 kullanıcıları; herhangi bir PC, Mac, iOS, Android veya Windows cihazından gerçek zamanlı olarak içerik oluşturabilir, düzenleyebilir ve paylaşabilir. E-postadan video konferansa kadar çeşitli araçlarda iş arkadaşlarıyla ve müşterilerle bağlantı kurabilir. Bunun için Office 365'in bilgisayarlarında kurulu olması gerekmez.

Son olarak da hizmet için altyapı tarafına bakalım. Bunun temel amacı kullanıcıların donanım yatırımına girmeden, ortak donanımları kendi ihtiyaçları için kullanmalarıdır. Örneğin bir şirket açtınız ve web sitesini geliştirdiniz. Bu web sitesini Amazon Web Services (AWS) tarafından sağlanan veri merkezinde konumlandırabilirsiniz. Bu sayede AWS'ye sadece kiralama bedeli ödersiniz.

İşletmelerin bu bulut yapılarından ne ölçüde yararlandığını göstermek anlamında aşağıdaki şekle bakabiliriz. Görüldüğü gibi yıllardır en fazla kullanılan hizmet SAAS yapılarıdır. Bunu IAAS ve PAAS takip etmektedir.[42]

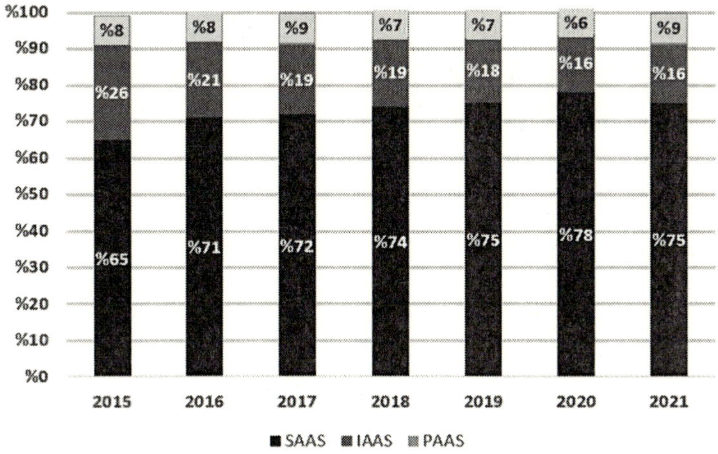

Şekil 22. Bulut Bilişim Kullanım Oranları

(Kaynak: Statista)

Bulut yapıları da kendi içerisinde üçe ayrılmaktadır. Bunlar sırasıyla aşağıdaki gibi sınıflandırılabilir:

- Özel Bulut (Private Cloud)
- Genel Bulut (Public Cloud) ve
- Melez Bulut (Hybrid Cloud).

Özel bulut, şirkete ait olan bulut olup şirketteki insanların bilgilerini kendi cihazlarında değil şirketin bulutunda tutmalarına izin verir. Böylece şirkete ait olan veri merkezi tüm çalışanlar tarafından iş amaçlı olarak kullanılabilir. İşletmenin çalışanları kendi saklama alanları yerine şirketinkini kullanarak her an dokümanlarına ulaşma şansına sahip olurlar.

Genel bulut ise herkesin her yerden erişebildiği bulut demektir. Böylece küçük işletmeler ve bireyler kendi ihtiyaçları için teknoloji devlerinin kurduğu veri merkezlerinden faydalanırlar. Örneğin Google Cloud ile Google, bireylere IAAS faaliyeti altında kira karşılığı veri merkezinde depolama hizmeti sunar.

Melez bulut ise yukarıdaki ikisinin bir arada kullanılmasıdır.

Şimdi bunların yıllar içerisindeki paylarını görelim. Aşağıdaki tabloya göre geleneksel veri merkezlerinin payının azaldığını, bulut tabanlı sistemlerin payının ise arttığını görüyoruz.

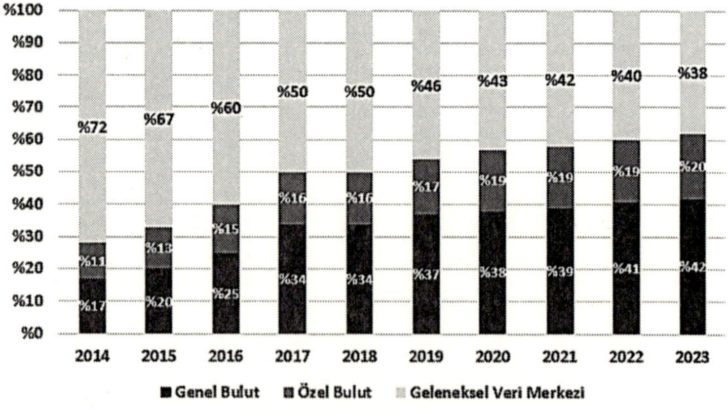

Şekil 23. Bulut Yapılarının Kullanım Oranları

(Kaynak: Statista)

Genel, özel ve melez bulutların birbirleri ile karşılaştırmasını da aşağıdaki gibi gösterebiliriz. Şirketler çeşitli düzenlemelere tabi iseler (örneğin bankalar) verilerini yurtdışında genel bulut sistemlerinde tutamazlar. Fakat girişimcilerin işe ilk başladıkları nokta genellikle genel bulutlardır. Çünkü maliyetleri düşük ve oldukça esnek imkânlar sunmaktadırlar.

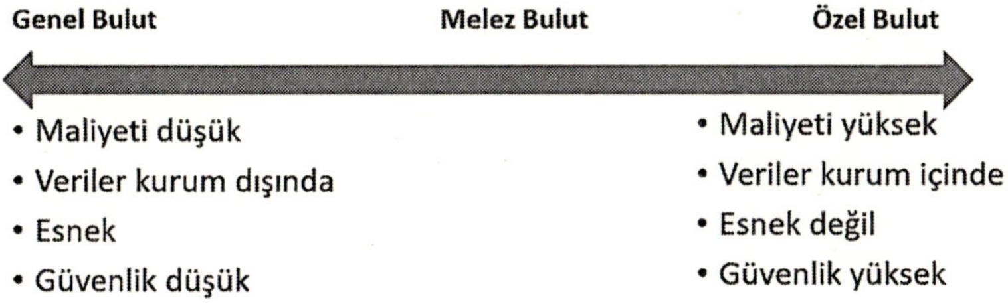

Şekil 24. Genel, Özel ve Melez Bulut Karşılaştırması

Gelelim bulut bilişim ile yapay zekânın nasıl bir ilişki içinde olduğuna…

Her şeyden önce bulut bilişim ile veri toplamanın ve depolamanın maliyeti düşeceği için kullanılabilecek verinin artacağını, bunun da yapay zekâ algoritmalarının daha sağlıklı çalışmasını sağlayacağını düşünebiliriz.

Diğer taraftan nesnelerin interneti ve uç bilişim (edge computing) teknolojileri ile yapay zekânın faydasının arttığını söyleyebiliriz. Uç bilişim, bulut ortamındaki hesaplama gücünü, ağların uç noktalarına veya kıyılarına taşımayı amaçlar. Böylelikle akıllı uygulamalar tüm verilerini çok uzakta yer alan buluta göndermek ve cevapların da aynı uzun yol üzerinden geri gelmesini beklemek yerine hemen orada modele sokar ve çıktı elde ederler.

Bu anlamda ilerleyen dönemlerde bulut kullanımının artacağı ve bunun yapay zekâ modelleri üzerinde olumlu etkisinin olacağı düşünülebilir.

Artırılmış Gerçeklik (Augmented Reality) - Sanal Gerçeklik (Virtual Reality)

Şimdi de geldik kendimizi bir oyunun içinde hissettiğimiz teknolojilere. Artırılmış gerçeklik ve sanal gerçeklik. Artırılmış gerçeklik ile başlayalım. Gerçek dünyayı daha iyi anlamak ve çeşitli bilgilere hızla ulaşmak için akıllı telefonların kameralarının veya bazı özel cihazların kullanılmasına artırılmış gerçeklik denir. AR ile yapılan aslında; gerçek dünyadaki çevrenin, bilgisayar tarafından üretilen; ses, görüntü, grafik ve GPS verileriyle zenginleştirilerek meydana getirilen canlı veya dolaylı fiziksel görünümüdür. Bu kavram kısaca gerçekliğin bilgisayar tarafından değiştirilmesi ve artırılmasıdır.[43]

Peki, AR'ı hangi alanlarda kullanabiliriz?

Öncelikle AR sağlık bilimlerinde kullanılabilir. Hem yeni sağlık personeli yetiştirmede hem de sağlık personellerinin daha doğru müdahalelerde bulunmasında işe yarayabilir.

Savunma sanayii de bu teknolojinin kullanım alanlarından biridir. Özellikle profesyonel askerlerin eğitim alması bu teknoloji ile sağlanabilir.

Günümüzün fiziksel perakende ortamında, müşteriler akıllı telefonlarını fiyatları karşılaştırmak veya taradıkları ürünler hakkında ek bilgi almak için her zamankinden daha fazla kullanıyor. İşte bu alanda müşterilerin kullandığı bir AR uygulaması, telefonun kamerası vasıtasıyla ürün hakkında bazı bilgiler verebilir ve kıyaslamalar yapabilir.

AR'nin en büyük endüstriyel kullanım alanlarından biri de ekipmanların onarımı ve bakımıdır. İster araba motoru isterse de bir üretim makinesi olsun, onarım ve bakım personeli AR gözlüklerini kullanırken yararlı bilgiler alabilir. Çalışanlar böylece potansiyel sorunları anlayabilir ve böylece hem zaman kazanır hem de doğru çalışma yapabilirler.

İç tasarımdan mimariye ve inşaata kadar AR, profesyonellerin nihai ürünlerini görselleştirmelerine yardımcı olur. Mimarların, mühendislerin ve tasarım profesyonellerinin tasarımlarının nasıl görünebileceğini anlamak için doğrudan çizim yaptıkları binaları gözlükler aracılığı gözlerinin önüne getirmesini sağlar.

AR, lojistiğin birçok alanında verimliliği ve maliyet tasarrufunu artırmak için çeşitli fırsatlar sunar. Buna nakliye, depolama ve rota optimizasyonu da dahildir. Lojistik şirketi DHL, bazı depolarında akıllı AR gözlüklerini kullanmaya başlamıştır. Bu uygulamada işçiler kullandıkları cihazlar ile nakil edilmesi gereken belirli bir öğeyi bulmak ve seçmek için bir depo içindeki en kısa rotayı belirlemeye çalışırlar.

AR turizm sektöründe de yoğun şekilde kullanılıyor. Seyahat markaları ve acenteler turistlere daha onlar seyahate başlamadan ilgi çekici deneyimler sunuyorlar. Örneğin açmış olduğunuz bir uygulamada Paris'in kafelerini tek tek ziyaret ettiğinizi düşünün. Muhtemelen Paris'e gitmek için can atacaksınız.

Eğitim sektörü de önemli uygulama alanlarından biridir. Astronomi eğitimi alan öğrenciler güneş sisteminin tam bir haritasını ellerindeki tabletlerle görebilir veya bir müzik sınıfındaki öğrenciler bir çalgı aleti çalmayı öğrendiklerinde müzik notalarını gerçek zamanlı olarak izleyebilirler.

AR cihazlarının en fazla kullanıldığı alan oyun sektörüdür. AR'ın bu sektörde önemi gün geçtikçe azalsa da oyun sektörü halen bu alandaki liderliğini sürdürmektedir.

AR kamu güvenliği alanında da kullanılabilir. AR gözlüğü takan ilk müdahale ekipleri tehlike noktalarına karşı uyarılabilir. İnsanlar olası bir felakette coğrafi konumu etkinleştirilmiş gözlükler ile itfaiyeciler veya sağlık görevlilerinin bulunduğu güvenli bölgelere yönlendirilebilir.

Bir enerji tribünün faaliyet dışı kalması, bir konut sitesinin doğalgaz hattında kaçak meydana gelmesi, bir plazanın asansörünün bozulması gibi bir durumda ilgili personelin yerinde destek vermesi gerekmektedir. Bu sebeple personelin tamire başlayacağı anda bir AR gözlük takması hangi aşamalarda ne yapacağını anlamasını sağlar.[44]

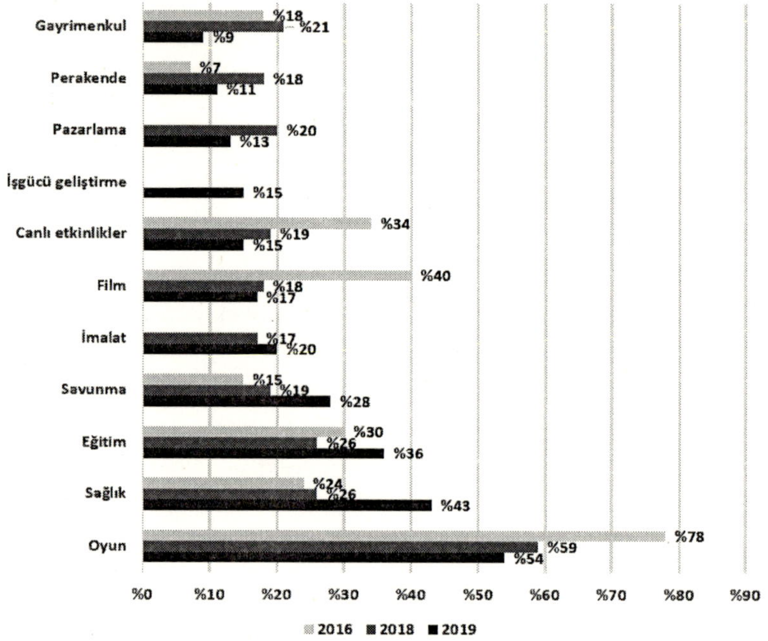

Şekil 25. AR ve VR Kullanım Alanlarının Yıllar İçindeki Gelişimi

(Kaynak: Statista)

Yapay zekâ ile AR birlikte kullanıldığında ise bakalım bize ne tür kazanımlar sağlıyor? Aşağıdaki beş alan bu kullanım örneklerinden sadece birkaç tanesidir.

1- Görüntü veya sahne etiketleme: Bir kamera çerçevesi, görüntüyü sınıflandıran bir yapay zekâ modeli ile çalıştırılır. Sınıflandırma, söz konusu konum için bir AR etiketi oluşturur.

2- Nesne algılama: Yapay zekâ modelleri bir görüntüdeki nesneyi algılayabilir. Bu algılanan nesnenin fiziki görüntüsü ile onun dijital bilgileri aynı yerde kullanıcıya gösterilebilir.
3- Segmentasyon: Yapay zekâ ile algılanan nesneler sınıflandırılır ve kullanıcıların da bilgi edinmesi için onlara fiziki nesnelerin üzerinde gösterilir.
4- Metin tanıma ve çeviri: Bir yapay zekâ modeli görüntüdeki metni algılar, okur ve çevirir. AR API'leri* daha sonra çevrilmiş metni üç boyutlu dünyaya yerleştirmek için kullanılır.
5- Ses tanıma: Yapay zekâ modelleri AR efektlerini tetikleyen belirli kelimeleri dinler. Örneğin bir kullanıcı "kraliçe" kelimesini söylerse ve başında sanal bir taç belirebilir.[45]

Şimdi geldik sanal gerçeklik tarafına…

Sanal gerçeklik kısaca VR, AR'dan biraz farklıdır.

VR, simüle edilmiş bir ortam oluşturmak için bilgisayar teknolojisinin kullanılmasıdır. Geleneksel kullanıcı ara yüzlerinden farklı olarak VR, kullanıcıyı bir deneyimin içine yerleştirir. Önlerinde bir ekran görüntülemek yerine, kullanıcılar tasarımsal dünyanın içinde olduklarını hissederler. VR cihazları; görme, işitme, dokunma, hatta koku alma gibi mümkün olduğunca çok duyuyu simüle ederek, bu yapay dünyaya bir geçit açarlar.[46]

VR da AR'ın kullanım alanlarında oldukça yaygın şekilde kullanılır.

Yapay zekâ VR için ne tür farklılıklar getiriyor dediğimizde AR'dan farklılaşan en önemli kullanım alanının eğitim simülasyonları olduğunu söyleyebiliriz. Detaylı bir simüle dünya oluşturulur ve burada çeşitli insanların eğitim alması sağlanabilir.

---

* API: Application Programming Interface: Uygulama Programlama Arayüzü

Örneğin pilotlar verdikleri karara göre kendisini yenileyen bir yapay zekâya karşı uçuş deneyimi yaşayabilirler. Ya da askerler bir çöl operasyonu simülasyonunda düşman birliklerin liderini ele geçirmeye çalışabilirler.[47]

Eğer VR hoşunuza gitti ise yönetmenliğini Steven Spielberg'in yaptığı 2018 yapımı *Ready Player One* adlı filmi izlemenizi tavsiye ediyorum.

Bu bölümde son dönemlerde karşımıza çıkan teknolojilere yapay zekâ ekseninde bakmaya çalıştık. Bu aşamada konuya bir de madalyonun öbür tarafından yaklaşalım. *İkinci Makine Çağı* adlı kitaplarında Erik Brynjolfsson ile Andrew McAfee, insanlık bu devrimlerin hep faydasını görmüştür diyebilir miyiz konusunu irdeliyor.[48] Sanıyorum büyük ölçüde evet ama bu gelişmelerin hem insanlığa hem de doğaya bazı olumsuz etkileri olmuştur. Örneğin 18.yy başında başta Londra olmak üzere birçok Avrupa kentinin havası dumanla kaplanmıştı. Belki bu şu anda dijital devrim ile bu gerçekleşmiyor olabilir ama bu sefer de doğal çevrenin yerine ekonomi etkilenmeye başlamıştır. İnsanların gelir dağılımlarında bir çarpıklık gerçekleşirken bir taraftan da her şeye her zaman ve uygun maliyetle ulaşmanın verdiği bir bolluk da yaşanmaktadır. 1983-2009 yılları arasında en altta kalan %80'lik kesimin zenginliği azalırken en üstteki %20'nin zenginliği %100'den fazla artmıştır.

İleride bunlara daha geniş yer vereceğiz.

BÖLÜM -2: YARARLARI VE SORUNLARI

Yapay Zekâ Kullanım Alanları

Biyometri ve Yapay Zekâ

Yapay Zekânın Sorunları

Yapay Zekâ Kullanım Alanları

Ünlü fütürist Jason Silva, "ileride göreceğimiz tüm teknolojilerin büyükbabası yapay zekâ olabilir" diyor. Kısacası, ileride her ne keşfedeceksek bir taraftan yapay zekâ içereceğini düşünebiliriz. Bu anlamda günümüzdeki kullanım alanlarının ortaya konulması ileride neler başarabileceğimizi görmek açısından önemlidir.

Belki farkında değiliz ama yapay zekâyı zaten kullanıyoruz. Pega Systems tüketiciler ile bir araştırma yapıp günlük hayatlarında yapay zekâyı ne kadar kullandıklarını sormuş. Aldıkları yanıtlar oldukça ilginç. Ankete katılanların %66'sı yapay zekâ kullanmadıklarını veya emin olamadıklarını söylerken, aslında %84'ünün yapay zekâ tabanlı bir uygulamayı kullandıkları ortaya çıkmış.[49]

Ne kullandıklarının farkında olmayan bu insanlar; e-posta spam filtreleri sayesinde gereksiz e-postalardan kurtuluyorlar, arama motorlarında bir kelime ararken yanlış yazsalar bile arama motorunun bunun düzelttiğini görüyorlar, Siri gibi sanal asistanlar kullanıyorlar ya da Facebook'ta ilgilenebilecekleri haberler veya reklamlar görebiliyorlar. Bunların tamamının arkasında yapay zekâ var.

Gartner, 2018 yılında yaptığı bir araştırmada da iş yaşamı üzerinde etkin olan teknolojileri belirlemeye çalışmış. Yıllık geliri 50 milyon USD üzerinde olan işletmelerin yöneticilerine yönelik düzenlenen ankette; ürün ve hizmetlerde, pazarlama, satış ve deneyim iyileştirmesinde, üretim ve hizmet teslim işlemlerinde, son olarak da genel hatları ile yönetim ve risk yönetimi alanlarında yapay zekâ diğer teknolojilerin önünde yer alarak iş yaşamını en fazla etkileyecek teknoloji olarak ortaya çıkmış.*

Yapay zekânın kullanım alanlarına geçmeden önce gelecek yıllarda bu alanda ne kadar büyüme öngörüldüğünden bahsetmek lazım. 2018 yılında yapılan bir araştırmada önümüzdeki 5 yılda yapay zekâ yazılımları pazarının yıllık büyüme oranları aşağıdaki gibi öngörülmüştür. Görülebileceği gibi önümüzdeki 2 yıl içerisinde bu rakamlar her yıl ortalama %50 büyüyecektir.[50] Buradan da konu üzerindeki araştırmaların artacağını ve yeni kullanım alanlarının ortaya çıkacağını varsayabiliriz.

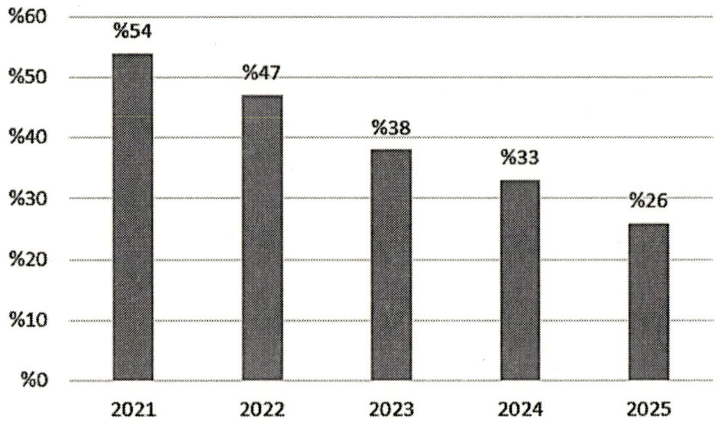

Şekil 26. Yapay Zekâ Yazılım Pazarı Büyüme Oranları

(Kaynak: Statista)

Yapay zekânın hangi sektörlere daha fazla etki edeceğini gösteren aşağıdaki grafik de önemli ipuçları vermektedir. Buna göre perakende, taşımacılık, seyahat, paketlenmiş ürünler gibi iş alanlarında ilerleyen dönemlerde yüksek bir ekonomik etki beklenmektedir.[51]

* Diğer teknolojiler; Bulut Tabanlı API Platformu, Nesnelerin İnterneti, Blokzinciri, 3D Yazıcılar.

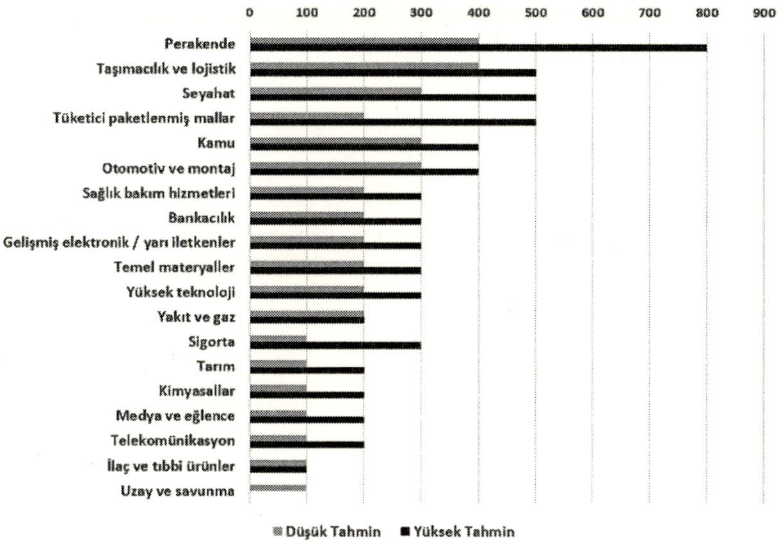

Şekil 27. Gelecekte Yapay Zekânın Sektörlere Ekonomik Etkisi - Milyar USD

(Kaynak: McKinsey)

Yapay zekâ genel maksatlı bir teknolojidir. Bunun anlamı birden fazla işkolunda kullanılabilecek uygulamalar barındırabilecek olmasıdır. Örneğin yüz tanımayı başaran bir yapay zekâ, hem bir banka müşterisinin ATM'yi yüz tanıma ile kullanmasında faydalı olabilir hem de bir telekom operatörünün mobil uygulamasında uygulamaya girme amaçlı modellenebilir. Bunun yanında öneri oluşturan bir yapay zekâ uygulaması, bir insanın tatilde nereye gidebileceğini tahmin edebilirken Netflix'te hangi filmi izlemesinin kullanıcı açısından daha eğlenceli olduğuna karar verebilir. Bu nedenle yapay zekânın çok hızlı büyümesinin beklenmesi doğaldır.

Yapay zekâda kullanım alanı organizasyonunuzun yetkinliğine bağlı olduğu kadar hayal gücünüze de bağlıdır. Dünyanın en yetenekli insanlarından kurulu bir şirketiniz olabilir, bu insanları en modern teknolojiler ve altyapılar ile destekleyebilirsiniz.

Fakat hayal kuramıyorsanız yapay zekâ uygulamalarında sadece takip eden olursunuz. Bu anlamda organizasyonda herkesin yapay zekâyı tanıması ve bununla neler başarılabileceğini öğrenmesi gerekir. Bu bilgi detay bilgi olmak zorunda değildir. Yapay zekânın işimize nerede yarayacağını basit anlamda anlamak bile yeterlidir. Örneğin bir mağaza zincirinde görevli iş geliştirme yetkilisi yüz tanıma teknolojisi ile hangi mağazanın hangi saatlerde daha kalabalık olduğunu anlayarak havalandırma sisteminin ona göre çalışmasını sağlayabilir. Böylece içerisi kalabalık iken daha fazla hava dolaşımı yapan mağazada müşteriler daha uzun süre kalıp daha fazla alışveriş yaparlar. Bunu düşünmek için iklimlendirme operatörü olmaya gerek yoktur. Herhangi bir çalışan yapay zekâ teknolojileri ile ilgili az da olsa bilgi sahibi ise bu yorumu yapıp böyle bir çözüm önerebilir.

Şimdi yapay zekâ ile hayatımıza giren bazı kullanım alanlarına göz atalım. Bunları yaparken bir işletmenin organizasyonunu hayal edip ona göre fonksiyon bazlı bir ayrıma gitmeyi tercih ettim.

Bildiğiniz gibi bir işletmede; pazarlama, satış, müşteri hizmetleri, bilgi teknolojileri, operasyon, muhasebe, insan kaynakları gibi fonksiyonlar vardır. Her biri için hangi uygulamalar yapılabilir bir göz atalım.

Pazarlamadan başlayalım. Kuracağınız yapay zekâ modelleri ile;

Evvelce ürünlerinize ilgi göstermiş olan müşterilerinizi tekrar hedefleyebilirsiniz.

Müşterilerinize tercihlerine göre başka hangi ürünleri satın alabileceklerini öneren bir öneri motoru kurabilirsiniz.

Sosyal medyayı dinleyebilir, sosyal medyada ürün satın almak istediğini belirten, yorum yapan veya diğer marka ile sorun yaşayan müşterilerinize kampanyalar hazırlayabilirsiniz.

Pazarlama analitiğini geliştirebilirsiniz. Böylece yaptığınız pazarlama çalışmalarının anahtar performans göstergelerine nasıl etki edeceğini öğrenebilirsiniz.*

Fiyatlama optimizasyonu yapabilirsiniz. Böylece fiyatlamanızı ve satış adetlerinizi en doğru şekilde ayarlayabilirsiniz.

Mağazalarınızdaki stokların ve rafların yönetimini sağlayabilirsiniz. Mağazalarda eksik kalan ürünler için merkeze yeni mal gönderimi için talep geçilebilir.

Müşterilerinizin ihtiyacına bağlı olarak gerçek zamanlı mobil pazarlama kampanyaları hazırlayabilirsiniz.

Sosyal medya izleme yapabilirsiniz. Böylece müşterileriniz sizin hakkınızda sosyal medyada neler söylüyor, bu söylemleri ne kadar olumlu ne kadar olumsuz anlayabilirsiniz. Bunları bir duygu analizi ile kategorik hale getirebilir ve ileride bu verileri başka veriler ile denklemlere koyup, bazı ilişkiler bulmaya çalışabilirsiniz.

PR (Halkla ilişkiler) faaliyetlerinizi değerlendirip, optimize edebilirsiniz. Bu faaliyetleri sürekli iyileştirme şansınız olur.

Sosyal medya reklamlarınızı, tanıtımlarınızı ve genel anlamda sosyal medya kullanımınızı optimize edebilirsiniz.

Müşterilerinizin taleplerine ve web sitenizdeki kullanım alışkanlıklarına göre web sitenizi kişiselleştirebilirsiniz.

Makine öğrenmesi kullanarak, web sitenizdeki ürün içeriklerinizin isimlerini etiketleyebilirsiniz. Böylece internet aramalarından daha üst sıralarda çıkmayı başarabilirsiniz.

İçerik oluşturabilir, e-posta pazarlaması yapabilirsiniz.

Müşterilerinizin duygu durumlarını analiz edip, ona göre satış denemesi yapmaya veya yapmamaya karar verebilirsiniz.

Kasiyersiz satış deneyimi yaşatabilirsiniz.

---

* İngilizce'de "Key Performance Indicators" olarak bilinir.

İnsanların yüz mimiklerini ve elleri ile yaptıkları jestleri algılayıp ona göre hareket eden veya işlem yapan ürünler geliştirebilirsiniz.

Pazarlama için bunları yapabiliyorsak, satış veya müşteri hizmetleri için neden yapay zekâyı kullanmayalım. Bakalım satışları arttırabilmek için neler yapılabilir?

Satış tahminleri yapabilirsiniz, buna göre satış kadronuzun genişliğini ve yayılımını düzenleyebilirsiniz.

Satış fırsatlarını belirleyip, satış personelinizin önüne bunları düşürebilirsiniz. Böylece ilgili ürün veya hizmete ulaşmak isteyen müşterinin ihtiyaçlarını karşılamış olursunuz. Bu şekilde hem daha mutlu müşterilere sahip olup hem de şirketinizin itibarını artırabilirsiniz.

Yapay zekâ tabanlı chatbotunuz olabilir. Bununla 7-24 müşterilerinizin sorduğu soruları yanıtlayabilirsiniz. Diyelim ki bir bankasınız, müşteriniz mobil şubeye girdi ve döviz alımı yapmak istiyor. Onu kolayca ilgili menüye yönlendirebilirsiniz. Müşteri para transferi yapmak istiyor ama yanlışlıkla "para gndur" yazdı. Chatbotunuz bunu "para gönder" olarak algılayıp müşterinizin para transferi yapmasını sağlayabilir.

Chatbotunuzu satış yapar hale de getirebilirsiniz. Böylece sadece müşteri hizmeti için kullanılan ve operasyonel verimliliğinizi arttırmaya çalışan bu uygulamanıza satış yönü de kazandırmış olursunuz. Ayrıca yapay zekâ ile beslenen chatbot için çalışanlarınız sürekli chatbot kütüphanesini geliştirmek zorunda kalmaz. Chatbotunuz kendi kendine öğrenir ve yoluna devam eder. Siz sadece gerekli kontrolleri yaparsınız. Böylece bir salebotunuz olmuş olur.*

* Satış Robotu

Chatbotunuzu satış personellerinizin ürünlerin özelliklerini her zaman sorabileceği bir kurum içi uygulamaya dönüştürebilirsiniz. Sadece satış temsilcileriniz değil kurumunuz içerisindeki tüm çalışanlar her an istedikleri bilgiye bu sayede ulaşabilirler.

Satış temsilcileriniz yaptıkları ilk satıştan sonra hangi satışı daha kolay yapabileceklerini keşfedebilir.

Yapay zekâ sayesinde müşteriler ile toplantılar ayarlanabilir ve böylece satış temsilcilerinizin zamanını etkin kullanmış olursunuz.

Eğer dış arama ile satış yapıyorsanız yapay zekâ satış rakamları en yüksek olan ve en müsait durumda bulunan çalışanınızı dış aramada yukarı sıralara koyabilir. Böylece satış ihtimalini arttırırsınız.

Yukarıdakine benzer şekilde müşterilerin sorunlarını çözme noktasında en yetkin olan çalışanınız daha önemli çağrıları veya daha üst segment müşterilerinizin çağrılarını cevaplayabilir.

Müşterinin aramalarının konu başlıkları yine yapay zekâ tarafından algılanabilir ve bunlar sınıflandırılabilir. Bu sınıflandırmayı takip ederek hangi çağrılarınız ne zaman yükselmiş? Hangi bölgeden gelen çağrılarınız anormal artışlar göstermiş? Gibi müdahale gerektiren konuları erkenden öğrenebilirsiniz.

Müşterilere gönderilen anketlerin cevaplarını, müşterilerin gönderdiği şikâyet e-postalarını, bize yazın köşesindeki mesajları, sosyal medyada yer alan serzenişleri veya teşekkürleri hep yapay zekâ ile analiz edebilirsiniz. Metin madenciliği (text mining) denilen yöntem ile müşterilerin işletmenizde neleri sevip nelerden nefret ettiklerini bir bir öğrenebilirsiniz. Bunun için bir çalışanın günlerce sınıflandırma yapmasına da gerek kalmaz.

Müşterilerinizin seslerini tanıyabilirsiniz. Bunun iki boyutu var. Müşterinin kimliğini bilmeye gerek olmadan müşterinin sesinden çağrı merkezi yönlendirmelerini yapabilirsiniz. Böylece müşteriniz IVR denilen tuşlama sistemlerinde işletmenizin (belki de sevilmeyen) müziğini sürekli dinlemek zorunda kalmaz. Bu aynı zamanda size zaman tasarrufu sağlar. Diğer boyutu ise müşterinizin sesinden onun kim olduğunu anlarsınız. Böylece müşterinin şifre ve kişisel bilgilerini kullanarak sisteminize erişmesi zorunluluğunu ortadan kaldırırsınız. Müşteriniz hem güvenli hem de kolay şekilde sisteminize girer ve işlemlerini yapar.

Yapay zekâ bu kadar birime dokunur da bilgi teknolojilerine fayda sağlamaz mı? Elbette sağlar. Bakalım neler yapabiliyoruz?

Siber güvenlik alanında yapay zekâyı kullanabilirsiniz. İşletmenin sunucularına dışarıdan gelen anormal bir istek var mı? Bu talepler ayrı kaynaklardan mı? Aynı kaynaktan mı geliyor? Bunları ortaya çıkartabilirsiniz.

Şirket çalışanlarına gelen spam mailleri, phishing veya whaling ataklarını önleyebilirsiniz.

İşletme çalışanlarının kötü niyet ile şirket dışına hassas verileri taşımalarının önüne geçebilirsiniz.

Kod yazanlara destek olacak yapılar geliştirebilirsiniz.

Bunların sayısı elbette arttırılabilir. Şimdi de operasyon tarafına göz gezdirelim.

Robotik süreç otomasyonu ile mevcut ortamda yaptığınız kural bazlı kodlamaları yapay zekâ ile karar alan sistemlere evirebilirsiniz. Böylece manuel, tekrarlayan ve yapana değer katmayan işleri robotlara aktardığınız gibi bunların karşılaştıkları en ufak değişiklikte durup beklemeleri yerine karar alıp devam etmelerini sağlayabilirsiniz.

Şube veya mağaza içinde yer alan donanımlarınızın rutin şekilde bakımlarının yapılması yerine yapay zekâlı sistemler ile doğru zamanda bakımlarının yapılmasını sağlayabilirsiniz. Böylece sadece zaman faktörü ile (örneğin 6 ayda bir bakım gibi) sınırlandırılan bakım sürecinin diğer değişkenler ve müşteri davranışları ile konuşabilir hale gelmesini sağlayabilirsiniz. Mesela bankaların ATM cihazlarını ele alalım. Daha fazla kullanılan, daha sert iklimde yer alan ve daha sert tuşlanan ATM'lerin bakımının diğerlerine göre daha sık olmasını sağlayabilirsiniz.

Üretim hattınızın, makinelerinizin ve üretim bandınızın daha etkin çalışmasını sağlayabilirsiniz.

Tedarikçi yönetimini daha etkin ve daha kolay yapabilirsiniz. Tedarikçilerinize doğru zamanda, doğru stok seviyesinde ulaşıp, doğru miktarda sipariş verebilirsiniz. Böylece hem stoklama maliyetlerini düşürmüş hem de malların tedarik edilememesi riskini bertaraf etmiş olursunuz.

Doğru yere şube veya mağaza açmak için yapay zekâ içeren modellerden faydalanabilirsiniz. Böylece daha iyi performans sergileme ihtimali olan yaşam alanlarında şubeleşme sağlanabilir.

Şubeleri olan bir banka için nakit yönetimi yapay zekâlı modeller ile yapılabilir. Bu modeller perakende zincirlerine de uygulanabilir. Böylece bir mağazada gereğinden fazla nakit bulundurulurken başka bir mağazada nakit eksikliği yaşanması gibi bir durum ile karşılaşılmaz.

Peki ya insan kaynakları alanında yapay zekâ kullanılamaz mı? Kesinlikle kullanılabilir.

İnsan kaynakları yapay zekâ ile kimi iş görüşmesine çağıracağına karar verebilir. Yıllardır oluşmuş olan kurum kültürü, insan kaynakları işe alım politikası ve diğer değişkenler bir araya getirilerek ilk görüşmeye adaylar yapay zekâ ile davet edilebilir.

Çalışanların iş yapışlarına göre yıl sonunda hangi notu hak edeceklerine dair öngörüler ortaya konabilir. Böylece hangi çalışanın daha üst düzey bir performans sergileme ihtimalinin fazla olduğu hesaplanabilir.

Çalışanların eğitim ihtiyaçları, performanslarına ve evvelce almış oldukları eğitimlere göre yapay zekâ ile belirlenebilir.

Bu örneklerin sayısı elbette arttırılabilir. Sanıyorum bu aşamada bu kadar yeter. İleride bazılarına daha detaylı şekilde değineceğiz.

Biyometri ve Yapay Zekâ

Bir önceki bölümde yapay zekânın kullanım alanlarına bakmıştık. Yapay zekânın bu alanlarda işe yarayabilmesi için öncelikle bazı teknolojilerle birlikte çalışabilir olması gerekmektedir. Bu teknolojilerden de en önemlilerinden biri hiç şüphesiz biyometridir. Bu bölümde hangi biyometri teknolojileri ile yapay zekâ uygulamalarını kullanabildiğimizi anlamaya çalışacağız.

Öncelikle konuya tanıma teknolojileri ile başlayalım.

Tanıma denildiğinde bir insanın, hayvanın, bitkinin veya herhangi bir nesnenin biyolojik veya fiziksel özelliklerine bakarak diğerlerinden ayırt edilmesini anlıyoruz. Fakat bunun yanında yine bir varlığı gösterdiği davranışlardan, yaptığı hareketlerden, hissettiği duygulardan veya bir işlemi yapma şeklinden de ayırt etmek mümkün olabiliyor.

Bu sebeple tüm tanıma teknolojilerini bir grafikte göstermek istediğimizde karşımıza bir sonraki şekilde yer alan yapı çıkıyor. [52]

Tüm biyometriyi biyolojik ve davranışsal olarak ikiye ayırmamız mümkün olabilir. Bir de bunların arasında kalan duygu tanıma teknolojisi var ki onu şekilde belirtmedim. Fakat ilerleyen bölümlerde ele almaya çalışacağız.

Biyolojik (bazı kaynaklarda fiziksel) biyometrik tanıma, bir varlığın gösterdiği fiziksel özellikler ile diğer bir varlıktan ayrılmasını sağlayan bir teknolojidir. Bu sayede bir insanı bir başka insandan fiziksel özellikleri ile ayırabiliyoruz.

Böylece bir insan kendi başına bir kimlik haline gelebiliyor. Şöyle düşünelim; neden bir kimlik taşıyorsunuz? Veya neden kredi kartınızın şifresini ezberlemeniz gerekiyor? Çünkü bu işlemi yapanın kendiniz olduğunu ispat etmeniz gerektiği için. Bir başkası sizin kartınızla işlem yapmasın diye. Bunun için yanınızda kart taşıyor ve onun şifresini ezberliyorsunuz. Oysa sizin siz olduğunuzu kartınıza ve şifrenize bakarak tanımak yerine yüzünüze bakarak tanıyan bir sistem olursa o zaman bunların hiçbirine gerek kalmıyor. Siz yüzünüzü gösterip ödemenizi yapabiliyorsunuz. Sesiniz ile bir bankanın çağrı merkezinden havale gerçekleştirebiliyorsunuz. Yüksek güvenlikli bir yere girmek için yetkilendirilen insanlardan biriyseniz güvenlik alanında retina kontrolü ile geçiş sağlayabiliyorsunuz.

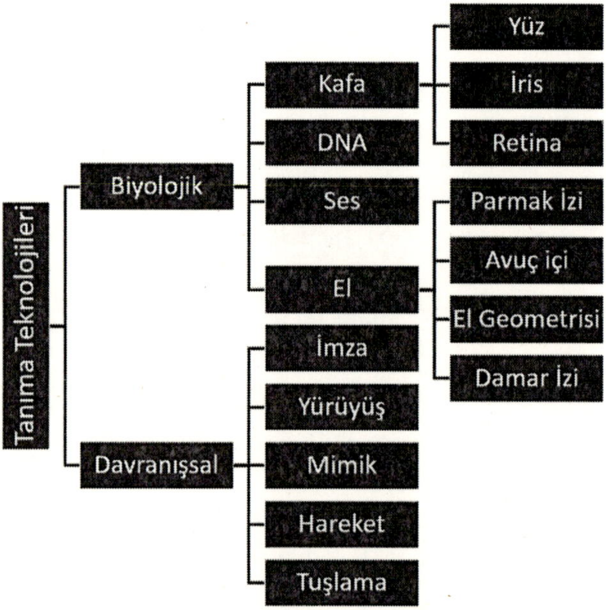

Şekil 28. Biyometrik Teknolojiler

Bunlar yeterli mi? Belki evet, belki de değil. Çünkü bu tarz sistemler gittikçe gelişiyor. Fakat halen hataları var. Örneğin Covid-19 sürecinde birçok uygulama maskeli insanların yüz tanımasını gerçekleştiremedi. Bu durumda akla hem fiziksel özelliklere ek bir özellik olarak hem de kendi başına bir doğrulama yapsın diye davranışsal tanıma teknolojileri geliyor.

Bir ATM'de şifrenizi girerken hep aynı hızla girdiğinizi fark etmişsinizdir. Bir başkası ne yaparsa yapsın size benzer bir örüntü yakalayamıyor. Ya da yürüyüşünüzün farklı olduğunu biliyor musunuz? İmza atarken aynı yöntem ile hep benzer şekilde imza attığınızı da düşünebilirsiniz. İşte bu davranışsal özellikleriniz de sizi diğer insanlardan ayırabiliyor.

Statista'nın yayınladığı rapora göre ABD'deki pazar büyüklüğü 2016 yılında 3,5 milyar USD olan biyometrik teknolojilerinin 2024 yılında neredeyse 4 katına yani 14,7 milyar USD seviyesine ulaşması öngörülüyor.[53]

İnsanların biyometrik teknolojilere bakışının genel olarak olumlu olduğunu söyleyebiliriz. Özellikle artırılmış güvenlik ile doğru sonuçlar vermesi en büyük avantaj olarak görülmektedir.

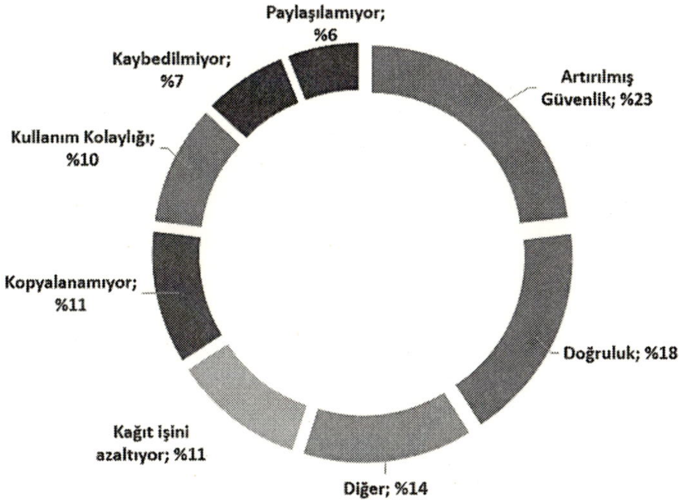

Şekil 29. Biyometrinin Avantajları

(Kaynak: Statista)

Diğer taraftan da bazı dezavantajlar da gündeme geliyor. Bunların en göze çarpanı ise gizlilik sorunlarıdır. Kullanıcıların %44'ü bu konuyu gündeme getirmiş.[54]

Şimdi yeri gelmişken doğrulama (verification) ve tanıma (identification) arasındaki farka da bakmak lazım. Biyometrik teknolojiler hem doğrulama hem de tanıma yapabilmektedir. Biz yukarıda bunları tanıma üzerinden anlattık. Çünkü tanıma daha zor ve detaylı bir süreç.

Şöyle anlatalım. Eğer doğrulama yapıyorsanız o zaman sisteme giriş yapmaya çalışan bireyi o bireyin biyometrik verileri ile eşleştirirsiniz. Bu durumda sonuç eğer uygun ise o zaman ilgili bireyin o birey olduğunu kabul edip işlem yapmasına izin verirsiniz.

Tanıma sürecinde ise sistem, herhangi bir bireyin kim olduğunu anlayabilmek için tüm veri tabanındaki veriler ile bir eşleştirme yapar. Daha sonra da o bireyin kim olduğunu söyler. Aşağıda bunların süreci basitçe anlatılmıştır.

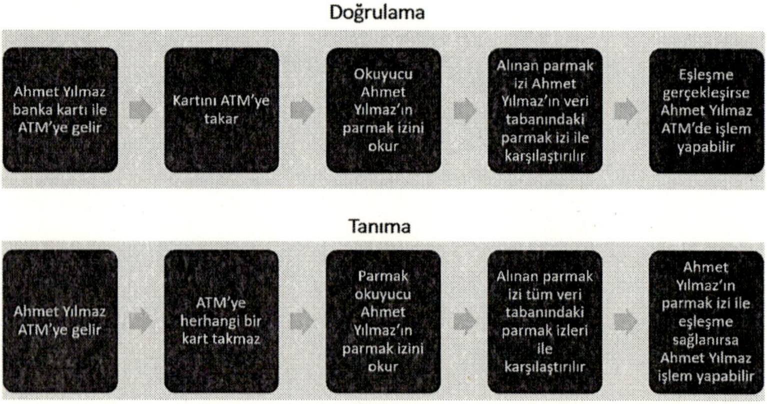

Şekil 30. Doğrulama ve Tanıma Arasındaki İlişki

Bundan sonra anlatılacak tüm biyometrik tanıma veya doğrulama teknolojilerine bu çerçevede bakabiliriz.

Ses - Konuşma Tanıma (Speech Recognition)

Britannica'ya göre konuşma tanıma, "teknolojik cihazların sözlü komutlara cevap verme yeteneği" olarak tanımlanmaktadır.

Konuşma tanıma insanların el veya bilgisayar ile yazmakla uğraşmadan sadece konuşarak çeşitli cihazlara komutlar vermesi olarak anlaşılmamalıdır. Bu teknoloji aynı zamanda engelli insanların hayatlarını kolaylaştıran çok önemli bir araçtır. Bu sayede özellikle görme engelli insanlar sesleri ile bankacılık işlemlerini yapabilmekte, internette aramalar gerçekleştirmekte ve hatta alışveriş yapabilmektedir. Apple'ın Siri, Microsoft'un Cortana, Google'ın Google Asistan ve Amazonun Aleksa'sı gibi birçok asistan bu teknoloji ile çevresindeki insanların ne istediğini anlamakta ve onlara ihtiyaçlarına uygun çözümler sunmaktadır.[55]

Herhangi bir makinenin konuşmayı yorumlayabilmesi için, mikrofonun bireyin sesini algılayabilmesi, bu sesteki titreşimleri dalga benzeri elektrik sinyaline çevirebilmesi gerekmektedir. Kitabın başlarında yapay zekânın ajanlar vasıtası ile çevreyi algıladığından bahsetmiştik. Burada da algılayıcılar ile dış dünya (konuşan insan) algılanmakta, bu daha sonra yapay zekâ vasıtası ile anlamlandırılmakta ve sonunda yazı yazılması ya da işlem gerçekleşmesi şeklinde tepki verilip sonuçlandırılmaktadır.

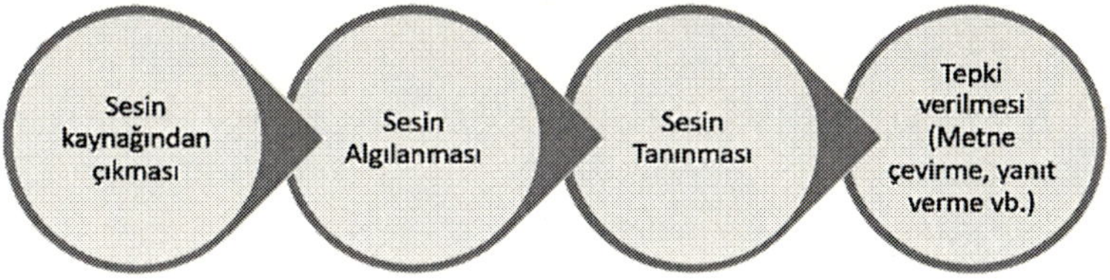

Şekil 31. Konuşma Tanıma Uygulaması

Konuşma tanıma temelde insan kulağının konuşmayı algılaması, sonra da beynin ilgili bölümünün bunu yorumlaması şeklinde gerçekleşmektedir. Bu insan için bu kadar kolaydır. Oysa bir makine için bu o kadar kolay değildir. Peki neden?

Öncelikle her şeyin öncesinde analog gelen bir verinin dijitale aktarılması gerekmektedir. Bu başlı başına bir iştir.

Bu başarıldı diyelim. İnsan karşısındaki bir insanın konuşmasını diğer sesleri kendince ayırıp dinleyebilir. Sadece o insanın konuşmasına yönelebilir. Sadece o insanı dikkate almayı başarabilir. Fakat bir makine algıladığı tüm sesleri yorumlamaya çalışır. Bu da ortamdaki gürültünün de algılanmasına doğal olarak yorumlanmaya çalışılmasına sebep olabilir.

Bir şekilde bunu da aştığını varsayalım. İnsan sesindeki değişkenliği de hata olarak algılamayıp düzgün şekilde yorumlayabilmesi gerekmektedir. Hasta olan bir insanın sesi ile sağlıklı bir insanın sesi benzer komutlara benzer yanıtlar alabilmelidir. Hatta aynı insanın sağlıklı ve hasta olduğu durumlara göre makinenin bu insanı doğru algılaması ve tanıması gerekmektedir.

Peki dil kullanımındaki farklılıklar nasıl aşılacak? Örneğin ülkemizde Karadeniz şivesi ile Güneybatı Ege şivelerini düşünün. Ya da Güneydoğu şivesi ile Trakya şivesini… Bunları bazen biz bile anlamakta sıkıntı yaşıyorken makine ne yapsın?

Şimdi en bilinen sesli asistanların durumlarına bir bakalım.

2019 yılında yayınlanan Perficient raporuna göre, sesli asistanlarının neyi cevaplamaya çalışacağı ve ne kadar doğru oldukları konusunda; tarih, coğrafya ve matematik gibi konularda 4.999 sorgu test edilmiş. Amazon Alexa, Apple Siri, Google Asistan ve Microsoft Cortana farklı cihazlarda karşılaştırılmış. Sonuçlara göre Google Asistan % 89 oranında tam yanıt vermiş.

İşin ilginç yanı bu teknolojilerin gittikçe iyileşmesi beklenirken; 2017'de %90 doğruluk oranı ile çalışan Alexa 2019 yılında %79'a düşmüş. Siri'deki düşüş daha da anlamlı; % 85'ten % 70'e ... Ancak en büyük düşüşü hiç şüphesiz Cortana göstermiş. Cevaplarının neredeyse %90'ı 2017'de doğruyken, 2019'da bu ancak % 53 seviyesinde gerçekleşmiş.[56] Elbette üreticiler bunları düşünüp geliştirmeler yapıyorlar.

İnsanlar sesli asistanlara alışabildiler mi? Kullanıyorlar mı? Bu sorunun cevabı kocaman bir evettir.

2018 yılında 1.048 insan ile yapılan bir araştırmaya göre[57] "her gün kullanıyorum" diyenlerin oranı hiç de azımsanmayacak şekilde %45 olarak karşımıza çıkıyor. "Hafta içerisinde birkaç kez kullanırım" diyenler ise %27 ile ikinci sırada. Peki, "hiç kullanmadım ve kullanmam" diyenler kaç kişi dersiniz? Sadece %3. Evet bu teknolojide gidecek yol var ama diğer taraftan da insanlar sesli komut vermeyi sevmeye başlamışlar.

Aynı araştırmada insanlara madem kullanıyorsunuz, peki niçin kullanıyorsunuz diye de sormuşlar. Cevapların bir kısmını tahmin edebiliyorsunuz eminim. Birlikte bakalım.

%62'si "internet üzerinde arama yapıyorum" demiş. %59'u müzik çaldığını, %49'u alarm veya hatırlatma kurduğunu, %37'si takvimi sorduğunu, %32'si kayıtlı kişilerinde arama yaptığını, %27'si internetten alışveriş yaptığını ve %10'u da telefonun ışığını yönettiğini belirtmiş.

Hangi cihazlarda kullanıldıklarına da bakalım. İnsanların %58'i bu teknolojiyi akıllı telefonlarında kullanırken, %45'i araç içi sistemlerde kullanıyormuş. Araç içi sistemlerin bu kadar yüksek olmasının arkasında hem araç kullanıp hem de telefonla ilgilenmenin güvenli olmaması sonucu çıkıyor.

Voicebot.ai raporuna göre en bilinen asistanların kullanım durumları da aşağıdaki gibidir. Apple'ın Siri'si ve Google Assistant 500'er milyon cihazda yer alarak bu konuda lider konumda bulunmaktadırlar. Cortana onları 400 milyon cihaz ile takip ederken, Alexa 100 milyon cihazda yer almaktadır. Bu rakamlara bakarken Apple işletim sistemi Ios, Google işletim sistemi Android ve Microsoft işletim sistemi Windows'un ne kadar yaygın olduğunu düşünmekte fayda var. Belki de bu anlamda Amazon'un başarısı daha çok göze çarpar durumdadır.

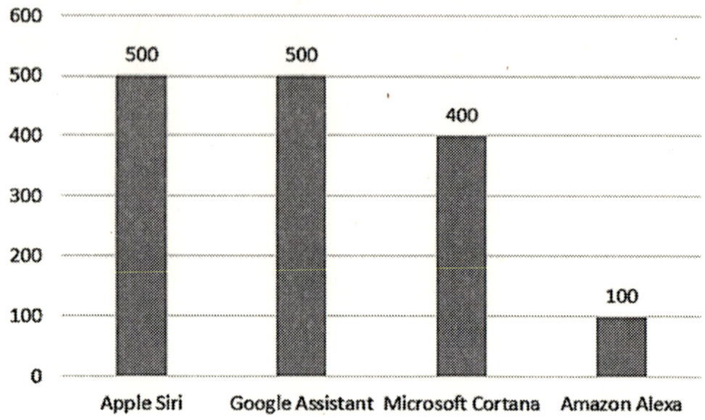

Şekil 32. Sesli Asistanların Kullanım Durumu (Milyon-Adet)
(Kaynak: Statista)

Görüntü Tanıma (Image Recognition)

Görüntü tanıma; insanları, hayvanları, nesneleri veya hedeflenen diğer objeleri tanıyan bilgisayar teknolojileri için kullanılan ortak bir terimdir. Bunun için makine öğrenmesi vasıtasıyla objeler sisteme tanıtılır ve bundan sonra da sistemin arkasındaki eğitilmiş yapay zekâ ile karşısına gelen nesneleri tanıması beklenir.[58]

Görüntü tanıma ile eğitilen algoritma kendisine gösterilen nesnelerin ne olduğunu anlayabildiği gibi, istenirse bunların sınıflara dağılımını da yapabilmektedir.

Örneğin bir mağazayı çeşitli zamanlarda ziyaret eden insanların boyları, yüzleri, yürüyüşleri vb. kullanılarak hangi insanın kaç yaşında olduğu, ailesiyle birlikte gelip gelmediği, çocuk sahibi olup olmadığı, ne tür alışveriş ile ilgilendiği gibi çıkarımlar yapabilmek için bu tarz bir uygulama kullanılabilir.

Bir görüntü tanıma algoritması temelde aşağıdaki işlemleri yapabilir:

1- Sınıflandırma. Bir görüntünün ait olduğu sınıfın tanımlanması işlemidir. Örneğin mağazaya giren orta yaşlı insanlar gibi...

2- Etiketleme. Etiketleme aynı zamanda bir sınıflandırma görevidir ancak daha yüksek doğruluk derecesine sahiptir. Bir görüntüdeki çeşitli kavramların veya nesnelerin varlığını tanıyabilir. Bu nedenle belirli bir görüntüye bir veya daha fazla etiket atanabilir. Örneğin orta yaşlı olarak sınıflandırılmış bir insanın, erkek veya kadın olması, aile sahibi olması gibi.

3- Tespit etme. Burada hedef bir nesne vardır ve bir görüntüdeki ilgili nesneyi bulmak istediğinizde bu algoritma çalışır. Örneğin nesneler arasında yaya geçidi arıyorsanız algoritma bu hedef ile çalışacaktır.

Yüz Tanıma (Face Recognition)

Yüz tanıma sistemi, bir kişiyi bir video kaynağındaki dijital bir görüntüden tanıyabilen veya doğrulayabilen bir teknolojidir. [59] Tanıma ve doğrulama arasındaki farkı evvelki sayfalarda anlatmıştık.

Özellikle güvenlik gerektiren uygulamalara yüz tanıma ile girmeye çalıştığımızda (örneğin bankaların mobil şubeleri gibi…) arka planda çalışan yüz tanıma süreci ile doğrulama yapmaktayız.

Yüz tanıma teknolojisi nasıl çalışır diye sorduğunuzu duyar gibiyim. Çeşitli algılayıcılar ile (bunlar genellikle yüksek çözünürlüklü kameralar oluyor) insanların yüzleri algılanıyor ve yüz tanıma sistemine bir girdi olarak bu veriler dahil ediliyor. Bu aşamaları detaylı şekilde aşağıdaki süreçten yola çıkarak anlatabiliriz.

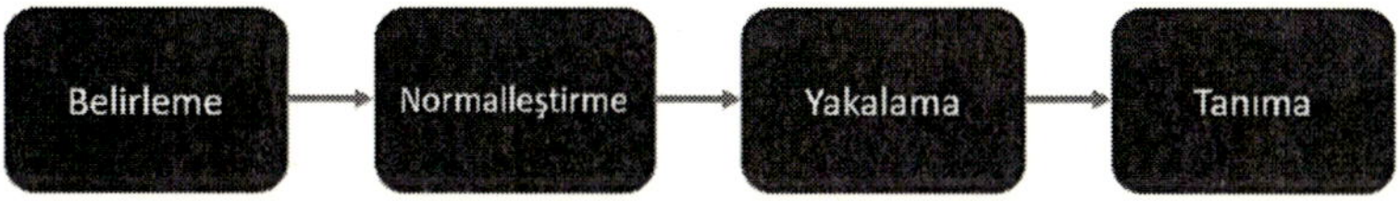

Şekil 33. Yüz Tanıma Aşamaları

İlk aşama belirleme (detection) aşamasıdır. Bu aşamada bir resim içerisinde veya video görüntüsündeki insan yüzü incelemek için ayrıştırılır. İkinci aşamada ayrıştırılan bu görüntü çeşitli işlemler ile normalleştirilir ve veri tabanındaki görüntüyle kıyaslanabilecek hale getirilir. Üçüncü aşamada ise yüzün üzerindeki özellikler yakalanarak matematiksel ifadelere dökülür. Daha sonra da bu matematiksel büyüklükler veri tabanındaki matematiksel ifadeler ile kıyaslanarak hangi yüze ait olduğu belirlenmeye çalışılır. Böylece tanınma işlemi gerçekleşmiş olur.

Peki, yüz tanıma özellikle nerelerde kullanılmaktadır? Yüz tanımanın kullanım alanları farklılaşsa da en temelde bu teknoloji işlemi yapan insanın, belirttiği insan olup olmadığını anlamaya çalışan bir güvenlik teknolojisidir. Böylece insanların yüzü onların şifresi olmaktadır. Kullanım alanlarına şöyle bir göz atalım.

Havaalanlarında yaygın şekilde kullanılmaktadır. Yüz tanıma sistemleri havaalanlarına gelen insanları izleyebilir. ABD hükümeti tarafından vizelerini gereğinden fazla aşmış veya cezai soruşturma kapsamında olabilecek kişileri belirlemek için belirtilen teknoloji kullanılmıştır. Washington Dulles Uluslararası Havaalanı'ndaki gümrük yetkilileri, Ağustos 2018'de yüz tanıma kullanarak ilk tutuklamalarını yaparak, ülkeye girmeye çalışan bir suçluyu yakalamıştır.

Havaalanında elinizdeki veya telefonunuzdaki biniş kartının uçuş öncesi görevli tarafından bir cihaz ile okutulduğuna şahit olmuşsunuzdur. Burada önemli olan sizin gerçekten uçmaya çalışan şahıs olup olmadığınızdır. O sebeple yüz tanıma bu alanda rahatlıkla kullanılabilir.

Cep telefonu üreticileri yüz tanımayı cihazlara giriş yapmak için kullanmaktadır. Eminim bu uygulamaları zaten gördünüz veya etrafınızda şahit oldunuz. Oldukça yaygın şekilde kullanılan bu uygulamalarda Apple firması ilk olarak iPhone X'in kilidini açmak için yüz tanıma özelliğini kullandı. Face ID olarak bilinen teknoloji ile yüzünüz, kimliğiniz ve şifreniz olarak kabul edilmektedir. Kilitli ekranı yüzünüzle açabildiğiniz gibi AppStore olarak bilinen Online Apple Mağazası'ndan da yine yüzünüzü göstererek satın alma yapabiliyorsunuz. Apple, size ait telefonunuzun kilidini başka bir insanın yüzünü göstererek açmanın milyonda bir olduğunu söylüyor.

Derse veya sınava girmek için yüz tanıma kullanılabilir. Böylece derse girmemek için tembellik yapan veya sınava yerine başkasını sokmaya öğrenciler artık çok daha rahat tespit edilebiliyor. Arkadaşına "benim yerime imza atar mısın?" deme devri bitti. Üzgünüm...

Sosyal medya şirketleri veri tabanlarına yüklenen fotoğraflardan onların kime ait olduğunu bulmayı başarabiliyor. Örneğin Facebook, platformuna bir fotoğraf yüklediğinizde yüzleri tespit etmek için bir algoritma kullanıyor. Bu şirket, fotoğraflarınızdaki kişileri etiketlemek isteyip istemediğinizi soruyor. Evet derseniz, o insanların profillerine bağlantı oluşturuyor. Facebook böylece yüzleri %98 doğrulukla tanıyabildiğini ifade ediyor.

Kurumsal firmaların ofislerine girerken de yüz tanıma sistemleri kullanılabiliyor. Hatta bazı firmaların özel güvenlik ihtiyaçlarından dolayı firmanın içerisindeki özel ofislere veya odalara sadece yetkili olanların girmesi için de bu teknolojiden faydalanılabiliyor.

Perakendeciler de alışveriş yapanların yüzlerini taramak için güvenlik kameralarını ve yüz tanımayı birleştirebiliyor. Burada iki önemli amaçları oluyor. Birincisi iyi müşterilerini belirleyip onların hayatını kolaylaştırıcı önlemler almak, ikincisi de mağazalarında hırsızlık yapanları tespit edip gerektiğinde güvenlik güçlerini göreve çağırmak.[60]

Elbette kullanım alanları farklılaştırılabilir.

O zaman bir de yüz tanımanın önündeki zorluklara bakalım. [61]

Yüz tanımanın önündeki en büyük engellerden biri yüzün tamamının görünememesi durumudur. Özellikle; gözlük, maske, saçların yüzü kapaması gibi bazı etkenler yüz tanımanın başarılı gerçekleşmemesine neden olur. Örneğin 2020 yılı içerisinde Covid-19 süreci yaşadık. Bu dönemde eğer akıllı telefonunuzu yüz tanıma ile açmaya çalıştıysanız maskeli şekilde açamadığınızı fark etmişsinizdir.

Diğer önemli engellerden biri de düşük çözünürlüktür. Örneğin resimden yüz tanımaya çalışan Facebook gibi bir şirket düşük çözünürlüklü bir fotoğrafı tanımakta zorlanabilir. Bu durum yeterince iyi çözünürlükte olmayan güvenlik kameralarında karşımıza çıkıyor. Son zamanlarda bunu aşan uygulamalar da görmeye başladık.

Fotoğrafların üzerindeki gölgelenme de yüz tanımayı zorlaştırmaktadır. Bunların sebebi; arka plan ışıkları, bir ışık kaynağının sol veya sağ taraftan gelmesi vb. gibi bir neden olabilir.

Farklı cephelerde çekilen fotoğrafların tanınması tam karşıdan çekilen fotoğrafa göre daha zordur. O sebeple yüz tanımaların daha başarılı olması ancak önden çekilen fotoğraflarda mümkün olabilmektedir.

Yüzdeki ifadeler de yüz tanımayı zorlaştırmaktadır. Örneğin çok şaşırmış, üzülmüş, uykulu veya kahkaha atar bir durumda yapılan yüz tanıma standart bir yüz tanımaya göre daha az başarılı olabilmektedir.

Yaşlanma da yüz tanımayı olumsuz etkilemektedir. Yaş arttıkça insanların yüzü de değişmeye başlar. Kırışıklıklar artar, kulaklar büyür, gözlerin altında torbalar oluşmaya başlayabilir. Bu nedenle gençken çektirilen fotoğrafların tanınması daha zor olur. Bunu aşmak için de 2019 yılı içerisinde sosyal medyada yapılan "10-year challenge"* uygulamalarını düşünün. İnsanlar 10

* Sosyal medyaya 10 yıl ara ile iki fotoğraf konulmasından dolayı 10 yıllık meydan okuma gibi bir isim ile anılıyordu.

yıl önceki ve sonraki hallerini bir araya koyup belki de istemeden olsa bu modelleri eğitiyorlardı.

Elbette yüzün değişmesine sebep olan ameliyatlar, plastik cerrahi müdahaleler vb. yüz tanımaya olumsuz etkide bulunur.

Tüm bunların ötesinde yüz tanıma başarılı şekilde çalışıyor mu diye sormak lazım. Bunu iki şekilde değerlendirmek gerekir. Öncelikle bir yapay zekâ teknolojisinden en üst düzeyde yarar elde etmek için insandan daha iyi noktaya gelmiş olması gerekiyor. Aşağıdaki gösterimden de anlaşılabileceği gibi içinde yüz tanımanın da olduğu yapay zekâlı görsel tanıma teknolojileri bir süredir insanlardan daha iyi performans sergiliyorlar. Normal bir insanın %95 seviyesinde doğru tanıma yapabildiğini biliyoruz. Fakat makineler 2015 yılından itibaren insandan daha iyi performans ortaya koyuyorlar.[62]

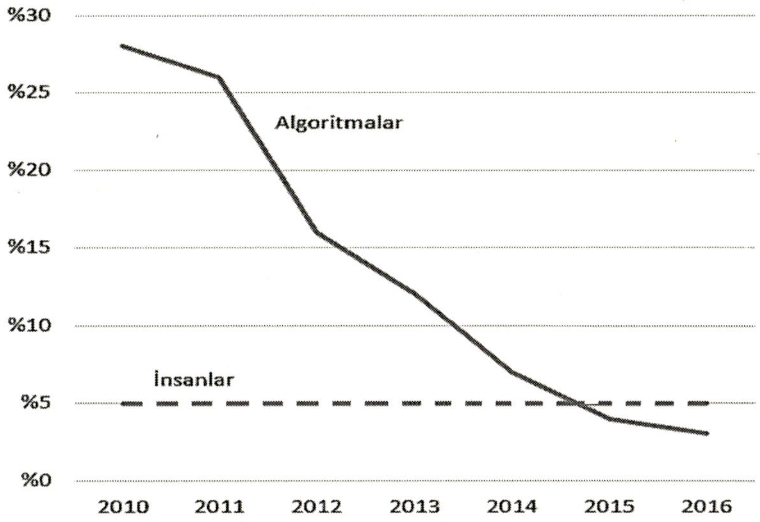

Şekil 34. Algoritmalar ile İnsanların Yüz Tanıma Hata Payı

(Kaynak: HBR, Dijital Dönüşüm ve Yapay Zekâ)

Parmak İzi Tanıma (Finger Print Recognition)

Parmak izi bir insanın en önemli kişisel özelliklerinden biridir. Kullanım alanı diğer biyometrik alanlara göre daha eskilere dayanmaktadır. Örneğin suçluların parmak izlerinden suçluluklarının tespit edilmesi gibi.

Parmak izinin tamamen benzersiz olması diğer biyometrik tekniklere göre büyük bir avantaj sağlamaktadır. Bu anlamda ikizlerin bile parmak izlerinin farklı olduğunu biliyoruz. Bu da bir insanın ikizinin bile olması durumunda kendi yerine onun sisteme giriş yapmasını engelleyebilmektedir.

Parmak izi görüntüsü, parmak izinin taranarak veya resmi çekilerek elde edilen görüntü olarak tanımlanmaktadır. Parmak izinin görüntüsüne baktığımızda, tümsekteki bölgeler siyaha yakın, çukurda kalan bölgeler ise beyaza yakın renklerle ifade edilmektedir. Tümsekteki siyaha yakın bölgeler tepe çizgileri, çukurdaki beyaza yakın bölgeler vadi çizgileri olarak isimlendirilmektedir.[63] Böylece parmak izi matematiksel ifadelere dökülebilmektedir.

Yüksek performans ile sonuçlar üretmesi bu tekniğin önemli artılarındandır. Parmak izi kullanımı birçok alanda karşımıza çıkmaktadır. Örneğin havalimanlarında pasaport kontrolü yapılırken, bilgisayarlara giriş yaparken, geniş salonlarda yoklama yapılırken, ATM'lerde para çekerken vb. birçok kullanım alanına sahiptir.

Yapılan bir araştırmaya göre 2016 yılında dünyada parmak izi tanımanın en fazla kullanıldığı alan devlet sektörü (%50) olarak karşımıza çıkıyor. Bunu %15 ile ulaşım, %14 ile de sağlık sektörü izliyor.[64]

Teksas Üniversitesi'nin 1.000 kullanıcı ile yaptığı bir araştırmaya göre, 2018 yılında ABD'deki tüketicilerin %70'inin tercih ettiği biyometrik tanıma yöntemi parmak izi tanıma olmuş. Bunu %15 ile ses tanıma ve %13 ile yüz tanıma takip etmiş.[65]

Şimdi buraya kadar anlattığımız teknolojileri de içine alacak şekilde tüm biyometrik sistemlere genel olarak baktığımızda kendilerine göre avantaj ve dezavantajlara sahip olduklarını görüyoruz.[66]

Tablo 1. Biyometrik Teknolojilerin Kıyaslaması

Biyometrik	Yaygınlık	Benzersiz Olma	Performans	Kabul Oranı
Yüz Tanıma	Yüksek	Düşük	Düşük	Yüksek
Parmak İzi	Orta	Yüksek	Yüksek	Orta
El Geometrisi	Orta	Orta	Orta	Orta
Tuşlama	Düşük	Düşük	Düşük	Orta
El Damar	Orta	Orta	Orta	Orta
İris	Yüksek	Yüksek	Yüksek	Düşük
Retina	Yüksek	Yüksek	Yüksek	Düşük
İmza	Düşük	Düşük	Düşük	Yüksek
Ses İzi	Orta	Düşük	Düşük	Yüksek

(Kaynak: Hong, Pankati)

Bu aşamaya kadar fiziksel biyometrik teknolojileri incelemeye çalıştık. Bundan sonra da insanları birbirinden ayırt etmeye yardımcı olan duygu ve davranış tabanlı teknolojileri ele alalım.

Duygu Tanıma (Emotion Recognition)

Duygu tanıma da önemli bir yapay zekâ uygulama alanıdır. Bir insanın bir işletme ile temasa geçtiğinde yaşamış olduğu duyguların tespit edilmesi, işletmenin ilerleyen dönemlerdeki aksiyonları için önemlidir. Bu nedenle işletmeler müşteri deneyimini arttırabilmek için müşterilerinin yaşadığı olumsuz deneyimlerin nedenlerini anlamak isterler. Müşterilere bunları sormak oldukça maliyetlidir. Oysa bunun yerine müşterilerin yazdığı e-postalardan, çağrı merkezi kayıtlarından veya işletmenin kameralarına yansıyan görüntülerden hangi işlemler sonrası olumsuz duyguların yaşandığı tespit edilmeye çalışılabilir.

Bu tespit işlemi yüz tanıma, ses tanıma, metin tanıma veya giyilebilir teknolojiler üzerinden insan psikolojisini anlama algoritmalarından faydalanılarak yapılabilir.

Duygu tanıma birçok alanda kullanılabilir. Güvenlik bu kullanım alanlarından biridir. Örneğin bir insanın bulunduğu ortamda ortalama bir insandan fazla endişeli oluşu, korkması gibi faktörler o insanın niyetiyle ilgili bazı ipuçları verebilir.

Kayıp insanların tespiti de hem yüz tanıma hem de duygu tanıma ile yapılabilir. Örneğin Alzheimer hastalığına yakalanmış bir insanın etrafa boş gözler ile bakması ile duygu durumu anlaşılabilir. Ayrıca yüz tanıma ile de bu insanın kayıp ilanındaki insanlardan biri olup olmadığı eşleştirme ile belirlenebilir.

Davranış Tanıma (Behaviour Recognition)

İnsanların biyolojik özellikleri ayırt edici olabileceği gibi tutum ve davranışları da ayırt edici olabiliyor. Her insanın yürüyüşü, alet kullanışı, tuşlaması vb. kendine has özellikle barındırabiliyor. Bu anlamda insanların;

- Tuşlama davranışları
- Fare etkileşim davranışları
- Dokunmatik ekran davranışları ve
- İmza atışı

Gibi hareketleri çok benzer gibi görünse de aslında birebir aynı olmuyor. Bunları tespit edebilen algoritmalar sayesinde insanların davranışları ile doğrulama sağlanabiliyor.

Tuşlama veya klavye kullanma kalıpları her bir kişi için farklı özellik göstermektedir. Bazı insanlar iki parmak kullanırken bazıları tek parmak ile yazmaktadır. Bazıları on parmak yazabilirken birçoğu ise bu hıza ulaşamamaktadır. Bu farklılıklar, kişilerin tuşlama modellerine göre doğrulanmasını sağlamaktadır.

Doğrulama için, kullanıcının şifresini girmesi gibi küçük bir yazma örneği yeterli iken, tanıma uzun bir metnin tuşlanması ile gerçekleşebilmektedir.[67]

Bir diğer davranış tanıma şekli ise kullanıcının fare ile olan etkileşimi ile birlikte bıraktığı verilerin kullanılması sayesinde kullanıcının diğerlerinden ayırt edilmesi eylemidir. Fare işlemleri arasında çeşitli yönlere hareket, sürükle ve bırak, işaretleme ve tıklama ile hareketsiz kalma yer alır. Bunlardan kat edilen mesafeye karşı ortalama hız ve hareket yönüne karşı ortalama hız gibi bir dizi özellik çıkarılabilir. Bunlar hesaplanabilir ve bireylerin kullanım kalıpları ile eşleştirilebilir.

Dokunmatik ekranları birçok yerde kullanıyoruz. Kiosklarda, mobil ekranlarda, ATM'lerde sürekli dokunmatik ekranlar üzerinde tıklamalar yapıyoruz Buradaki davranışlarımız da tıpkı klavye tuşlama gibi ayırt edici bir özellik olarak kullanılabiliyor.

Hareket Tanıma (Gesture Recognition)

Hareket tanıma diğer tanıma yöntemlerinde olduğu gibi insanların yaptıkları hareketlerden ne yapmak istediklerini anlamaya çalışan bir algoritmadır. Temelde iki alanda kullanılabilir. Birincisi bir insanı yaptığı bir hareket ile diğer insanlardan ayırt etmek, diğeri de insanın hareketlerinden ne yapmak istediğini anlayıp o insana işlem yaptırabilmektir.

Günümüzde en fazla kullanılan uygulama şüphesiz ikinci uygulamadır. İnsanlar herhangi bir cihazda işlem yapmak istediklerinde, o cihaza dokunmadan elleri ile yaptıkları hareketler ile cihaz üzerinde kontrol sağlayabilmektedir. Bu teknoloji VR teknolojisi ile birlikte de oldukça faydalı şekilde kullanılabilmektedir.

Hareket tanıma denince aklımıza 2002 yılı yapımı olan ve başrolünü Tom Cruise'un oynadığı *Azınlık Raporu* filmi geliyor. Orada hatırlarsanız Tom Cruise elleri ile yaptığı hareketler (bunlara jest de deniyor) sayesinde çeşitli cihazları kontrol edebiliyordu.

İmza Doğrulama

İmza doğrulama, kimlik doğrulaması için yaygın olarak kabul gören bir teknolojidir. İnsanların yaptığı tuşlamalar nasıl birbirlerinden farklılaşabiliyorsa, attıkları imzalar da aynı şekilde farklılaşabilmektedir. İmzanın atılış şekli, hızı, yönü, basıncı gibi faktörler imzanın atılması esnasında ayırt edici birer değişken olarak kullanılabilir. Diğer taraftan imzanın kendisi de ayrıştırıcı bir faktördür. Birçok insan çok yakınında olan ve hatta birçok kez atılışını gördüğü bir imzayı bile birebir taklit edemeyebilir. O sebeple bu önemli bir doğrulama aracıdır.

Yapay Zekânın Sorunları

Yapay zekâ kullanımı insanoğluna çok önemli kazanımlar sağlamış olsa da çözülmeyi bekleyen birçok problemi de beraberinde getirmiştir. İşin doğasında olan teknik bilgi gereksinimi, veri güvenliği gibi konuların yanında oluşturulacak modellerin taraflı olması, açıklanamaması veya etik sorunlara yol açması da bir başka boyutu ortaya koymaktadır. Bu bölümde bunları açıklamaya gayret edeceğiz

- **Bilgi ve İnsan Gücü Eksikliği**

İlk sorun teknik bilgi ve yetkin insan gücü eksikliğidir. İşletmenin yapay zekâ uygulamalarını şirkete entegre etmek için o kuruluşun yapay zekâ ile ilgili genel bilgi sahibi olması ve bu teknoloji ile hangi eksiklerini nasıl giderebileceğini anlaması gerekir. Bana kalırsa en önemli sorun budur. Eğer işletmede bu konuda bir farkındalık yoksa bir işletme en yetkin insanlarla ve en üst düzey donanımla çalışsa bile gerçek bir yapay zekâ destekli kurum olamaz.

Diğer taraftan yetkin insanları istihdam etmek zordur. Linkedin kayıtlarına göre ABD'de 2020 yılında 150 binin üzerinde veri analisti veya veri bilimci açığı raporlanmıştır.[68] Bu insanları istihdam etmek zor olduğu gibi işletme içinde kalmalarını sağlamak da bir o kadar kolay değildir.

Çin Halk Cumhuriyeti'nin Bilim ve Teknoloji Politikası Enstitüsü'nün yayınladığı bir rapora göre yapay zekâ konusunda yetenekli olan insanların en fazla istihdam edildiği ülke ABD'dir. Aşağıdaki grafikte siyah renk ile gösterilenler en üst düzey yetenekteki insan gücünü ifade etmektedir. Ülkemizin de bu sıralamaya girebilmiş olması gelecek için ümit vericidir.

Ülkeler arasında yetenekli insan sayısı anlamında farklar bulunmaktadır. Örneğin Hindistan ile İtalya arasında toplam yetenekli insan sayısında önemli bir fark olmasına rağmen, İtalya'nın üst düzeyde yetenekli insan sayısındaki üstünlüğü bu ülkeyi ilerleyen dönemlerde çok farklı konumlara getirebilir. Çünkü yapay zekâ konusunda doğru alanda en uygun modellemeyi yapmayı başaran tek bir insan binlerce insandan daha fazla kazanım sağlayabilir.

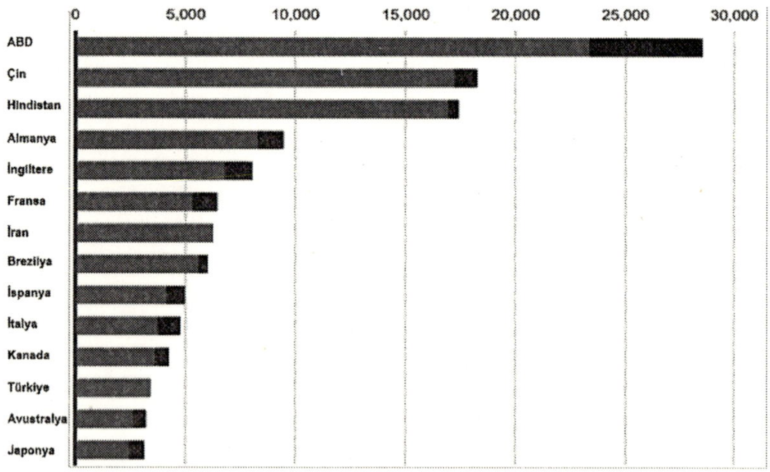

Şekil 35. Yapay Zekâ Konusunda Yetkin İnsan Sayısı

(Siyah renk üst düzey yetkinliği gösterir)

(Kaynak: Statista)

Linkedin hesap sahiplerinin profillerini temel alarak kendi veri tabanında bir araştırma yapmıştır. Buna göre 2017 yılında yapay zekâ profesyonellerinin sayısı yaklaşık 1,9 milyondur. Aynı raporda, ABD'de istihdam edilmiş yapay zekâ ile ilgilenen profesyonel sayısı da 850 bin olarak gösterilmiştir.

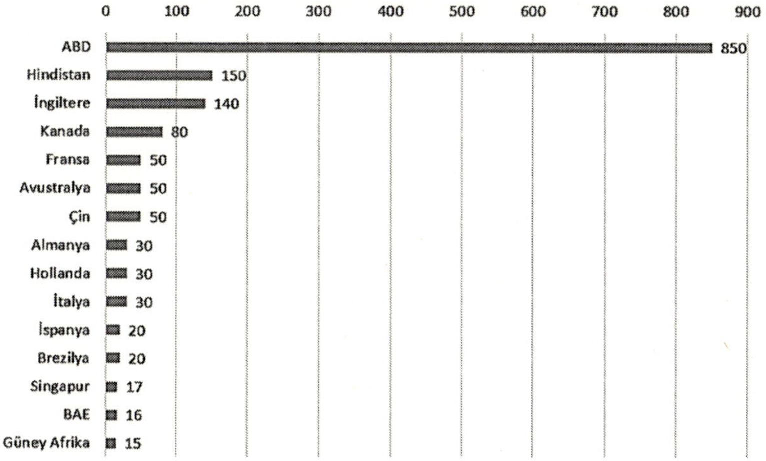

Şekil 36. Linkedin Veri Tabanında Yapay Zekâ Profesyoneli Sayısı
(Kaynak: Statista)

Bütçe

İkinci önemli konu da bütçe konusudur. İş sadece yetkin insan istihdam etmek ile bitmiyor. Gerçek anlamda yapay zekâ çalıştığınızda çok daha üst donanımlar ile beslenmiş bilgisayarlar kullanıyorsunuz. Yaptığınız modelleri uygulamaya almak için sürekli denemeniz gerekir. Bu denemelerinizin kısa sürede sonuç vermesi önemli bir konudur. Daha sonra bunu gerçek ortamda işletmenin kullanımına sunduğunuzda modellerin kararları kısa zamanda almasını beklemelisiniz. Aksi takdirde bunlara dayanan süreçler tasarlamakta ve bunları hayata geçirmekte zorlanabilirsiniz.

Peki, neden donanım bu kadar önemli? Örneğin geliştirdiğiniz yapay zekâ modelinin gerçek zamanlı çalışmasını istiyorsunuz. Bunun için müşterinin tetiklediği bir sürecin bir model tarafından işlenerek sonuca göre anlık tepkiler oluşturmasını amaçlıyorsunuz. Söz konusu modelin çalışması için yüksek işlem gücü, çok hızlı bir network altyapısı gibi ihtiyaçlarınız olacaktır.

Küçük ve orta ölçekli işletmeler yukarıda anlatılan nedenler ile pahalı bir mesele olduğu için yapay zekâ teknolojilerini benimseme konusunda yavaş hareket ediyorlar. Facebook, Apple, Microsoft, Google ve Amazon gibi büyük şirketler bile yapay zekâ teknolojilerini benimsemek ve uygulamak için büyük bütçeler ayırıyor. Bu bütçelerin kimi ülkelerin GSYH'lerinden bile fazla olduğunu söyleyebiliriz.

Veri

Üçüncü önemli konu da veri toplama ve depolama konusudur. Bu konuya daha önce büyük veriyi anlattığımızda değinmiştik. O sebeple burada konuyu tekrar irdelemeyeceğiz.

Hesaplama Hızı

Bir diğer başlık da hesaplama hızının istenen seviyede olamaması konusudur. Yapay zekâ çözümleri, ileri teknoloji içeren işlemciler tarafından sunulan yüksek hesaplama hızları gerektirir. Hesaplamaların daha hızlı yapılabilmeleri için daha yüksek işlemcilere ihtiyaç duyulmaktadır. Bunların yanında modellerde kullanılacak veri hacminin katlanarak büyümesiyle hesaplama hızı gereksinimleri de artacaktır.

Sorumluluk

Beşinci önemli konu da sorumluluk sorunudur. Yapay zekâ uygulamasının hayata geçmesi durumunda olası bir olumsuzlukta sorumluluk kimindir? Yapay zekâ sistemini tasarlayanın mı? Bunu kodlayanın mı? Bunun altyapısını ve donanımını sağlayanın mı? Bunu kullananın mı?

Bu konular ile ileride daha fazla karşılaşacağız. Örneğin sürücüsüz bir araç normal şekilde yoluna devam ederken herhangi bir nedenle karşısına bir insan çıktığında arka koltukta uyuyan sürücüsünü riske atıp yoldan çıkma pahasına kazadan kaçınmalı mıdır? Yoksa sürücüsünü daha önemli görüp o insana çarpmalı mıdır? Çok tartışmalı konular...

2018 yılında Uber'in sürücüsüz otomobili ABD'nin Arizona eyaletinde karşıdan karşıya geçmekte olan bir yayaya çarpıp onun ölümüne neden oldu.[69] Yaya geçidini kullanmayan 49 yaşındaki kadın için düzenlenen raporda, kadının yolu geçmeye çalışırken ihtiyatlı davranmadığı, düşünce kabiliyetini etkileyebilecek ilaçlar aldığını ileri sürüldü.

Ipsos firmasının dünya çapında sürücüsüz araçlar ile ilgili düzenlediği ankete göre; tüm katılımcıların %58'i "bu teknolojiden emin olamadıklarını, ancak kendi kendini süren otomobiller fikrinin ilgilerini çektiğini" söylemiştir. Sadece %13'ü "asla kullanmayacaklarını" ve %30'u ise "bu araçları kullanmaktan heyecan duyacağını" belirtmiştir. Ülkelere göre bakıldığında da Hintli (%49), Malezyalı (%48) ve Çinli (%46) katılımcılar, sürücüsüz araçları kullanmaktan heyecan duyacaklarını belirtmişlerdir. Diğer taraftan; Alman (%31), Fransız (%25), Amerikan (%24), İngiliz (%24) ve Kanadalı (%24) katılımcılar ise (parantez içinde belirtilen oranlarda) "bu araçları asla kullanmayacaklarını" belirtmişlerdir.[70]

Etik

Altıncı konu etik problemlerdir. Sanıyorum ileride karşımıza çıkma ihtimali en yüksek olan konulardan biri budur. Yapay zekâ algoritması kendisine verilen eğitime dayanarak karar verir. Algoritma, eğitildiği veriye göre öğrenecektir. Bu nedenle, verilerin doğruluğunu görmezden gelecektir. Örneğin algoritma ırkçılığı veya cinsiyetçiliği yansıtan veriler üzerinde eğitilmişse bu durumu yansıtacaktır. Yanlışlıkla da olsa siyah insanları maalesef goril olarak etiketleyen bazı algoritmalar görmüştük.

İnsan kaynakları alanında kullanıldığında şirketin alım politikasına göre öğrenen yapay zekâ modelleri var. Bunlar tarafından oluşturulan çıktılara göre işe alım görüşmesi davetleri gönderiliyorsa; o şirketin cinsiyetçi, ırkçı, din veya mezhep ayrımcısı tavırları doğrudan gözlemlenebilecektir.

Bunlardan ileride daha detaylı bahsedeceğiz.

Yasal Zorluklar

Yedinci konu da yasal zorluklardır. Hatalı bir algoritmaya sahip bir yapay zekâ uygulaması, şirket için yasal zorluklara neden olabilir. Bu yine bir geliştiricinin gerçek dünyada karşılaştığı en büyük yapay zekâ sorunlarından biridir. Uygunsuz bir veri kümesiyle yapılan kusurlu algoritma, bir kuruluşun kârında muazzam bir düşüş oluşturabilir. Hatalı bir algoritma yanlış tahminlerde bulunacaktır.

Gerekli güvenlik sağlanmadan uygulamaya alınan modeller veri ihlali gibi sorunları beraberinde getirebilir. Kullanıcının kişisel olarak tanımlanabilir bilgileri (PII)* bilgisayar korsanlarının eline geçerse yapay zekâ modelleri bu insanların güdümünde işletmeler ile müşterilere hem zarar ettirebilir hem de işletmelerin itibarlarını zayıflatabilir.

Bu sadece dışarıdan yapılan veri ihlalleri için geçerli değildir. Aynı zamanda korsanlar yapay zekâ modellerine saldırıda bulunup, bunların doğru çalışmasını engelleyebilir veya bilinçli olarak yanlış bir modelle çalışmasını sağlayabilirler. Ayrıca içeriden de kötü niyetli çalışanlar benzer müdahalelerde bulunabilirler.

Tedarikçiler

Sekizinci problem de yapay zekâ teknolojisi temin eden tedarikçileri değerlendirmede yaşanan zorluktur. Tedarikçi dediğimizde aslında birçok sektörü ilgilendiren geniş bir yelpazeye ulaşıyoruz. Bu işletmelerin içerisinde yapay zekâ çözümleri sunan teknoloji firmaları olduğu gibi yapay zekânın işletmelerin hangi sorunlarını çözebileceğine dair yönetim danışmanlığı veren kurumlar da mevcuttur.

Bu firmaları değerlendirmek için Forrester'ın *Forrester Dalga (Forrester Wave)* veya Gartner'ın *Sihirli Çeyrek (Magic Quadrant)* raporları oldukça bilgilendiricidir. Her çeyrekte güncellenen raporlarla işletmeler hangi firmalar ile iş birliği yapacak-

---

* İngilizce'de "Personal Identifiable Information" olarak geçmektedir.

larına karar vermektedir.

Kültürel Uyum

Dokuzuncu problem de kültürel uyumsuzluktur. Kültür dönüşümü, yapay zekânın işletmelerde yaygın kullanımı noktasında çok önemlidir. İnsanlar yeni teknolojilere her zaman soru işareti ile yaklaşmışlardır. Bunların, yaptıkları işleri ellerinden alabileceklerinden endişe etmektedirler.

Martin Ford'un *Robotların Yükselişi* adında bir kitabı var. Kitap genel hatları ile hepimizin işini kaybedeceğini söylemeye getiriyor. Hatta rutin işleri yapanlar değil, idari işleri yapanların da işlerini kaybedeceklerini ifade ediyor. Bunu zaten birçok yerde duyuyoruz. Yalnız şunu da biliyoruz ki, yaşanan teknolojik gelişmeler hep insanoğluna fayda sağlamış. Teknolojik gelişmeler ile bu teknolojileri kullanmayı bilen insanların değeri artmış ve vasıflı hale gelmişler. Örneğin eskiden pamuk tarlasında pamuk toplamak gibi herkesin yapabileceği bir işi yapan insandan tarlayı traktör ile hasat eden insana geçiş olmuştur. Yeni tip insan traktör kullanmayı bilen becerikli bir insandır. Bu sebeple de değeri ve maaş beklentisi artmıştır.

Yapay zekâda yaşanan büyük gelişme ileride birçok konuda makinelerin karar almaya başlayabileceğini gösteriyor. Bundan yaklaşık 20 yıl kadar önce dünyaca ünlü satranç oyuncusu Kasparov'un IBM'in Deep Blue'suna yenilmesi belki bir milattı. İlk defa makine insanı yeniyordu. Hem de zekâ gerektiren bir oyunda, o oyunun en iyisini yenen bir makine vardı. Bu zamanın makineler lehine gelişmeye başladığını gösteriyordu.

Sonra da IBM'in Watson'u dünyaca ünlü bilgi yarışması Jeopardy'i kazandı. Bu internet tabanlı bir veri tabanını, kullanılan dilin anlamına göre tarayan ve doğru cevabı bulmaya çalışan bir algoritmaydı. Tüm bu gelişmeler beyaz yakalıların da işlerinin risk altında olduğunu gösteriyor. Hatta buna bir örnek de tıp dünyasından verilebilir. Dünyada birçok hekim var. Kendileri tıp makalesi yazıyor ve araştırma yapıyorlar. Fakat bir hekim bir konuda sorun yaşayınca bunun için bazı dergilerde arama yapıp kendi sorununa cevap bulmaya çalışıyor. Eğer bulabiliyorsa soruna bir çözüm üretebiliyor, fakat bulamıyorsa üretemiyor. Peki, bir yapay zekâ olsa, bir tıp sorunu ile ilgili tüm veri tabanlarını araştırsa ve teşhisi kendi koysa nasıl olurdu? İşte böyle bir şey gerçek olduğunda hekimlerin de işleri tehlikede demektir.

Fakat bunun yanında son dönemde yardımcı yapay zekâ diye bir kavram gelişti. Bu yapay zekâ son kararı yine insana bırakıyor, tabiri caizse ona kopilotluk yapıyor. Böylece insana karşısındaki sorunun kaynağının ne olabileceğine dair ihtimalleri sunuyor ve ona karar alması için yardımcı oluyor. Örneğin bir hasta dizinde problem olduğunu söylüyor. Problemi hasta tanımlıyor ve bu tanımlamalar bilgisayara giriliyor. Daha sonra MR ve röntgen görüntüleri alınıyor. Bunlar da sisteme giriliyor. Sonrasında devreye giren yapay zekâ, sorunun ne olduğunu adreslemeye çalışıyor ve şunu söylüyor: %86 menisküs, %4 ön çapraz bağ yaralanması, %3 kırık, %2 diz kapağı kayması ve %5 diğer rahatsızlıklar. Hekim bunlara ve kendi tecrübesine bakarak bir karar veriyor.

Teknik Problemler

Bir diğer sorun da elbette ki teknik problemlerdir. Iphone X yüz tanıma uygulamasını piyasaya sürdüğünde bir Çin vatandaşı tamamen farklı başka bir Çinli'nin telefonunu yüz tanıma ile açabiliyordu.

Çin'de yaşayan Yan isimli iPhone kullanıcısı, telefonunu aldıktan sonra deneme amaçlı arkadaşının bunu açıp açamayacağını görmek istemiş. Ekranın arkadaşının yüzüyle açıldığını görünce çok şaşıran Yan, Apple Store'a gidip durumu orada da denemiş ve aynı sonuçla karşılaşmış. Bu şekilde güvenlik sorunu yaşayacağını anladığı için telefonu iade etmiş. Başka bir insanın yerine yüz tanıma kontrolünden geçme ihtimalini milyonda bir olarak duyuran Iphone için bu o zamanlarda elbette iyi bir haber değildi.[71]

BÖLÜM -3: NASIL MODELLENİR?

Veri Bilimi ve Yapay Zekâ

Makine Öğrenmesi

Veri Bilimi ve Yapay Zekâ

Veri bilimi (Data Science) ile yapay zekâ birbirlerine karıştırılan kavramlardır. Veri bilimi, veri ve analitik ile ilgili konuların günümüzde olduğu şekliyle ortaya çıkmasına sebep olan en temel alandır. Veri bilimi olmadan biz ne çağımızdaki yapay zekâya ne de makine öğrenmesine ulaşabilirdik.

Veri bilimi veriden anlam çıkarmaya çalışan tüm çabaların ortak adıdır. Veriden ne kadar içgörü çıkartabilirsek iş hayatında o kadar başarılı olacağımızı biliyoruz. Müşterilerinizin hareketlerinden ne talep edeceklerini anlayabiliyorsanız ona göre ürünler üretirsiniz. Bu kadar basit. Bu sebeple müşterileriniz hangi ürünleri tercih etmiş? Bunları ne zaman tercih etmiş? Hangi iki ürünü birlikte tercih etmiş? Gibi birçok merak ettiğiniz sorunun cevabını veriyi incelerken bulabilirsiniz.

Peki, veriyi nasıl inceliyorsunuz? Sadece tablolara bile bakarak yapılan inceleme eğer anlamlı sonuç çıkartıyorsa sizin için önemlidir. Fakat bu genellikle kolay olmaz. Veriyi çeşitli parametreler ile filtrelersiniz, iki veri setini bir araya getirirsiniz, verileri birbirinden ayırırsınız ve buna benzer birçok işlem yaparsınız. Buna veri manipülasyonu deniyor.

Verileri analize uygun hale getirdikten sonra matematik ile istatistik, iş bilgisi ve bilgi işlem becerilerinden faydalanarak bu veriden anlam çıkarmaya çalışırsanız işte bu yaptıklarınız veri bilimi oluyor.

Matematik ve istatistik belki çağlardır insanlara verileri analiz edebilme noktasında yardımcı oluyor. Fakat bilgisayarların işlem güçleri arttıkça daha karmaşık analizler daha kısa sürelerde yapılabiliyor. Eskiden bu tarz analizler yapmış olanlar hatırlayacaktır. Karmaşık bir işlem yaptığınızda bilgisayarınızın hafızası yeterli değilse "out of memory" hatası alırdınız. Çünkü bilgisayar aynı anda birbirinden bağımsız başka işlemleri yapıp sonra onları karşılaştırma veya birleştirme yoluna gittiğinde hafızası yetmezdi.

Bilgi işlem becerilerini sadece donanım boyutu ile ele almamak gerekir. En iyi donanıma sahip bir bilgisayarda eğer Microsoft Excel tablolarını inceleyemiyorsanız, SPSS kullanamıyorsanız, SQL ile verileri veri tabanından alamıyorsanız veya Python ve R gibi program dillerinde kod yazamıyorsanız bu durumda değer üretiminiz sınırlı olacaktır.

İş bilgisi ise farklı bir boyuttur. Matematik ve istatistik konusunda teknik bilginiz üst düzeyde olabilir. Diğer taraftan teknik özellikleri gelişmiş bir bilgisayar ile çalışıyor da olabilirsiniz. Fakat bunların yanında ne yapmak istediğinize karar vermeden adım atamazsınız. Neyi inceleyeceksiniz? Neyi merak ediyorsunuz? Müşterinizin hangi adımını anlamaya çalışıyorsunuz? İşletme olarak size en çok değer katacak alan nedir? Maliyetlerinizi düşürmek mi önemli? Kârınızı arttırmak mı? Yoksa müşteri deneyimini iyileştirmek mi? Buna nasıl karar vereceksiniz?

Bu anlamda veri bilimi yukarıda belirttiğimiz üç disiplinin ürünüdür diyebiliriz.

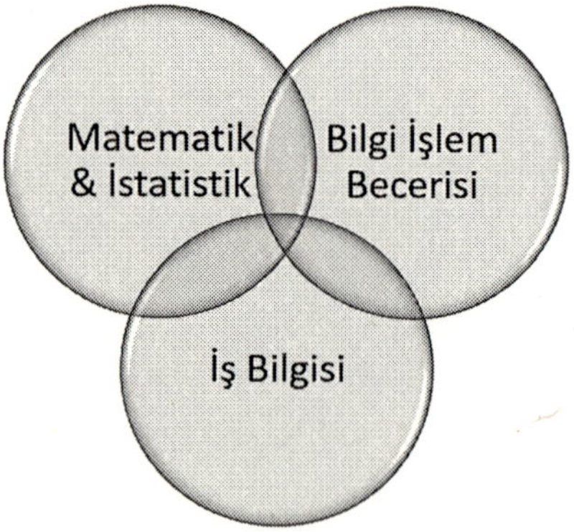

Şekil 37. Veri Bilimi Bileşenleri

Veri bilimcisinin araç setinde, son derece değerli olduğu kanıtlanmış iki özel beceri vardır. Bunlar, veri madenciliği ve öngörüsel analitiktir.

Veri madenciliği, basitçe anlatacak olursak, içgörülere çevrilebilecek verilerdeki kalıpları keşfetme sürecidir. Oysa öngörüsel analitik ise, bir işlem veya işlemin istatistiksel sonuçlarını belirlemek için verilerin kullanılmasıdır.[72]

Yukarıda anlatılanlar da yapay zekânın temel bileşenleridir. Bu anlamda veri bilimi olmadan veri madenciliği ve öngörüsel analitik olmaz. Veri madenciliği ve öngörüsel analitik olmadan da yapay zekâ olmaz diyebiliriz.

Veri bilimini biraz daha anlatmaya çalışalım. Diyelim ki bir yöneticisiniz ve çalışanlarınıza (veri bilimcilerinize) işletmenin bir problemi hakkında sorular soruyor ve onlardan cevap bulmalarını istiyorsunuz. Siz soru soruyorsunuz, onlar size yanıt veriyor. Bir soru başka bir soruyu doğuruyor. Böylece sizi tatmin eden yanıta ulaşana kadar verinin içerisinde bir içgörü yakalamalarını bekliyorsunuz. Onlara çözüm yolları ile ilgili sorular sorup yanıtlarının sizi tatmin edip etmediğini tartabiliyorsunuz.

Yapay zekâda ise durum biraz daha farklıdır. Siz verileri makineye gösteriyorsunuz, onu eğitiyorsunuz ve en sonunda sorununuzun cevabını size veriyor. Fakat bu sonuca nasıl ulaştığını ve bu yolun sizin mantığınıza uygun olup olmadığını her zaman sorgulayamıyorsunuz. Bu sebeple kara kutu olarak tanımlanabiliyor. Bu konuya açıklanabilir yapay zekâyı anlattığımız yerde değineceğiz.

Veri bilimcileriniz size en olası senaryoları ve bilinen yolları kullanarak bir çözüm üretmeye çalışıyor. Fakat yapay zekâ altında makineler hiç bilinmedik bir örüntüyü yakalayıp size bir model önerebiliyor. Belki bu durum veri bilimcilerin çıktılarının ötesinde tahmin edilemeyen bir durumu gözler önüne serebiliyor.

Fakat bunu açıklayamazsanız acaba modeli yanlış mı eğittik diye şüphe de duyabiliyorsunuz.

Her modeli açıklayamıyor musunuz? Elbette birçok model açıklanabiliyor. Özellikle bilindik istatistiksel yöntemler kullanılarak oluşturulan algoritmalar sonuca nasıl ve hangi veriler ile gittiğinizi size söyleyebiliyor. Hatta bunları siz eğittiğiniz için modelin hangi verileri kullandığını ve bu verilerin model içerisindeki önemini de görebiliyorsunuz.

Bir başka örnek ile daha konuyu anlatmaya gayret edelim. Diyelim ki bir seraya pembe domates, çeri domates ve tarla domates aynı zamanda ekiliyor. Bunlardan pembe domates zamanında olgunlaşırken, çeri domates zamanından daha geç, tarla domates ise en geç olgunlaşıyor. Bu konu hakkında veri bilimcilerinizden bir rapor istiyor ve bunun nedenini bulmalarını talep ediyorsunuz. Size domateslerin; sulama, güneş alma saatleri, toprağın besleyiciliği gibi değişkenleri kullanarak bir rapor hazırlıyorlar. Bundan sonra görüyorsunuz ki, özellikle pembe domatesin seranın batı tarafında yer almasından dolayı tüm öğleden sonra güneş aldığını ortadaki tarla domatesin en az güneş ışığından faydalandığını, doğu tarafındaki çeri domatesin ise yan taraftaki binadan dolayı diğerlerinin arasında güneş ışığından faydalandığını fakat yine de yeterli ışıktan yararlanamadığını anlıyorsunuz. Faydalı bir sonuç bulduğunuzu anlayıp bir sonraki ekim planlamanızı buna göre yapıyorsunuz.

Oysa makine öğrenmesinde sadece bu üç veri ile değil birçok veri ile modeli eğitip kendisinin bir sonuç elde etmesini istiyorsunuz. O da size batı tarafına ekilen domateslerin en iyi verimi vereceğini söylüyor, fakat bunun nedenini size belirtmiyor. Bu nedenin arkasında ise güneşte kalma saatlerinin değil belki kapıya yakın olmasından dolayı hava akımına daha fazla maruz kalması ile ilgili bir örüntüyü yakalıyor ve bunu size açıklamıyor. Bunu yaparken veri bilimcilerinin baktığı üç değişkenin tüm kombinasyonlarına göre değil, olabilecek bütün senaryolara göre bir öğrenme yapmaya çalışıyor. Oysa veri bilimciler için bunu yapmak zaman ve bütçe olarak baktığımızda imkânsız.

Özetle belki şunu diyebiliriz. Yapay zekâda makineler veri ile beslenerek öğreniyorlar, veri biliminde ise insanlar verilerden öğrenmeye çalışıyorlar.

Veri bilimi ile en fazla karıştırılan kavramlardan biri de veri analitiğidir. Şimdi de bunun ne anlam ifade ettiğine bakalım.

Veri bilimi yukarıda da değindiğimiz gibi büyük veri kümelerinin madenciliğine ve öngörüler, eğilimler, yöntemler ile süreçler keşfetmeye odaklanan kapsamlı bir alandır.

Veri analitiği ise, bir işletmenin profesyonel anlamda hızlı bir şekilde büyümesine yardımcı olmak için eyleme geçirilebilir öngörüler kazanmaya dayalı bir disiplindir. Daha geniş bir misyonun parçasıdır ve veri biliminin bir dalı olarak düşünülebilir.[73]

Veri analitiği daha mikro bir alanı işaret ederken veri bilimi makro bir alanı analize konu eder. Veri analitiğinde istatistiksel yöntemler orta seviyede kullanılırken, veri biliminde geniş şekilde birçok yöntemden faydalanılır.

Veri biliminde modelleme ön plandayken veri analitiğinde iş zekâsı denilen araçlar ön plandadır.

Son olarak da veri biliminde yapılandırılmamış veriler de dahil olmak üzere tüm veri tipleri kullanılabilirken veri analitiğinde ise yapılandırılmış veriler tercih edilir.

Yukarıda konuştuklarımızı özetlemek için aşağıdaki grafiğe göz atabiliriz. Farklı bakış açıları olsa da sanıyorum en doğru gösterim aşağıdaki gibi olacaktır. İnternette biraz araştırma yaptığınızda birçok farklı şekil ile karşılaşabilirsiniz.[74]

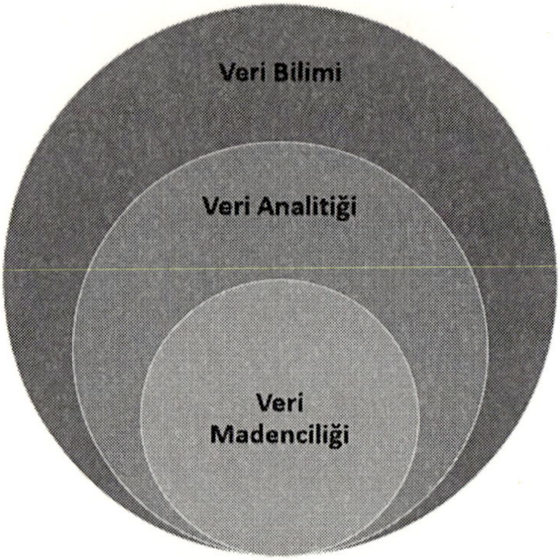

Şekil 38. Veri Biliminin Alt Kümeleri
(Kaynak: Datasciencecentral.com)

Şimdi de veri ile neler yapabileceğimizi ve hangi aşamalara ulaşabileceğimizi görmeye çalışalım.

Birinci aşama tanımlayıcı analitik aşamasıdır. Burada basitçe verileri inceleyerek "ne olmuş?" sorusunun cevabını bulmaya çalışırız. Böylece veriden geçmişte olan olayları anlamaya gayret ederiz. Örneğin dün Uşak mağazası 100 birim satış yaparken İzmir mağazası 120 birim satış yapmış. Toplam satışlar ne olmuş? Ortalama satışlar evvelki güne göre ne durumdaymış? Minimum satış yapan mağaza hangisi? En çok satış yapan mağaza hangisi? Gibi soruları yanıtlama aşamasıdır. Bu aslında her işletmede yapılan bir analizdir. Bunun için basit tanımlayıcı istatistikler dediğimiz terimler kullanılır. Örneğin; toplam, ortalama, varyans, standart sapma, minimum, maksimum vb.

İkinci aşama ise teşhis aşamasıdır. Bu aşamada "bir şeyler olmuş ama neden olmuş?" sorusunun yanıtı aranır. İzmir mağazası Uşak mağazasından fazla satış yapmış çünkü oradaki Ahmet adındaki çalışan çok iyi bir satışçı. Burada görüldüğü gibi bir neden belirlenmeye çalışılır. Geçmişte olmuş olaylar ile ilgili merak edilen bazı konular anlaşılmaya çalışılır. Eğer bir mağaza ortalamanın üzerinde satış yapmışsa veya aynı mağaza geçmiş dönemlerdekinden anlamlı şekilde fazla satış yapmışsa bunun nedeni merak edilir ve keşfedilmeye çalışılır. Bunun en önemli sebebi bir ders almak ve bu dersi bir işletme politikası haline getirip getiremeyeceğimizi değerlendirmektir.

Üçüncü aşamadan sonra artık geleceğe bakmaya çalışıyoruz. Manisa mağazasının son 1 yıllık satış rakamları elimizde var. Bu rakamlar ile ileride ne kadar satış yapabileceğimizi bulamaz mıyız? Satışlar nelerden etkileniyor? Satışlar için reklam önemli olabilir. Müşterilerin gelir durumları bir neden olabilir. Satışın hangi ayda yapıldığı, o ay içerisinde bir bayram veya önemli gün olup olmadığı, havanın sıcaklığı, okulların tatil olup olmaması gibi nedenler satışları etkileyebilir. Bu nedenleri istatistiksel yöntemler ile keşfedebilirsek ileride ne seviyede satış yapacağımızı, örneğin %95 ihtimalle hangi aralıkta satış yapabileceğimizi anlayabiliriz.

Dördüncü aşamada ise öngörüsel veya kural-koyucu analitik yapma aşamasındayız. Belki satışların ileride ne seviyede olacağını bazı bağımsız değişkenlerden anlayabiliriz. Ama bu yeter mi? Yani çevresel faktörlerin insafına mı bırakacağız satışlarımızı? Bunları arttırmanın bir yolunu bulamaz mıyız? Sadece satış olarak düşünmeyin. Mesela gönderi sürelerini düşüremez miyiz? Müşterilerin ne sipariş vereceğini tahmin edip ona göre gönderim yapamaz mıyız?

Bu son aşamada genel olarak neden-sonuç ilişkisi incelenmektedir. Buna göre ileride sadece ne olacağına veya ne zaman olacağına değil aynı zamanda neden olacağına da bakılır. Ayrıca, öngörüsel analitik, gelecekteki bir fırsattan nasıl yararlanılacağına veya gelecekteki bir riskin nasıl azaltılacağına dair karar seçenekleri önerir ve her karar seçeneğinin sonuçlarını gösterir.[75]

Yöneylem araştırması, A/B Testleri vb. dördüncü aşamada kullanılan metotlardır.

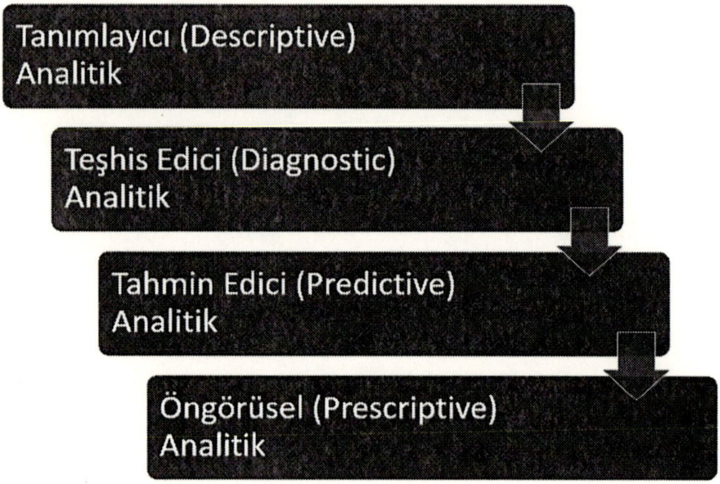

Şekil 39. Veri Analitiğinde Aşamalar

(Kaynak: Gartner)

Yapay zekâ modellerinin veriden yola çıkarak kurulabileceğinden bahsetmiştik. Bu durumda verimizin ne olduğu, ne kadar olduğu, doğru olup olmadığı gibi konular oldukça önemlidir. Verinin çok olmasının, daha doğrusu yeterli olmasının yararlı olduğunu belirtmiştik. Ne kadar fazla nesnel veri ile model desteklenebilirse modelin o kadar güvenilir olacağını söyleyebiliriz. Verinin doğruluğunun da veri modeli üzerinde çok önemli olduğu konusunda şüphemiz yok. Zaten yapay zekâ stratejisi kurarken veriye özel bir önem verilmesi gerekliliği söylenmişti.

Verinin ne olduğunun öneminden biraz bahsedelim. Günümüzde veriler birçok kaynaktan elde edilebiliyor. Bu veriler de farklı şekillerde karşımıza çıkabiliyor. Eğer bunları üç kategoriye ayırmak istersek temelde şu tipte veriler ile karşılaştığımızı söyleyebiliriz:

- Yapılandırılmış veriler (Structured Data)
- Yarı yapılandırılmış veriler (Semi-Structured Data)
- Yapılandırılmamış veriler (Unstructured Data)

Yapılandırılmış veriler, bize tablo halinde sunulan verilerdir. Bunlardan faydalanmak çok kolaydır. Örneğin bir Microsoft Excel tablosundan veya bir veri tabanından alınan veriler modellere kolaylıkla dahil edilebilir. Bunlara fatura, ödeme, sınav sonuçları vb. örnek olarak verilebilir.

O zaman tüm modelleri yapılandırılmış veriler ile mi kuralım?

Maalesef bunu yaptığımızda önemli miktarda yararlı veri setinden de olmuş oluyoruz. Çünkü fotoğraflar, videolar, sosyal medya paylaşımları, sunumlar, dokümanlar, ses kayıtları vb. gibi verilerin önemli bir kısmı yapılandırılmamış veri kategorisinde yer alıyor. Yapay zekâya en fazla ihtiyacımız olan alanlarda büyük ölçüde yapılandırılmamış veriler ile aksiyon alabiliyoruz. Hatta yapılan bir araştırmaya göre kullanılabilir durumdaki verilerin %90'ı yapılandırılmamış veridir.[76]

Bir de ortada kalan yarı yapılandırılmış veriler var. Bunların bir tür yapılandırılmış veri olduğunu söyleyebiliriz. Bunlar bazı yöntemler ile tablo formatına getirilebilecek veriler olduğu için bu verilerden de fayda sağlamak yapılandırılmış veriler kadar olmasa da kolaydır. Örneğin Json, XML formatındaki veriler böyledir.

Çalışılacak veriyi de tespit ettikten sonra veriden anlam çıkarabilmek için izlenecek yol nasıl olacak? Buna da aşağıda bakalım...

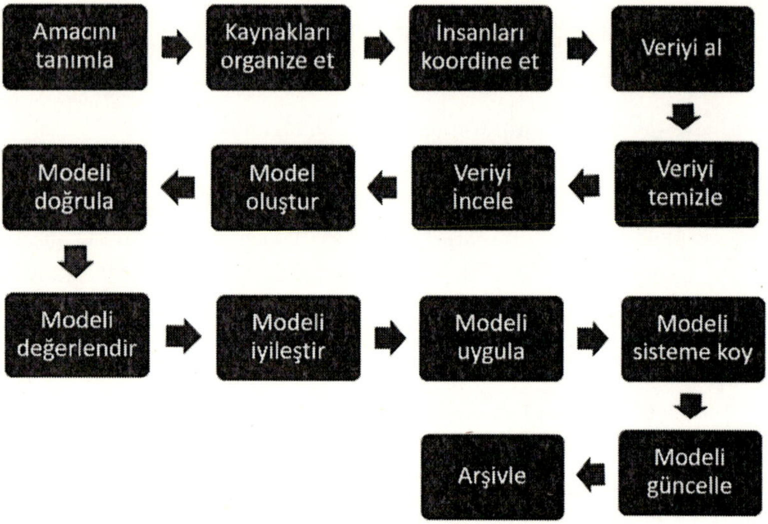

Şekil 40. Yapay Zekâ Modeli Kurulma Aşamaları

(Kaynak: Linkedin Learning, Data Science Foundations: Fundamentals)

Her şeyden önce ne amaçladığımızı ortaya koymamız lazım. İş problemimiz nedir? Neyi çözmeyi amaçlıyoruz? Bu konunun net olması lazım.

Daha sonra bu problemi çözmek için neleri kullanmalıyız? Hangi beceride insanlara ihtiyacımız var? Projemizin bütçesi ne kadar? Teknik gereksinim anlamında ne tür donanımlara ihtiyacımız var? Bunların cevaplarının verilmiş olması gerekir.

Proje için yetkin insanların seçimi önemli olduğu kadar, farklı nitelikteki insanların bir araya getirilmeleri ve bir arada sorunsuz şekilde çalışmaları da önemlidir. Bir sonraki bölümde yapay zekâ stratejisi konusuna bakacağız. Orada bu birlikteliği nasıl kuracağımızı daha detaylı şekilde değerlendireceğiz.

Projemizi de planlamamız gerekiyor. Hangi aşamalardan geçecek? Ne zaman ne aşamaya geleceğiz? Bunları belirlememiz lazım. Planlama hem bütçeye hem de verinin durumuna göre değişecektir.

Daha sonra veri ile çalışmaya başlıyoruz. Veriyi veri tabanından almamız ve temizlememiz gerekiyor. Daha sonra da temizlenen veri manipüle edilerek modele girmeye hazır hale getiriliyor. Verinin hazırlanması bazı durumlarda toplam işin %80'ine kadar varabiliyor.

Veri hazırlandıktan sonra modeli oluşturmaya başlayabiliriz. İstatiksel modeli oluştururken birçok metodu kullanabiliriz. Bunlardan birinin seçilmesi sonrası modelin doğrulanması, sisteme entegre edilip son kullanıcıların buradan değer üretebilir hale gelmesi en önemli amacımızdır.

Model bu şekilde bir süre kullanılmalıdır. Daha sonra modelin iyileştirilmesi gerektiği ortaya çıkacaktır. İyileştirme yapıldıktan sonra da model tekrar değerlendirilip güncellenecek ve insanların kullanımına sunulacaktır. İyileştirme aşaması önemli bir aşamadır. Belki bu modeli en baştan kurmayı bile düşünebiliriz. Bunlar tamamen elde ettiğimiz sonuçlara bağlıdır.

Yapılan tüm çalışmaların da arşivlenmesi ileride başka modellerin daha hızlı geliştirilmesi açısından önemli olacaktır. Bu aşamada verinin nereden geldiği, hangi metotların kullanıldığı, ne aşamalarda ne tür yanlışlıklar yapılıp ne dersler alındığı gibi konular ileride kurulacak başka modeller için mutlaka işe yarayacaktır.

Yukarıda belirtildiği gibi yapay zekâ modelleri kurulduktan sonra, bunların belli zamanlarda güncel olup olmadıkları, doğru sonuçlar sağlayıp sağlamadıkları gözden geçirilmelidir. Bu anlamda aşağıdaki grafikten de anlaşılabileceği gibi bu güncellemeler yıllık, aylık, haftalık, günlük veya anlık olabilir.

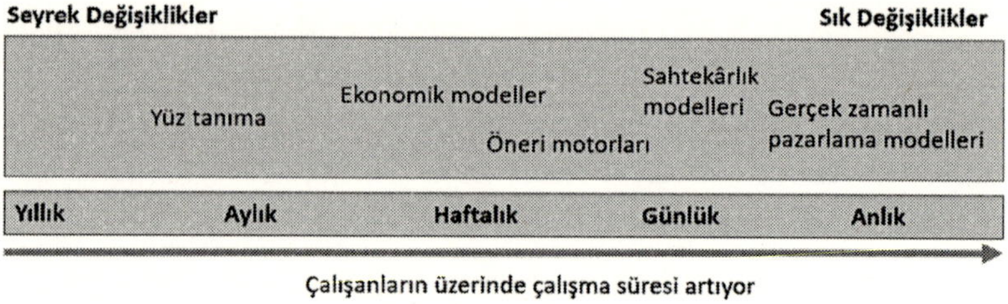

Şekil 41. Yapay Zekâ Modellerinin Güncelleme Sıklıkları

Makine Öğrenmesi

Makine Öğrenmesi yapay zekânın bir alt dalı olup örneklerden ve tecrübelerden öğrenmek üzerine oluşturulmuş algoritmalar bütünüdür. Makine öğrenimi, verilerde bazı örüntüler (paternler) veya kalıplar olduğu fikrine dayanmaktadır. Kodlama kurallarından farkı, makinenin bu kuralları bulmayı kendi kendine veya bir eğitici yardımı ile öğrenmesidir.[77]

Şimdi biraz felsefe yapalım...

Gerçek bilgi var mıdır? Doğru bilgi var mıdır? Bu bilgilere ulaşılabilir mi? Ulaşılsa bile başkalarına aktarabilir miyiz? Başkalarına aktaramıyorsak öğrenme nasıl oluyor? Öğrenme oluyorsa hangi bilgiden oluyor?

İlkçağ filozofları bu konularda bayağı kafa yormuşlar. Örneğin insan felsefesi yapmış olan Sofistler...

Sofist yani bilgili adam veya bilge demektir. Bu insanlar para karşılığı Yunan çocuklarına ders verirlermiş. Bu nedenle çok aşağılanmışlar. Çünkü bilgi para karşılığı verilebilecek kadar değersiz bir şey değildir anlayışı var.

Sofistler yararı önceliyorlar. Gerçek bilgi yoktur, benim için daha yararlı senin için daha faydalı bilgi vardır. Bu anlamda hangi bilgi daha yararlı ise senin için o daha doğrudur görüşünü savunuyorlar. Bu nedenle rölativist olarak anılıyorlar. Her insanın duyusuna göre farklı bir bilgi vardır diyorlar. Protogoras ve Gorgias en bilinen sofistlerdir.

Protogoras, Sofistlerin en bilgesidir. Her şeyi duyularımızla öğreniyoruz. Eğer havayı serin hissediyorsak ona göre öğreniriz. "Duyularımız öznel ise bunlarla bilgi edinilmez" diyor. Gerçeklik ve görünüş ikilemini ortaya atıyor. Eğer varlıkların bize nasıl göründüğüne göre bilgi ediniyorsak; duruma göre veya insana göre bu değişiyorsa, o zaman gerçeklik yoktur diyor. Gerçek olan yoktur, doğru olan yoktur, sadece daha doğru olan vardır diyor.

Gorgias ise "duyum yanıltıcı" diyor. Akıl ise yine güvenilir değil. Hiçbir şey yoktur, olsa bilemezdik, bilsek aktaramazdık. Bazen aynı şeye bakarken aynı şeyi göremeyiz. Bir bilgiye sahipken onu karşıya olduğu gibi aktarabilir miyiz?

Bu anlayışa göre bize göre bilgi olan şey Sofistlere göre bilgi değil. Eğer bilgi sahibi olsak bile bunu başkalarına aktaramazdık diyorlar. Eğer bilgimizi başkasına aktaramaz isek o zaman nasıl öğrenme olacak?

İnsanların en önemli özelliklerinden biri bildiklerinin tamamını kelimelere döküp karşıdakine anlatamamalarıdır. Bir başka deyişle hepimiz anlatabileceğimizden daha çok şey biliriz. Bu olgu o kadar önemlidir ki buna 1964'te bir de isim verilmiştir. "Polanyi Paradoksu" adı verilen bu durum birbirimize anlatabileceğimizin bir sınırı olduğundan yola çıkar.

Bu konuda elimizdeki örneklere bakalım.

Yıllar önce tavuk üretiminde erkek ve dişi civcivleri ayırmak için insanlara eğitim veriyorlar, fakat bu başarılı olmuyor. Çünkü bu işi çok iyi yapanlar nasıl yaptıklarını bir türlü açıklayamıyorlar. Bu sebeple yetiştirilmek üzere alınan çalışanlar bu deneyimli insanların yanına konuluyor. Bir süre geçtikten sonra onlar da erkek civcivler ile dişi civcivleri ayırt etmeye başlıyorlar.

Nasıl olduğunu tam olarak tanımlayamasalar da bunu başardıkları görülüyor...

Diğer bir örnek ise İkinci Dünya Savaşı'ndan. Bu savaşta İngilizler, Alman hava saldırılarına karşı gözetleme kulelerine insanlar koyuyorlar. Bu insanların tek bir görevi var. Görünen uçakların savaştan dönen İngiliz uçağı mı yoksa bombalamaya gelen Alman uçağı mı olduğunu anlamaya çalışmak. Bu insanların sayısını arttırmak istediklerinde, deneyimli insanlardan diğerlerini eğitmelerini istiyorlar. Fakat sonra bu insanların bilgilerini diğerlerine aktaramadığı görülüyor. Bunun üzerine yetiştirmek istedikleri insanları deneyimli insanların yanlarına yerleştiriyorlar. Bir süre sonra insanların bu konuda eğitildiğini fark ediyorlar. Böylece deneyim tabanlı eğitimler başarıyla tamamlanıyor.

Bundan yola çıkarak makinelere tecrübe aktarımı konusunda becerilerimizin sınırlı olduğunu düşünebiliriz. İnsanlar eğer ki nasıl düşündüklerini makinelere anlatabilirlerse o zaman kendileri gibi davranan yapay zekâ sistemleri kurabilirler.

İşte makine öğrenmesi de temelde bu anlayışın bir ürünüdür.

Peki, öğrenme yöntemimizi bir makine ile kıyasladığımızda ne ile karşılaşırız? Aşağıdaki tabloda bunun bir özeti gösterilmeye çalışılmıştır.

Tablo 2. İnsan ve Makine Arasında Öğrenme Farklılıkları

İnsan Nasıl Öğrenir?	Makine Nasıl Öğrenir?
Ezberlemesi zordur	Ezberlemesi kolaydır
Veri içindeki örüntüleri anlaması kolaydır	Veri içindeki örüntüleri anlaması zordur
Değişik durumlara kolaylıkla uyum sağlar	Değişik durumlara zor uyum sağlar
Öğrendiği zaman unutması muhtemeldir	Öğrendiği zaman unutması zordur
Öğrenme, istekliliğe veya bulunulan ortama göre değişir	Öğrenme değişken değildir.
Yaşa bağlı olarak öğrenme yeteneği değişir	Yaşı yoktur

Makine ile insanın öğrenmesi arasında çok temel bir fark daha vardır. İnsan bilişsel olarak öğrenmesi gereken konuda bir mantık kurarak anlamaya, yorumlamaya ve en sonunda öğrenmeye çalışır. Makine ise bunu yapamaz. Makine gördüklerini kendi çapında bir araya getirir, en sonunda karar verir. Böylece öğrenmiş olur.

Bunu anlamak için bir örnek verelim.

Örneğin bir edebiyat öğretmenisiniz. Öğrencilerden divan edebiyatı ile ilgili bir makale yazmalarını istiyorsunuz. Öğrencileriniz bu makaleyi yazıp size getiriyorlar. Siz makaleleri değerlendirmeye başlıyorsunuz. Nelere bakarsınız? Sizin için önemli olan özellikler nelerdir?

Muhtemelen, güzel bir giriş yapılmış mı? Makalenin amacı net şekilde ortaya konulmuş mu? Yeterli bilgiler ile desteklenmiş mi? Verilen örnekler yerinde örnekler mi? Farklı bir bakış açısı getirmiş mi? Okuyanlara yeni ufuklar açabilecek mi? Yeterli kaynaktan faydalanılmış mı? Sonuç anlaşılır mı? Sonuç tüm makalenin en önemli çıktısını yansıtıyor mu?

Gibi bir değerlendirme yaparsınız.

Oysa makine bu konuya şöyle bakıyor. Siz önce yüzlerce veya binlerce makaleyi sisteme yüklersiniz. Her bir makalenin ne not aldığını belirtirsiniz. Ondan sonra makinenin düşük not alanlar ile yüksek not alanların niçin bu notları aldığını modellemesini beklersiniz. Makine muhtemelen şunlara göre bir değerlendirme yapar.

Makalenin uzunluğu, makaledeki kelime sayısı, makaledeki doğru kelime sayısının oranı, noktalama işaretlerinin doğruluğu, büyük ve küçük harflerin oranı vb.

Elbette bazı algoritmaların cümlelerin yapısına, anlamına ve gücüne yönelik tahmin ettiği uygulamalar vardır. Yalnız bunlar bir insanın yaptığı yorumlamadan oldukça farklıdır.

Her geçen gün makinelerin öğrenme gücünün arttığını ve yapay zekânın aşamalarını anlattığımız bölümde Genel Yapay Zekâ ile insanın düşünme sistemine gittikçe yaklaştıklarını da not olarak belirtelim.

Şimdi derin öğrenme ile devam edelim…

Derin Öğrenme

Farklı kaynaklarda değişik sınıflamalar olsa da derin öğrenme makine öğreniminin bir alt alanıdır diyebiliriz. Değişik kaynaklarda yapay zekâ teknolojisi anlatılırken yapay sinir ağları (artificial neural networks) ile makine öğrenmesini iki farklı disiplin gibi ele alındığını görebiliriz. Fakat burada biz derin öğrenmenin temelinde yapay sinir ağları olduğundan ve yapay sinir ağlarının makine öğrenmesinin bir alt dalı olduğundan hareket edeceğiz.

Derin öğrenme, makinenin daha derinlemesine bilgi öğrendiği anlamına gelmez. Makinenin verilerden öğrenmek için farklı katmanlar kullandığı anlamına gelir. Modelin derinliği, modeldeki katman sayısı ile temsil edilir. Derin öğrenmede, öğrenme aşaması sinir ağı yoluyla yapılır. Sinir ağı, katmanların üst üste istiflendiği bir mimaridir.

Sinir ağı demişken, derin öğrenme insanların beynindeki sinir ağlarını kendine örnek olarak alır. İnsan beyninde nasıl nöronlar kendi aralarında bağlantılar kurup bir konuda anlam üretiyorsa, derin öğrenme de benzer şekilde bağlantı bulmaya çalışır.

Yapay sinir ağları katmanlar halinde bilgiyi işlemektedir. Örnek vermek gerekirse, söz konusu teknoloji ile birkaç katmana kadar bilgiyi işleyebiliyorsak derin öğrenmede daha fazla veriyi daha fazla katman kullanarak yapabiliyoruz.

Uzun zamandır yapay sinir ağları kullanılıyorken neden son on yıldır derin öğrenme bu kadar önemli hale gelmiştir? Eskiden de bu teknoloji biliniyorken birkaç katman yerine neden daha fazla katman hesaplamalara dahil edilememiştir?

Bunun cevabı çok basit.

Eskiden işlemcilerin yetenekleri sınırlıyken en fazla üç katmanda hesaplamaya izin verilebiliyordu. Şimdi ise işlemcilerin bilgiyi işleme süreleri kısaldı ve böylece on katmanın üzerinde bir algoritma rahatlıkla kullanılabiliyor. Elbette burada da bir karar verilmesi gerekiyor. Belki 3-4 katmanda istediğimize yakın bir sonuca ulaşabiliyorsak daha fazla katman kullanmak da doğru olmayabilir. Buna modeli tasarlayanlar karar veriyor.

Konuyu daha iyi anlayabilmek için yapay sinir ağlarından bahsetmekte yarar var.

İnsan beyninde sinir hücreleri olan nöronlar bilgiyi başka bir nörondan alıp iletmek ile yükümlüdür. Bunlar temelde duyusal nöron, motor nöron ve bunların arasında yer alan internöron tiplerinden oluşur.

Duyusal nöron çevredeki bir gelişmeyi duyu organları ile kavramaya yarayan ve buradaki sinyalleri beyne götürmeye gayret eden yapılardır. Sanki nesnelerin internetinde kullanılan algılayıcılar gibi...

Motor nöronlar ise alınan ve işlenen bilgiye göre harekete geçmeye yarayan sinir hücreleridir. Genellikle kas hücrelerinin kasılmasını sağlarlar.

Bunların arasında yer alan ve algılama, öğrenme, hatırlama, karar verme veya karmaşık davranışları kontrol etmekten sorumlu olan internöron denilen yapılar vardır.

Yapay zekâda derin öğrenme denildiğinde aslında internöronların yeteneklerini makinelere öğretmeyi kastediyoruz.

Şimdi de bir insan nöronunun neye benzediğini ve bilginin nasıl iletildiğini anlamaya çalışalım. Öncelikle her hücrede olduğu gibi hücrenin bir çekirdeği vardır. Sonra hücrenin temel yaşamsal faaliyetleri yapabilmesi için bir hücre gövdesi yer alır. Dendrit yoluyla alınan bilgiler akson yoluyla diğer nöronlara iletilir. Böylece bilginin aktarılması gerçekleşmiş olur.

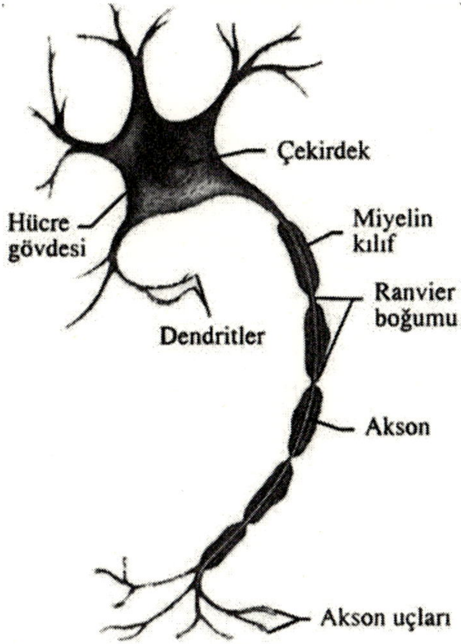

Şekil 42. İnsan Sinir Hücresi Yapısı

Bu anlatılanlar ile yapay sinir ağlarını da anlamaya çalışalım. Yapay sinir ağlarında biyolojik hücrelerde olduğu gibi algılamayı sağlayan girdi katmanı, karar vermeyi sağlayan gizli katman ve verilen kararı harekete geçirmeyi sağlayan çıktı katmanı yer alır. Her bir düğüm (node) bir sinir hücresini temsil eder. Bu hücreler arasındaki ağırlıklar da verilen kararın doğru olması için en doğru şekilde belirlenmeye çalışılır.

Aslında öğrenme dediğimiz şey de tam olarak budur. Ağırlıkların doğru belirlenmesi...

Çünkü ağırlıkların çıktılar üzerindeki etkisi de aşağıdaki formül ile belirlenir. Her bir girdi diğer hücreye giden ağırlıkla çarpılarak ve sonra toplanarak ilgili düğüm üzerindeki değeri oluşturur. Bu da yeni girdi olarak diğer katman veya katmanlara iletilir. Buna ileri beslemeli (feed forward) ağ yapısı denir.

Örneğin 4 numaralı düğüm üzerindeki değeri belirlemek için tüm ağırlıklar ilgili girdi ile çarpılır ve bir sonraki düğümün sonucu oluşur.

$$F(y)=w_1x_1+ w_2x_2+....+ w_3x_3$$

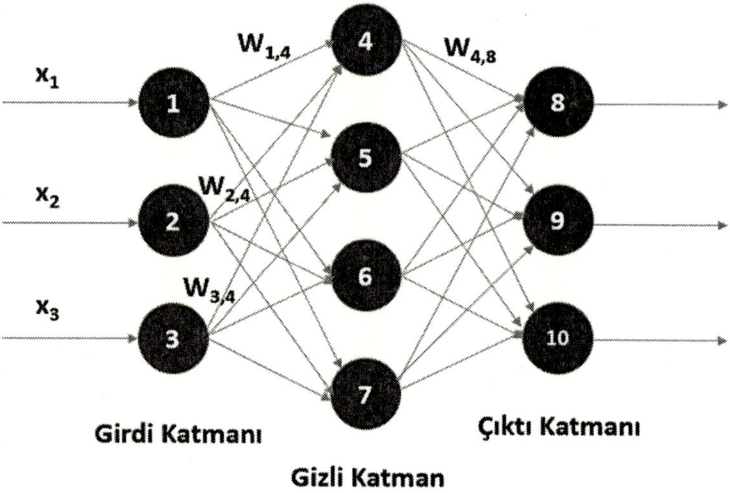

Şekil 43. Yapay Sinir Ağı Çalışma Prensibi

Ağırlıkların doğru belirlenmesi için de oluşan çıktıya veya çıktılara göre geriye doğru bir deneme yanılma süreci başlar. Buna göre ağırlıklar değiştirilerek doğru çıktıya ulaşılmaya gayret edilir. İlk başta verilen ağırlıklar rastgele olarak atanır, sonra bunlar iyileştirilir. Bu iyileştirme süreci de eğitme veya öğrenme olarak bilinir. Derin öğrenmenin de temeli aslında budur. En temel amaç ağa gösterilecek örnekler için en doğru ağırlık değerlerine ulaşmaktır. Ne kadar çok örnek gösterilirse ağırlıklar o kadar iyi belirlenir.

Bunu bir örnek ile anlatalım. Diyelim ki Kedi (1), Kedi değil (0) modelinde gösterdiğimiz resimlerde kedi var mı, yok mu bunu anlamaya çalışıyoruz. Buna göre girdilerimiz gözlerin yüze oranı, ağzın çeneye uzaklığı, kulak uzunluğu olsun. Çıktılarımız ise aşağıdaki tabloya göre oluşsun.

Tablo 3. Derin Öğrenme Veri Seti Örneği

Örnek	1	2	3
Gözün yüze oranı - X_1	%5	%12	%6
Ağzın çeneye uzaklığı - X_2	3	7,5	2,5
Kulak uzunluğu - X_3	3	9	4
Çıktı	1	0	1

Buna göre model çıktılardaki doğruluğa göre modelin içindeki ağırlıkları revize edecektir. Böylece bir kedi modele gösterildiğinde model bunu doğru şekilde tahmin edebilecektir. Yukarıdaki örnekte model sadece 3 veri ile eğitilmiştir (Bu elbette oldukça yetersizdir). Bunu binlerce veri ile desteklediğimizde en sonunda içerisinde kedi olan resimler diğer resimlerden ayrıştırılabilir.

Derin öğrenmenin de farklı boyutları vardır. Son yıllarda kaydedilmiş başarıların önemli bir kısmı tek bir kategoride yoğunlaşıyor. O da gözetimli öğrenme sistemleridir. Bu sistemlerde makinelere bir problemin doğru cevabını içinde barındıran çok sayıda örnek veriliyor. Söz konusu sistemde, makineye X olarak belirtilen girdiler verilip Y olarak adlandırılan çıktı setine ulaşması amaçlanıyor.

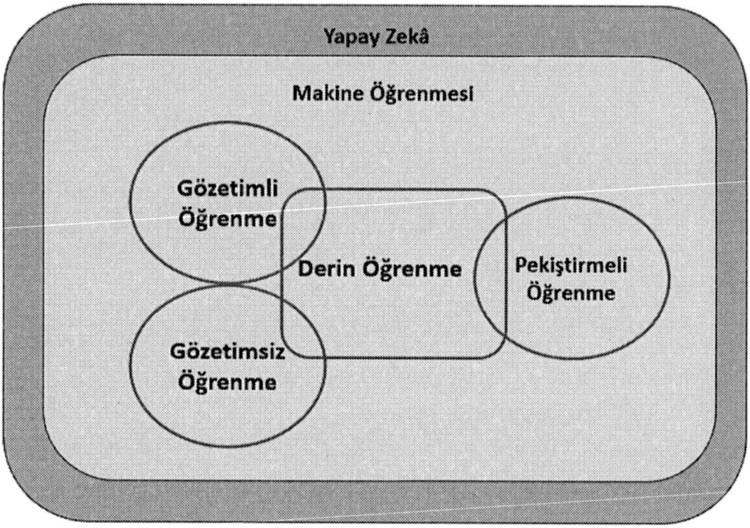

Şekil 44. Yapay Zekâ – Makine Öğrenmesi İlişkisi

Gözetimli Öğrenme (Supervised Learning)

Gözetimli öğrenmede gözlemler oluşan çıktılar ile etiketleniyor. Örneğin; bu e-posta kabul edilebilir bir e-posta, diğer e-posta ise spam e-posta. Bu resim bir deve, diğer resim bir deve değil. Daha sonra oluşan algoritma yeni durumları tahmin etmekte kullanılıyor. Örneğin spam e-postaları filtrelemeyi öğrenen bir algoritma ileride gelen e-postaları spam veya spam değil diye etiketleyip gerekli aksiyonları alabiliyor.

Bu yöntemde kısıtlı bir veri setinden yola çıkarak bir modelleme yaptığımız için belki de daha doğru bilgi kullanıp kullanmadığımızı en başta bilemeyebiliriz. O sebeple orijinal verideki kategoriler veya değişkenler ile modelimizi sınırlamış olabiliyoruz. Bu yöntemde eğer veriler modeli eğiten insanın nesnel yargılarına göre etiketleniyorsa (örneğin bu ağaçtır, bu kitaptır, bu devedir gibi) o zaman modelin çıktılarının nesnel olduğunu ve taraflılık içermeyeceğini düşünebiliriz. Fakat eğitimcinin öznel tercihlerine göre etiketleniyorsa (bu kitap iyidir, bu kitap kötüdür veya bu e-posta spam) o zaman modelin de bu öznelliği içereceğini unutmamalıyız. Hatta eğiten insanların o anki ruh hali, duyu organlarındaki bir bozukluk vb. bu öznelliği daha da arttırabilir. Örneğin etiketleme yapan bir insanın çevreyi gürültülü, diğer bir insanın ise çevreyi sessiz kabul etmesi gibi. Ya da birine göre dışarısı sıcak, bir diğerine göre dışarısı soğuk olabilir. İşte bu öznel değerlendirmelerden mümkün olduğunca kaçınmak gerekir.

Diğer taraftan insanların doğası ile kıyaslandığında; insanların gözetimli öğrenme sistemi yerine çok fazla veri olmadan gözetimsiz öğrenme sistemi kullanarak öğrendikleri görülüyor. Bu nedenle gözetimsiz öğrenmenin daha da geliştirilmesi ile çok daha önemli projelerin yapılabileceği anlaşılıyor. Hatta bir araştırmacı gözetimli öğrenme sistemlerini pastanın üzerindeki süs olarak tanımlarken, gözetimsiz sistemleri de pastanın kendisine benzetiyor. Çünkü gözetimsiz öğrenme sistemleri kendi başlarına öğrenmeyi başarabiliyor.

Gözetimli öğrenme sistemlerinin temelde insanlar tarafından belirlenen veriler ile elde edilen sonuçların etiketlenmesi şeklinde oluştuğundan bahsetmiştik. Bu sistemlerde elimizde bağımsız değişken veya değişkenler (x veya x'ler) ile bir de bağımlı değişken (y) vardır.

X'lerin ne olacağını insanlar belirler. Örneğin hava sıcaklığı ile karpuz üretimi arasında bir bağlantı bulunabilir. İnsanlar hava sıcaklığının karpuz üretimi üzerindeki etkisini anlamaya çalışır. Bu sebeple de modeli hava sıcaklığı verileri ile beslerler. Bunların karpuz üretimi ile olan ilişkisini bulmaya çalışırlar.

Bunun yanında burun uzunluğu, kulak büyüklüğü, deri kırışıklığı, gözaltı torbalar vb. veriler ile yaş arasında bir bağlantı bulmaya çalışabilirler. Bu veriler insanlar tarafından girildiğinden ve sonuçları da yine insanlar tarafından etiketlendiğinden ilgili modeller gözetimli öğrenme olarak kabul edilir.

Gözetimli öğrenme yönteminde hangi metotların kullanıldığına da bakabiliriz.

Regresyon Analizi

İlk metodumuz regresyon analizidir. Y dediğimiz bağımlı değişken eğer sonsuz değer alabilirse o zaman temel regresyon analizinden bahsediyoruz demektir. Bunu istatistik okuyanlar mutlaka hatırlayacaktır. Eğer elimizde sadece bir bağımsız değişken (x_1) varsa o zaman bu basit regresyon olup denklemi de aşağıdaki gibi olacaktır.

$$y = \beta_0 + \beta_1 x_1 + \varepsilon$$

Örneğin işçilerin tecrübesi (x_1) ile aldıkları maaş (y) arasında bir bağlantı arayabiliriz.

Aşağıdaki denklem de tipik bir çoklu regresyon denklemidir. Birden fazla bağımsız değişkenin tek bir bağımlı değişken üzerindeki etkisi analiz edilir.

$$y = \beta_0 + \beta_1 x_1 + \beta_2 x_2 + \beta_3 x_3 + \ldots\ldots \beta_n x_n + \varepsilon$$

Örneğin işçilerin çalışma zamanı ve işçilerin deneyimi ile üretilen parçaların miktarı arasında böyle bir ilişki kurulabilir. İşçilerin çalışma zamanı (x_1) ile işçilerin deneyimi (x_2) değiştikçe üretilen parça adedi (y) de sınırsız şekilde değer alabilecektir.

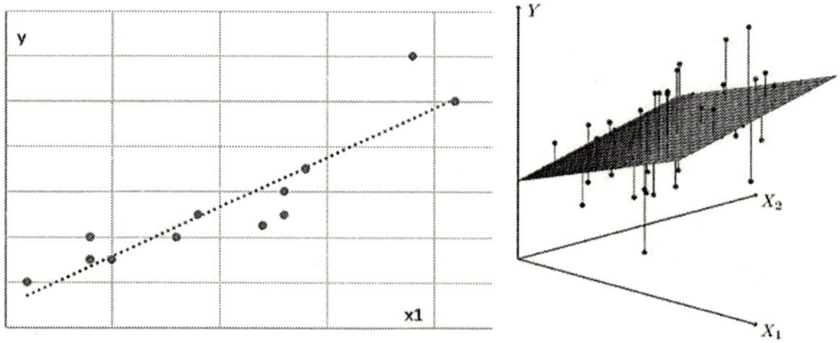

A B

Şekil 45. Basit Regresyon (A) ve Çoklu Regresyon (B) Örneği

Sınıflandırma

Eğer y değişkeni evet veya hayır, erkek veya kadın, spam veya spam değil gibi ikili veri şeklinde karşımıza çıkıyorsa bu durumda sınıflandırma metodu kullanılıyor demektir.

Sınıflandırma yukarıda anlatıldığı gibi ikili sınıflandırma olabileceği gibi çoklu sınıflandırma şeklinde de karşımıza çıkabilir.

İkili sınıflandırmaya yukarıda değinmiştik. Örneğin bir e-posta için yapılan spam veya spam değil sınıflaması bu sınıflandırmaya güzel bir örnektir.

Bunun yanında istediğiniz sınıf sayısına göre sınıflandırma yapmanıza olanak sağlayan çoklu sınıflandırma yöntemi mevcuttur. Örneğin insanları; bebek, çocuk, genç, yetişkin, yaşlı şeklinde sınıflandırmak isteyebilirsiniz. Modele yeterince insan verisi girdikten ve her bir kaydı bu genç, bu çocuk, bu yaşlı vb. şekilde ifade ettikten sonra modeli eğitmiş oluyorsunuz. Böylece insanları beş kategoriye ayırmayı başarabilirsiniz.

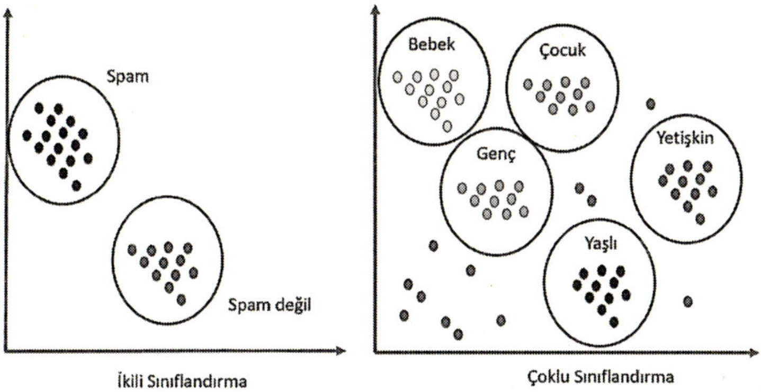

Şekil 46. İkili ve Çoklu Sınıflandırma

Sınıflandırma modellerinin önemli bir kısmı yine regresyon ailesinden yararlanmaktadır. Şimdi bunlara bakalım.

Lojistik Regresyon

Lojistik regresyonda bağımlı değişken kesikli değer alır. Yani 1 ve 0, erkek ve kadın ya da bebek, çocuk, genç, yetişkin ve yaşlı gibi. Bu nedenle bağımsız değişkenler modele girdiğinde belirtilen bu sınıflardan hangisine yakın olduğu anlaşılmaya çalışılır. Model eğer ikili bir sınıflandırma yapıyorsa hangi verinin hangi gruba ait olduğunu bize söyler.

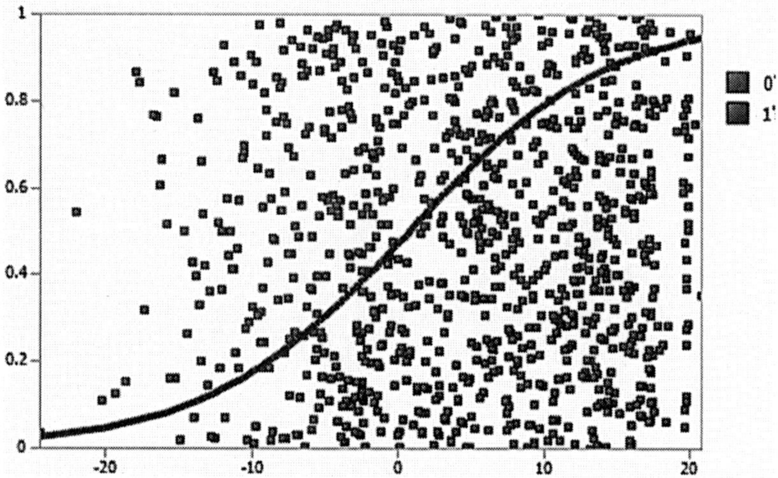

Şekil 47. Lojistik Regresyon Çıktısı
(Kaynak: Veribilimcisi.com)

Ayırma Analizi (Diskriminant Analizi)

Sınıflandırma konusunda bir diğer metot da ayırma (discriminant) analizidir. Ayırma analizi önceden bilinen farklı sınıflardan birine, üzerinde ölçüm yapılan yeni bir birimin atanması biçiminde tanımlanan istatistiksel bir tekniktir.[78] Burada bağımlı değişken 1 ve 0 gibi kategorik değer alırken, bağımsız değişken metrik değer alabilir.

Anomali Tespiti

Anomali tespiti sınıflandırma algoritmalarının çalışmasından sonra, kategorilere girmeyen verilerin bulunması işlemidir. Bunlar bazen çok değişik verilere sahip olan meşru kayıtlar olabildiği gibi; kredi kartı sahteciliği, DDOS gibi siber saldırı şeklinde meşru olmayan kayıtlar da olabilir. O sebeple verilerdeki anomalinin tespiti oldukça önemlidir.

Örneğin bir müşterinin bankasının mobil şubesine girdiğini düşünün. Müşteri her ay 5.000 TL ile 10.000 TL arasında tanımlı alıcılarına para transferi yapıyor olabilir. Fakat son ay mobil şubeye girdiğinde tanımlı olmayan bir alıcıya 100.000 TL para transferi yapmaya çalışıyor. İşte bu bir anomalidir. Müşterinin gerçek bir işlemi de olabilir, müşteri adına bir sahtekârın işlemi de olabilir. Algoritma bunu tespit edip, bankanın sahtekârlıkla mücadele eden birimine bilgi verebilir, işlem durdurulabilir, müşteri aranıp işlemi yapıp yapmadığı teyit edilebilir.

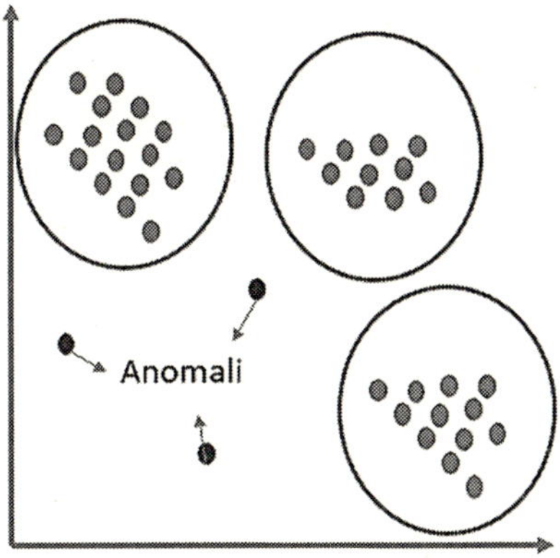

Şekil 48. Bir Veri Seti İçerisinde Anomali Tespiti

Kümeleme Analizi

Kümeleme (Clustering) Analizi, veri matrisinde yer alan ve doğal grupları kesin olarak bilinmeyen birimleri, değişkenleri ya da birim ve değişkenleri birbirleri ile benzer alt kümelere ayırmaya yardımcı olan yöntemler topluluğudur. Kümeleme analizi üzerinde çalışılan verileri homojen gruplara ayırmak amacıyla kullanılır. Bu, birkaç değişkene göre hesaplama yapılarak ve bazı benzerlik metotları kullanılarak gerçekleştirilir.[79] Kümeleme analizinde ilk aşama bir benzerlik veya uzaklık ölçüsünün seçilmesidir. Bunun yapılmasının ardından kullanılacak kümeleme yöntemine karar verilir ve yöntem yardımı ile birim ya da değişkenler uygun sayıda kümeye ayrılır. Son olarak da kümeleme sonucu yorumlanır.[80]

Kümeleme analizinde en çok karşımıza çıkan K-Means*, Hiyerarşik Kümeleme ve Knn (K-nearest neigbours)** metodlarıdır. Bunlardan K-Means ve Hiyerarşik Kümeleme gözetimsiz, Knn ise gözetimli öğrenme yöntemini içerir. Bunlardan Knn, sınıfları belli olan bir örnek kümesindeki veriler ile yapılır. Örnek veri setine katılacak olan yeni verinin, mevcut verilere göre uzaklığı hesaplanıp, k sayıda yakın komşuluğuna bakılır. Böylece kümelere atama gerçekleşmiş olur.

Diğer kümeleme yöntemlerini ileride anlatacağız.

Karar Ağaçları

Sınıflandırma metotlarından biri olan ve yaygın şekilde kullanılan karar ağaçlarına da değinmekte fayda var.

Karar ağaçları, geçmişte yaşanmış ve sınıfı belirlenmiş verilerden hareketle hangi sınıfa ait olduğu belli olmayan verilerin sınıflarının belirlenmesini sağlayan bir tekniktir.[81] Buna göre elimizdeki veriler öncelikle belli özelliklerine göre tasnif edilir. Daha sonra bu veriler bir ağaç yapısıyla birbirleri ile ilişkili hale getirilir. En sonunda da elimize yeni bir veri geldiğinde karar ağacındaki yapı izlenerek verinin nereye atanacağına karar verilir.

---

* K-means: Ortalamaya göre kümeleme

** Knn: En yakın komşuya göre kümeleme

Aşağıdaki örnekte bir mağazaya gelen erkek ve kadın müşterilerin mağazada geçirdikleri süreye göre nasıl bir satın alma davranışı gösterdiği analiz edilmeye çalışılmıştır.

Tablo 4. Müşteri Satın Alma Davranışı Örneği

Cinsiyet	Mağazada Geçirilen Süre (dk)	Satın Alma Davranışı	Ne Satın Alıyor?
Erkek	36	Satış Var	İç Giyim
Kadın	44	Satış Var	Elbise
Erkek	17	Satış Yok	
Erkek	36	Satış Var	İç Giyim
Kadın	37	Satış Var	Elbise
Erkek	26	Satış Var	İç Giyim
Kadın	27	Satış Var	Elbise
Erkek	17	Satış Yok	
Erkek	26	Satış Var	İç Giyim
Kadın	28	Satış Var	Elbise
Erkek	11	Satış Yok	
Kadın	33	Satış Var	Elbise
Erkek	24	Satış Var	İç Giyim
Erkek	1	Satış Yok	
Kadın	39	Satış Var	Elbise

Buna göre 20 dakikanın altında mağazada kalan müşterilerin herhangi bir satın alma davranışı göstermedikleri anlaşılmaktadır. 20 dakikanın üzerinde zaman geçiren müşterilerin ise satın alma kararları cinsiyetlerine göre değişmektedir. Buna göre erkek müşteriler iç giyim tercih ederken kadın müşteriler elbise tercih etmektedir.

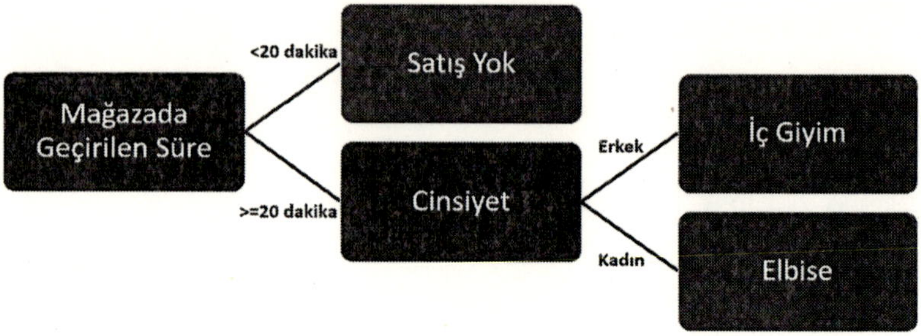

Şekil 49. Örnek Karar Ağacı Tasarımı

Bu elbette çok basit bir örnektir. Karar ağacı kurulurken çeşitli yöntemler ile ağacın hangi veri kategorisinden başlayacağı ve bu kategoriyi diğer hangi kategorinin izleyeceği gibi kararların verilmesi de gerekmektedir. Bunlar çeşitli bilimsel yöntemler ile yapılır. Bunlara bu kitapta değinmeyeceğiz.

Karar ağaçları kurulurken elimizdeki bir veri seti ile bunu yapıp, modeli eğitmiş oluyoruz. Daha sonra başka bir veri setinde bu karar ağacını çalıştırıp sonuçlarından faydalanmaya çalışıyoruz. Bu yapılırken genellikle veri setinin bir parçası (örneğin %70'i) modeli eğitmek için kullanılırken diğer parçası da (%30'u) modelin doğru çalışıp çalışmadığını test etmek amacıyla bekletiliyor. Daha sonra da kalan kısım, eğitilmiş modele sokulup ne kadar doğru tahmin ettiği anlaşılmaya çalışılıyor. Veri seti ne kadar büyürse modelin eğitimi de o kadar istenen aşamaya yaklaşıyor.

Gözetimsiz Öğrenme (Unsupervised Learning)

Gözetimsiz öğrenme, gözetimli öğrenmeden farklı olarak, verileri sebep-sonuç ya da giriş-çıkış şeklinde etiketlemeden, veri içerisinde var olan ilişkilerin ve yapıların öğrenilmesidir. Veri örneklerinin birbirine olan uzaklıklarını, komşuluk ilişkilerini ve yoğunluklarını kullanarak veriyle ilgili çıkarımlar yapılması sağlanır.[82] Gözetimsiz öğrenmenin iki önemli yaklaşımı boyut indirgeme ve kümelemedir. Biz burada kümelemeden bahsedeceğiz.

Karşımıza çıkan gözetimsiz kümeleme algoritmalarından en bilinenleri K-Means ve Hiyerarşik Kümeleme uygulamalarıdır.

K-Means algoritması, elde mevcut bulunan verileri, kullanıcı tarafından belirlenen "k" adedince kümeye ayıran (örneğin 5 küme), uygulaması kolay gözetimsiz öğrenme metodudur. Bu algoritma, benzer özellik gösteren verilerin, bir arada kümelenmesi esasına dayanır. Algoritmadaki amaç, oluşturulan k adet kümenin, kendi içlerinde benzerliklerinin maksimum, birbirleri arasındaki benzerliklerinin ise minimum olmasını sağlamaktır.[83] Algoritma hangi verileri kullanacağına kendi karar verir, o sebeple de gözetimsiz öğrenme olarak bilinmektedir.

K-Means'te kaç tane küme olacağı bellidir ancak kümelerin hangi parametrelere göre oluşacağı belirsizdir. Veri seti içerisinden rastgele veri noktaları seçilerek çalışmaya başlar ve bir diğer veri noktası ile uzaklığını hesaplayarak kendi kümesine dahil eder veya etmez. Böyle devam ederek bütün veri seti taranır ve sonuç olarak k tane küme oluşur. Bu kümelerin içerdiği elemanlar incelenerek parametreler ortaya çıkarılabilir.

Müşteri davranış segmentasyonu çok bilinen bir kümeleme örneğidir. Buna göre müşterilerin şirket ile olan ilişkisinde nasıl davrandıkları, ne zaman iletişime geçtikleri, hangi ürünler ile ilgilendikleri vb. veriler kullanılarak farklı davranış kalıplarına sahip müşteri grupları oluşturulabilir.

Bir diğer kümeleme algoritması da Hiyerarşik Kümeleme'dir. Hiyerarşik Kümeleme algoritmaları, veriler arasındaki uzaklık bilgilerinden yararlanarak birleşme ya da bölünme kurallarının çıkarılmasını sağlayan algoritmalardır. Algoritma, başlangıçta bir veri tabanındaki verilerin her birini bir küme olarak kabul eder ve aşama aşama birleştirerek belirli bir sıra ile tek bir küme elde edilmesini (birleştirici Hiyerarşik Kümeleme) sağlar. Bu işlemin tersi olarak da verileri tek bir küme kabul ederek, belirli bir sıra ile bölünebilmesini (ayrıştırıcı Hiyerarşik Kümeleme) sağlayabilir. Buradaki önemli nokta, hangi verinin hangi kümeye kaçıncı sırada dâhil edildiğinin ya da ondan ayrıldığının bulunmasıdır.

Hiyerarşik Kümeleme'yi bir örnek ile göstermeye çalışalım.

Birkaç Avrupa ülkesi arasında finansal sektörde teknoloji kullanımı üzerine bir model oluşturmaya çalıştığımızı düşünelim. Buna göre Türkiye, İspanya, İtalya, Belçika, Portekiz, Yunanistan ve İrlanda arasında ülkelerin bazı bankacılık verilerine göre hangi ülkeler beraber grup oluşturacak onu anlamaya çalışalım. Bunun için de ATM başı nüfus, kişi başı POS, şube başına nüfus, banka çalışanı başına nüfus, kişi başı debit kart*, bankaların maliyet gelir oranı gibi değişkenlerimiz olsun.

Bu analiz için SPSS programından faydalanabiliriz.

Kümeleme analizinde en önemli çıktılardan biri benzemezlik matrisidir. Burada ülkelerin, ilgili verilerden yola çıkarak birbirlerinden ne kadar uzak olduğu anlaşılmaya çalışılır. Bu Öklid Uzaklığı** denilen bir metrik ile hesap edilir.

* Debit Kart: ATM kartına verilen diğer bir isim

** Öklid Uzaklığı: Veriler arasındaki uzaklığı hesap etmeye yarayan kümeleme analizinde kullanılan bir yöntem

Tablo 5. Kümeleme Analizi Benzemezlik Matrisi

Ülke	Karesi Alınmış Öklid Uzaklığı						
	1:Belçika	2:İrlanda	3:İspanya	4:İtalya	5:Portekiz	6:Türkiye	7:Yunanistan
1:Belçika	,000	7,636	9,159	4,857	2,619	10,757	2,129
2:İrlanda	7,636	,000	,327	,315	1,414	6,476	1,948
3:İspanya	9,159	,327	,000	,839	1,985	9,684	3,240
4:İtalya	4,857	,315	,839	,000	,405	6,326	,784
5:Portekiz	2,619	1,414	1,985	,405	,000	7,686	,398
6:Türkiye	10,757	6,476	9,684	6,326	7,686	,000	5,014
7:Yunanistan	2,129	1,948	3,240	,784	,398	5,014	,000

Daha sonra bu verilerden yola çıkarak kümeler aşama aşama oluşturulmaya başlanıyor. Böylece bazı kümeler diğerlerine katılıp tek bir küme olurken bazıları ise dışarıda kalmaya devam ediyor.

Tablo 6. Kümeleme Analizi Sınıflama

Aşama	Birleştirilen Kümeler		Katsayılar	Kümenin ilk görüldüğü aşama		Sonraki Aşama
	Küme 1	Küme 2		Küme 1	Küme 2	
1	2	4	,158	0	0	3
2	5	7	,357	0	0	4
3	2	3	,693	1	0	5
4	1	5	2,209	0	2	5
5	1	2	6,343	4	3	6
6	1	6	12,000	5	0	0

Yukarıdaki tabloda görüldüğü üzere 6 kodu ile tanımlanan ülkemiz en sonda yani 6.aşamada diğer ülkeler ile bir araya gelmektedir. Burada 3. aşama ile 4. aşama ve 4. aşama ile 5.aşama arasında yüksek katsayı artışları görülmektedir. Bu sebeple 3 veya 4 küme oluşabilir denebilir.

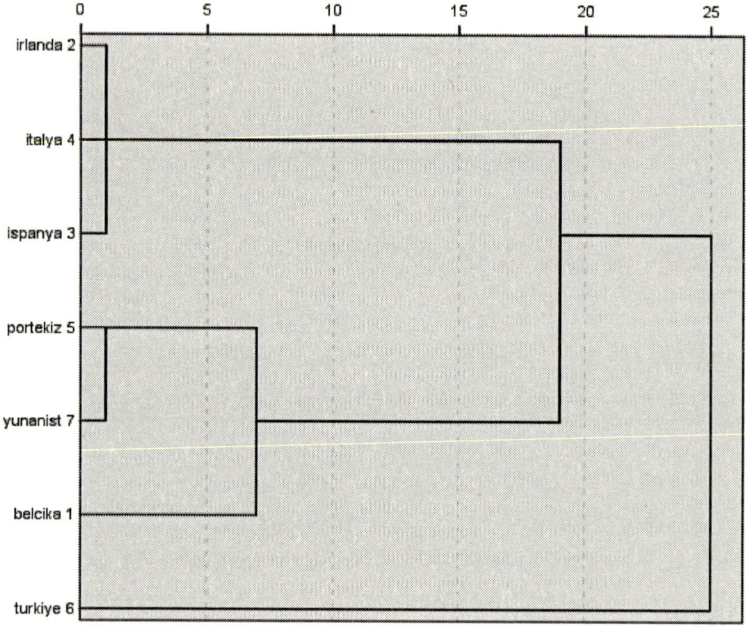

Şekil 50. Kümeleme Analizi Ağaç Diyagramı

Ağaç diyagramı ve sınıflandırma tablosu İrlanda, İtalya ve İspanya'nın bir küme, Portekiz, Yunanistan ve Belçika'nın diğer bir küme, Türkiye'nin de tek başına bir başka küme oluşturabileceğini gösteriyor.

Pekiştirmeli Öğrenme (Reinforcement Learning)

Pekiştirmeli öğrenme bazılarına göre gözetimli öğrenmenin önemli bir alt dalı, bazılarına göre de gözetimli veya gözetimsiz öğrenmeden farklı bir makine öğrenmesi yöntemidir. Bu öğrenme algoritması temelde ödül ve ceza sistemi ile çalışır.

Bir garsonun hizmet verdiği bir masadan bahşiş alamamasını düşünün. Garsonun aklına hemen nerede hata yaptığı gelecektir. Yapay zekânın da böyle düşünmesini sağlayan pekiştirmeli öğrenmedir. Yapay zekânın aldığı bir karar doğru ise ödül, yanlış ise ceza uygulanır. Bu şekilde makine öğrenmeye başlar. Aşağıda bunun çok basit bir gösterimi yer almaktadır.

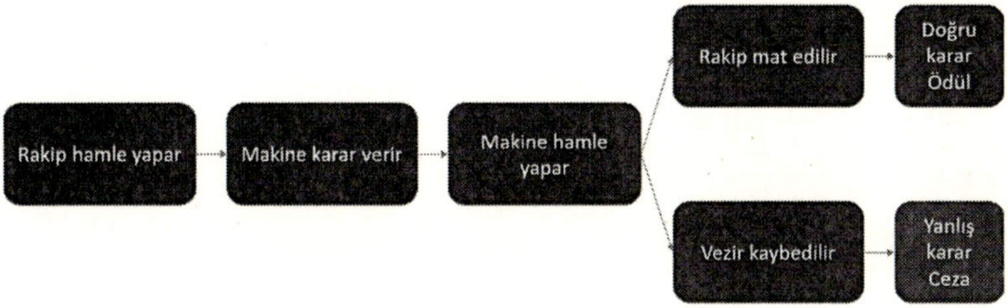

Şekil 51. Pekiştirmeli Öğrenme

Örneğin satranç algoritmalarında pekiştirmeli öğrenme sıklıkla kullanılır. Buna göre makine bir hamle yaptıysa, bu hamlenin karşılığında eğer karşıdakini mat etti ise bu bir ödül durumudur. Fakat yapılan hareketin karşılığında örneğin veziri kaybederse bu bir ceza durumudur. Elbette satrançta veziri kaybetmek bir stratejinin parçası olabilir. Yalnız makine bu şekilde yavaş yavaş öğrenir. İleride veziri kaybetme pahasına hamleler yapmayı da öğrenebilir.

Şimdi de eğlenceli bir örnek ile makine öğrenmesini anlamaya çalışalım.

Yan tarafta QR ile gösterilen *AI Drawing Game** uygulamasını indirin ve size söylenen talimatları izleyerek resimler çizin. Eğer resimleriniz daha önce başka kullanıcılar tarafından çizilen resimlere

* Bu uygulamayı https://quickdraw.withgoogle.com/ adresinden de inceleyebilirsiniz.

benzerlik gösteriyorsa algoritma bunu tanıyor ve kabul ediyor. Aksi halde anlayamadığını belirtiyor.

Örneğin benden bir ev çizmemi istedi. Evi çizdim, sonra bunu inceledi, algıladı ve kabul etti. Yarışmanın sonunda da bana yaptığım çizimin başka nelere benzeyebileceğini gösterdi. Diğer kullanıcıların ne tür çizimler yaptığını gösterdikten sonra yarışma bitti.

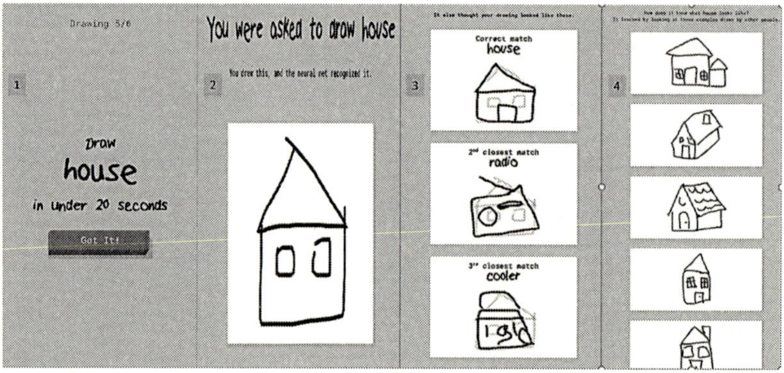

Bu çizimler ile ben karşımdaki algoritmayı beslemiş, ona yeni bir ev şekli göstermiş ve onun yapay zekâ modelini eğitmiş oldum.

Bu tarz bir yöntemi Google da güvenlik anlamında kullanırken, görsel tanıma amacıyla tasarladığı makine öğrenmesi algoritmasını bizim eğitmemizi istiyor.

Birçok defa resimdeki yaya geçidini veya trafik ışıklarını bulmaya çalışmışsınızdır. Google dünyasında bir uygulamaya girerken sizin robot olup olmadığınızı anlamak için captcha denilen bir test yapıyor.

Bu testte de robotların yapamayacağı bir görsel anlamlandırma sorusu soruyor. Bunlardan biri trafik ışıklarını bulma sorusudur.

Eğer trafik ışıklarının olduğu kareleri doğru gösterebilirseniz sizin robot olmadığınıza kanaat getirirken kendi makine öğrenmesi algoritmasını da eğitmiş oluyor.

Tüm bu olumlu gelişmeleri rağmen, yapay zekâ kullanmanın bazı riskleri de mevcuttur. Makine öğrenmesi sistemlerinin anlaşılırlık düzeyi düşüktür. Yani insanlar bu sistemlerin bir karar verirken nasıl bir mantık süreci yürüttüğünü anlamakta zorluk çekerler. Örneğin makinenin iş başvurusu yapan bir insanı neden seçtiğini veya neden reddettiğini bilemeyebiliyoruz. Aynı zamanda algoritmanın bir ilacı neden önerdiğini her zaman anlayamayabiliriz. Evvelce bahsettiğimiz Polanyi Paradoksu'nun bu sefer tersini burada görüyoruz. Makineler de bize anlatabileceklerinden daha fazlasını biliyorlar. Bu durumda karşımızda iki tane risk var.

Birincisi makinelerin tasarımcının niyetlerinden kaynaklanmayan ama sistemi eğitmek için sağlanan verilerden edindikleri gizli bir taraflılıkları olabilir. Örneğin sistem, geçmişte ilanlara başvurular arasından görüşmeye çağrılan insanları baz alarak, benzer insanları görüşmeye çağırabilir ve bu da ırk, cinsiyet veya etnik kökenler açısından taraflılıklar barındırabilir.

İkinci risk makine öğrenmesi sisteminin hata yapması durumunda neyin ters gittiğini saptayıp düzeltmenin zor olmasıdır. Çözüme giden süreç tasavvur edilemeyecek kadar detaylı olabilir.

Bunlara ileride göz atacağız.

BÖLÜM -4: STRATEJİ OLUŞTURMA

Yapay Zekâ Stratejisi

Sorumlu ve Açıklanabilir Yapay Zekâ

Yapay Zekânın Sınırları

Yapay Zekâ Stratejisi

Yapay zekâ stratejisine geçmeden önce stratejinin ne olduğunu ifade edelim. Literatürde stratejinin kelime kökeni bakımından iki kaynağa dayandığı ifade edilmektedir. Bunlardan biri; Latince "yol, çizgi veya yatak" anlamına gelen "stratum" kavramıyla, ikincisi ise eski Yunanlı General Strategos'un adıyla ilgilidir.[84] Strateji önceleri askeri alanda kullanılan bir terimdi. Fakat serbest piyasa ekonomilerinde işletmeler arası rekabet artınca işletmelerin uzun vadeli bakış yöntemini izah etmek için de kullanılmaya başlandı.

Strateji denince kurumlar basit anlamda şunu anlamalılar;

Biz şu anda hangi ortamdayız?

Hangi alanlarda güçlüyüz?

Hangi alanlarda zayıfız?

Çevremizde bizi etkileyecek neler oluyor?

Nereye doğru gitmemiz gerekiyor?

Bunun için ne yapmalıyız?

Nelere ihtiyacımız var?

Gitmek istediğimiz yolda ilerlediğimizi nasıl anlayacağız?

Strateji öncelikle bir amaç ile başlar. Kurumun nereye doğru gitmek istediği kurum içindeki tüm çalışanlar tarafından kabul edilmelidir. Bunun için elimizdeki tüm kaynakların verimli şekilde kullanılması gerekir. Aksi halde ya hedeflerimize geç ulaşırız ya da yolda kaybolur bocalamaya başlarız. Bu anlamda stratejisi olmayan bir kurum düşünülemez.

Eğer yapay zekâ ile ilgili bir strateji yapacaksanız, yapay zekâdan tam olarak ne beklediğinizi anlamış olmanız gerekir.

Kurum olarak hangi eksikliğinizi yapay zekâ ile dolduracaksınız?

İleride olmak istediğiniz yere gitmek için yapay zekâ size nasıl yardımcı olacak?

Bu sorulara cevap ararken kurum içerisinde birileri tek başlarına oturup bir yanıt vermemeliler. Yapay zekâ tüm kurum çalışanlarının bir şekilde işine yarayacak, hayatlarını kolaylaştıracak bir teknolojidir.

Bunun için önce genel anlamda yapay zekânın ne olduğunu, hangi alanlarda kullanılabileceğini insanların anlaması gerekir. Bu aşama hemen tamamlanmayacaktır, mutlaka süre alacaktır. Fakat en azından karar alıcıların olduğu bir çalıştayda insanlara bu konuda temel bazı bilgiler verip, hangi iş ihtiyaçları için bunu kullanabileceklerini sorabilirsiniz. Daha sonra da tüm çalıştay kadrosuna yapay zekâdan ne anladıklarını ve neler beklediklerini ifade etmelerini istersiniz. Birkaç çalışma sonra kurumun yapay zekâdan ne anladığı, neler beklediği ve en önemlisi amacı ortaya çıkar. Bu noktadan itibaren herkes aynı şeyi düşünmeye, aynı amacı hissetmeye başlar.

Daha sonra kurum içindeki tüm paydaşlarla birim birim görüşmeler yapılır. Bu görüşmelerde yine aynı konular ele alınır. Burada biraz daha birim ihtiyaçları anlaşılmaya gayret edilir. Bunların hepsi proje anlamında bir araya getirilir ve bir sıralama yapılır. En fazla birimi etkileyen, en verimli çözümü sunan, daha az maliyetli olan projeler en öncelikli olarak ortaya çıkar. Birçok firma burada yatırımın geri dönüşü oranının* en yüksek olduğu projeyi önceleme yoluna gider.

Bu projelerin önceliklendirilmesi ile bir yapay zekâ yol haritası oluşturulur. Bu yol haritasında aşağıdaki şekilde yer alan konular mutlaka yer alır. Bu tablo ile hangi sırada hangi projenin yapılacağı tek bir sayfada gösterilir. Böylece kurum yapay zekâya

---

* İngilizce'de Return On Investment (ROI) olarak bilinmektedir.

etraflıca bakmaya başlamış olur. Eğer eksik kalan bir konu varsa bu mutlaka açığa çıkar.

Yapay zekâya adım atmak isteyen her şirketin nereden başlayacağını iyi bilmesi gerekmektedir. Bu konuda işletmeler büyük düşünmeli ama küçük başlamalıdır. Kısacası uzun vadeli yol haritanızı önünüze koyun ama ufak adımlar ile başlayın.

Strateji oluşturulduktan sonra da ilk aşamada hızlı kazanım sağlayacak bir proje seçilmelidir. Böylece şirkete yapay zekânın yapabilecekleri gösterilmelidir. Elbette yapay zekâ projelerinin olumsuz sonuçları da olabilir. Daha önce bu projeleri yapan büyük şirketlerin bile önemli hatalar yaptığı gözlemlenmiştir. Bu nedenle yapılan hataların şirketin veya müşterilerin çok fazla önemsemeyeceği alanlarda yapılması ilk projeler için önemlidir. O sebeple müşterilerin fark etmeyeceği süreçlerde bunların denenmesi faydalı olacaktır.

Şekil 52. Yapay Zekâ Stratejisi Unsurları

Söz konusu konu başlıklarından bir kısmı sistem geliştirmelerine ihtiyaç duyar. Bu sebeple bilgi teknolojilerini (BT) ilgilendiren işlerdir. Bunlardan da bir kısmı içerideki BT kaynağı ile bir kısmı da dışarıdan çözümler alınarak veya startuplar ile anlaşılarak giderilebilir. BT tarafını ilgilendirmeyen projeler de karşımıza gelebilir. Bunlar daha çok kültürel dönüşüm veya insan kaynakları ile organizasyon projeleridir.

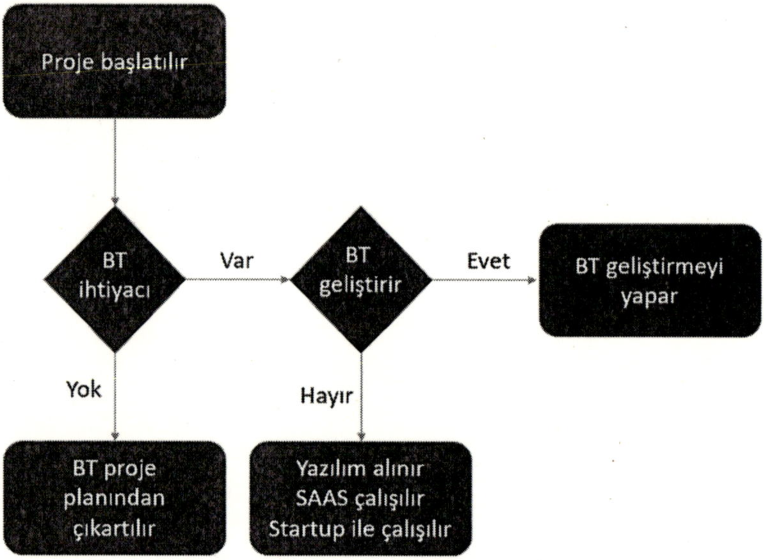

Şekil 53. Projelerin Nasıl Yapılacağının Belirlenmesi

Yukarıda bahsedilen işlere tek tek bakalım.

İş Gereksiniminin Ortaya Çıkarılması

Yapay zekâ stratejisinin en önemli aşamalarından birinin yapay zekâ ile kurumun ne amaçladığının ortaya konması olduğunu söylemiştik. Örneğin bir kurum iç ve dış müşteri deneyiminin iyileştirilmesi için yapay zekâ uygulamalarından fayda sağlamayı amaç olarak ortaya koyabilir. Bu durumda müşteri deneyiminin iyileştirilmesi için hangi alanlarda çalışmalar yapılması gerektiği belirlenmelidir.

Genellikle bu örnekler birimler ile yapılan detaylı toplantılarda ortaya çıkmaktadır. Örneğin satın alma birimi ile yapılan toplantıda ilgili çalışanların sürekli stokları izlemek ve stoklar belli bir seviyenin altına indiğinde talep geçmek ile ilgili bir sorunu olabilir. Bu sorunu ortadan kaldırmak için son kullanıcı ile başlayan (örneğin mağaza müdürü) satın alma talebi, sistem üzerinde kurulmuş olan bir yapay zekâ uygulaması ile tedarikçiye iletilen bir sipariş haline getirilebilir. Hatta daha da ileri bir versiyon olarak yapay zekâ, A mağazasındaki satış hacmine göre mağaza yöneticilerinin veya satın alma çalışanlarının kararını beklemeden kendi siparişini verebilir. Böylece mağazalarda çalışan görevliler asıl işleri olan satışa ve müşteri memnuniyetine yönelirler. Diğer taraftan satın alma çalışanları satın alma sisteminin iyileştirilmesi, yeni malzemelerin ve tedarikçilerin araştırılabilmesi için vakit kazanırlar.

Yukarıda belirtilen sadece bir örnektir. Daha önce yapay zekânın birim bazlı olarak nerelerde kullanılabileceğine dair örnekler vermiştik. Bu örneklerin artırılması kurum içerisindeki ekiplerin sürekli müşteriler ve çalışanlar ile etkileşim halinde kalarak onların ihtiyaçlarını tespit etmesiyle orantılıdır. Bu nedenle söz konusu çalışmalar bir döngü halinde belli rutinlerde tekrarlanmalıdır.

Burada önerilen yapı şu şekildedir. Öncelikle hangi projelerin yapılacağına karar verilmelidir. Bu karar için birçok kaynak kullanılabilir. Bunlar; çalıştaylar, müşteri geri bildirimleri, mali tabloların incelenmesi, çalışanların ve müşterilerin işlem kayıtlarının incelenmesi, sosyal medyada yer alan müşteri iletileri, çağrı merkezi kayıtları vb. birçok kaynak işletmelere önemli ipuçları verir. Biz aşağıda çalıştay ile başlayan bir grafik gösterdik.

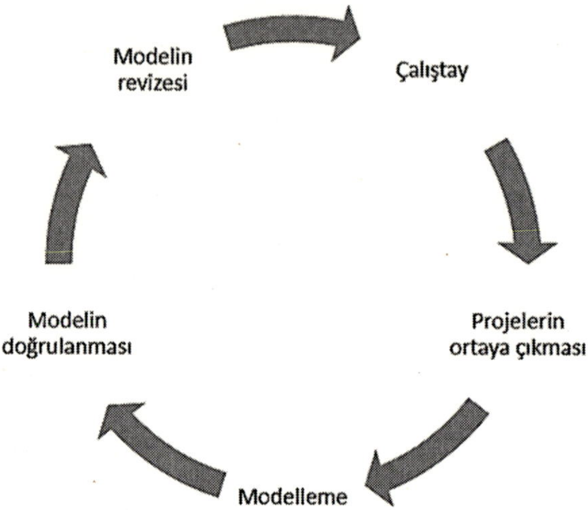

Şekil 54. Yapay Zekâ Projesinin Belirlenmesi

Yasal Çerçeve

Yapay zekâ veri ile çalışır. Bunu zaten konuşmuştuk. Peki, ne tür veri ile çalışır? Çevremizde görebileceğimiz veya göremeyeceğimiz her türlü veri ile çalışabilir. Burada önemli olan ayrım bu verilerin kişisel veri olup olmamasıdır. Örneğin sıcaklık değerleri bir veridir ve kimseden izin almadan İstanbul'daki sıcaklık değerlerini kullanıp bir model üretebilirsiniz. Ya da emtia fiyatları ile zaman serisi üzerine bir başka model de yapabilirsiniz. Fakat ya kişisel veriler? Örneğin bir müşterinizin verisini serbestçe kullanabilir misiniz?

Bu noktada karşımıza GDPR (General Data Protection Regulation) yani Türkçemize çevrildiğinde *Genel Veri Koruma Düzenlemesi* çıkmaktadır. Ülkemiz de bundan yola çıkarak *Kişisel Verilerin Korunması Kanunu (KVKK)*'nu yürürlüğe sokmuştur.

Şimdi GDPR'a biraz bakalım.

GDPR ile en temelde amaçlanan insanların kendi kişisel verileri üzerinde daha fazla hak sahibi olmaları ve bunların kontrolünü yapabilmeleridir.

GDPR ilk defa 1995 yılında Avrupa Birliği tarafından *Avrupa Birliği Veri Koruma Direktifi* adı altında hayata geçmiştir. Daha sonra bu direktif geliştirilerek ve günün koşullarına uygun hale getirilerek 2016 yılında GDPR'a dönüşmüştür. 2018 yılının Mayıs ayından itibaren de yürürlüktedir.

Kişisel veri sahipleri, istediği zaman kendisine ait depolanan verilerin bir kopyasını talep etme ve bu verileri belirli koşullar altında silme hakkına sahiptir. İşletmeler, kullanıcı gizliliğine olumsuz etkide bulunan herhangi bir veri ihlalinde kullanıcıları 72 saat içerisinde bilgilendirmelidir.

Yönetmelikleri ihlal ettiği belirlenen şirketlere 20 milyon Euro'ya ya da şirketin yıllık gelirinin %4'üne kadar (hangisi büyükse) para cezası kesilebilmektedir.[85]

GDPR ile Veri İşleyen ve Veri Sorumlusu (Data Controller) şeklinde iki ayrı kurum tanımlanmaktadır. Bu tanımlamalar KVKK'da şu şekilde karşımıza çıkıyor.

"Veri işleyen; veri sorumlusunun verdiği yetkiye dayanarak onun adına kişisel verileri işleyen gerçek veya tüzel kişiyi,

Veri sorumlusu; kişisel verilerin işleme amaçlarını ve vasıtalarını belirleyen, veri kayıt sisteminin kurulmasından ve yönetilmesinden sorumlu olan gerçek veya tüzel kişiyi,

Veri kayıt sistemi ise kişisel verilerin belirli kriterlere göre yapılandırılarak işlendiği kayıt sistemini" ifade etmektedir.[86]

GDPR insanlara kendi verileri ile ilgili aşağıdaki hakları tanımaktadır.[87]

Unutulma hakkı: Veri sahibi, kendisiyle ilgili kişisel verilerin gecikme olmaksızın silinmesini veri sorumlusundan isteme hakkına sahiptir. Veri sorumlusu da kişisel verilerin tutulmasının artık gerekli olmadığı, kişisel verilerin usulsüzce işlendiğinin tespit edildiği gibi bir durumda kişisel verileri gecikmeksizin silme yükümlülüğüne sahiptir.

Erişme hakkı: Veri sahibi, kendisi ile ilgili kişisel verilerin işlenip işlenmediğini, nerede işlendiğini, ne amaçla işlendiğini, hangi verilerinin işlendiğini veri sorumlusundan öğrenebilir.

Aktarma hakkı: Veri sahibi, bir veri sorumlusuna sağladığı kişisel verileri; yapılandırılmış, yaygın olarak kullanılan ve makine tarafından okunabilir bir biçimde alma hakkına ve bu verileri başka bir sorumlusuna aktarma hakkına sahiptir.

Kısıtlama Hakkı: Veri sahibi kendisine ait olan verilerin işlenmesine veri sorumlusuna başvurarak kısıtlamalar getirebilir.

Düzeltme hakkı: Veri sahibi, kendisi ile ilgili hatalı kişisel verilerin düzeltilmesini veri sorumlusundan isteme hakkına sahiptir. Yapılacak işlemin amaçlarını göz önünde bulundurarak, veri sahibinin, eksik kişisel verilerini tamamlama hakkı vardır.

İtiraz etme hakkı: Veri sahibi, kişisel verilerinin işlenmesine itiraz etme hakkına sahiptir. Veri sorumlusu, yasal taleplerin tesis edilmesi, uygulanması veya savunulması için meşru gerekçeler göstermediği sürece artık kişisel verileri işlemeyecektir.

GDPR ile KVKK'yı kıyasladığımızda KVKK'nın GDPR'ın özeti, ülkemize uygulanmış bir hali olduğunu söylemek mümkündür.

KVKK 24/03/2016 tarihinde kabul edilen bir kanundur. Kanunun bizi ilgilendiren en önemli parçası hiç şüphesiz kişisel verinin tanımıdır. Kanuna göre;

"Kişisel veri, kimliği belirli veya belirlenebilir gerçek kişiye ilişkin her türlü bilgiyi"[88] ifade etmektedir.

Oldukça geniş olduğunu düşündüğümüz bu maddeyi www.kvkk.gov.tr'de şöyle değerlendirmişler:

"Kişisel veri, gerçek kişiye ilişkin olup, tüzel kişilere ilişkin veriler kişisel verinin tanımının dışındadır. Dolayısıyla, bir şirketin ticaret unvanı ya da adresi gibi tüzel kişiliğe ilişkin bilgiler kişisel veri sayılmayacaktır. Kişisel veri, ilgili kişinin doğrudan kimliğini gösterebileceği gibi, o kişinin kimliğini doğrudan göstermemekle birlikte, herhangi bir kayıtla ilişkilendirilmesi sonucunda kişinin belirlenmesini sağlayan tüm bilgileri de kapsar. Bir gerçek kişinin; adı, soyadı, doğum tarihi ve doğum yeri gibi sadece bireyin kimliğini ortaya koyan bilgiler değil; telefon numarası, motorlu taşıt plakası, sosyal güvenlik numarası, pasaport numarası, özgeçmiş, resim, görüntü ve ses kayıtları, parmak izleri, e-posta adresi, hobileri, tercihleri, etkileşimde bulunulan kişiler, grup üyelikleri, aile bilgileri, sağlık bilgileri gibi kişiyi doğrudan veya dolaylı olarak belirlenebilir kılan tüm veriler de kişisel veri olarak kabul edilmektedir.[89]

Yine aynı kanunun 6.maddesinde "özel nitelikli kişisel veriler", "özel nitelikli kişisel verilerin işlenme şartları" başlığı altında şöyle tanımlanmıştır:

"Kişilerin ırkı, etnik kökeni, siyasi düşüncesi, felsefi inancı, dini, mezhebi veya diğer inançları, kılık ve kıyafeti, dernek, vakıf ya da sendika üyeliği, sağlığı, cinsel hayatı, ceza mahkûmiyeti ve güvenlik tedbirleriyle ilgili verileri ile biyometrik ve genetik verileri özel nitelikli kişisel veridir."

Yine aynı maddede özel nitelikli kişisel verilerin, "ilgilinin açık rızası olmaksızın işlenmesi yasaktır" denilerek de işletmelere önemli bir sınır konmaktadır.

GDPR ve KVKK hükümlerini göz önüne aldığımızda yapay zekâ modellerini çalışabilmemiz için karşımızda önemli bir engel olduğunu anlıyoruz. Müşteri ile ilgili her türlü veri için açık rızasını almamız ve böylece müşteri verisinden bir sonuç elde edip, bunu yine müşterinin faydasına kullanmamız gerekmektedir.

O zaman ister istemez şunu kendimize sormalıyız? Hangi verilere ihtiyacımız var? Tüm verilere ihtiyacımız var mı? Belki de en önemlisi kişisel veriler kullanılmadan modeller geliştiremez miyiz?

Geliştirilecek modellerin her zaman kişisel verilere dayanması gerekmez. Özellikle müşterilerin genel davranışı ile ilgili modellerde müşterinin kim olduğunun bizim için önemi yoktur. Bu sayede hem işletme için önemli çıktılar elde ederken, hem de kişisel verileri kullanmayarak işletmenin ileride karşılaşabileceği sorunları bertaraf etmiş oluruz.

Etik

Yapay zekâ ile belki düşündüğünüzden daha fazla iş problemi çözebilirsiniz. Yalnız çözdüğünüz iş problemlerinin bazıları ileride karşınıza etik problemler şeklinde çıkabilir. O sebeple bazı konularda yapay zekâyı hiç kullanmamayı düşünebilirsiniz. Örneğin insan kaynakları departmanı işe alım yapacaksa, son kararı yapay zekâya bırakmayı düşünmemelidir. Çünkü yapay zekâ önceki işe alım kararlarından öğrenmeye çalışacaktır. Oysa karşınıza öyle bir aday gelebilir ki onu başka bir nedenle, mesela kurumsal sosyal sorumluluk ilkenize bağlı kalmak için istihdam etmeyi isteyebilirsiniz.

Yapay zekâ kurumların bazı davranışlarındaki ırkçılığı, cinsiyetçiliği veya bunun gibi her türlü ayrımcılığı da ortaya çıkartabilir. Örneğin bir kurum yeni alımlar yaptığında makine öğrenmesi ile işe başvuranlar arasından eleme yapıyor olabilir. Bu eleme sonucunda geriye hiç kadın aday, siyahi aday, göçmen aday vb. kalmıyorsa şirketin daha önceki tercihlerinde bu tarz bir eğilim göstermiş olduğu düşünülebilir.

Etik tarafa bu girişi yaptıktan sonra özellikle hangi alanlarda yapay zekânın etik sorunlar oluşturduğuna bir bakalım. Dünya Ekonomik Forumu'na göre dokuz alanda etik sorunlar ile karşılaşmamız mümkündür.

İşsizlik

Bu kitapta da yeri geldiğince bahsettik. İnsanların en önemli kaygısı "robotlar işimizi elimizden alacak mı?" konusudur. Bu konuyu etraflıca ileride ele alacağız. Yalnız şunu söyleyelim ki evet bazı meslekler yapay zekâlı robotlar tarafından tamamen ortadan kaldırılabilir. Fakat insanlık bugüne kadar hep bir yolunu bulup hayatta kalmayı başarmış, hayat kalitesini de yükseltmiş. O sebeple doğru bir yönlendirme ile insanların işsiz kalmasını önleyebiliriz.

Gelir Dağılımının Adaletsiz Olacağı

Dijital dönüşüm ile birlikte karşımıza çıkan en büyük sorunlardan biri hiç şüphesiz gelir adaletsizliğidir. Özellikle yeni teknolojik imkânlardan daha fazla yararlananlar, üretilen gelirin daha büyük bir kısmını alıyor ve ileride de almaya devam edecek gibi görünüyor.

İçinde yaşadığımız bu çağda öyle bir durum var ki; başarılı olan her şeyi alır, başarısız olan ise hiçbir şey alamaz. Örneğin iyi bir lokantanız varsa bazı bilinen uygulamalar üzerinden tavsiye alırsınız ve sürekli müşteriniz artar. Yakın çevrede herkes sizi tercih eder. Oysa başka restoranlar bu rekabetten dolayı kaybederler ve hiç müşteri çekemezler. Bu da onların iflas etmelerine sebep olur. Ayrıca dijital işlerde maliyetler daha az kalemde olduğu için bunları yaygınlaştırmak ve topluma sunmak daha kolay oluyor. Bu durumda insanlar her şeyin en iyisine ulaşabiliyor ve bu durumda ikinci olmak para kazandırmıyor.

Bunu kendiniz için düşünün. Uzun zamandır İzmir'in Selçuk ilçesine bağlı Şirince köyüne gitmeyi planlıyorsunuz ve o büyük gün geldi. Bir önceki akşamdan kahvaltı yapılacak mekânları araştırdınız ve bir tanesi 10 üzerinden 9 almış. Yorumlara baktınız ve her şey mükemmel. Gönlünüzce bir kahvaltı yapmak ve akabinde ilçede gezmek istiyorsunuz. Bu durumda 8,1 ile ikinci sırada puan alan işletmeye bakmayabilirsiniz. O nedenle günümüz dünyasında müşterisini en fazla mutlu eden en büyük payı alır, diğerleri ise onu takip ederler.

Eğer sayfanız Google aramalarda ilk sayfada değilse geçmiş olsun. Günümüz insanı bilgiye hızla ulaşmaya alışmış. Birçok insan sizin için ikinci sayfaya geçmeyecektir.

Peki, bunun yapay zekâ ile ne ilişkisi var? Bir sanal asistanınız olduğunu (Google Asistan, Siri, Alexa da olabilir) ve size Şirince'de kahvaltı mekânı önermesini istediğinizde size 10 üzerinden 9 alan mekânı önerir. Ya da daha önce yaptığınız tercihlere göre size mekân önerecektir. Siz belki mutlu olacaksınız ama birçok insana kullandıkları uygulamalar yine bu mekânları önerecektir. Bu da bir etik problem olarak karşımıza çıkıyor.

Genelde yeni nesil teknolojiler ve özelde yapay zekâ tüm toplumu etkilemeye devam edecektir. Bu nedenle de gelir adaletsizliğinin tüm toplumu etkileme ihtimali önemli bir sorun olarak karşımızda durmaktadır. Aşağıdaki grafikte 2015 yılına kadar ABD'deki servet dağılımında en üstte yer alan bireyler ile altta yer alanların servet toplamlarının değişimi gösterilmiştir.[90] Eğer buna bir çare bulunmaz ise gelir dağılımındaki bozulma belirtilen şekilde devam edecek gibi görünmektedir.

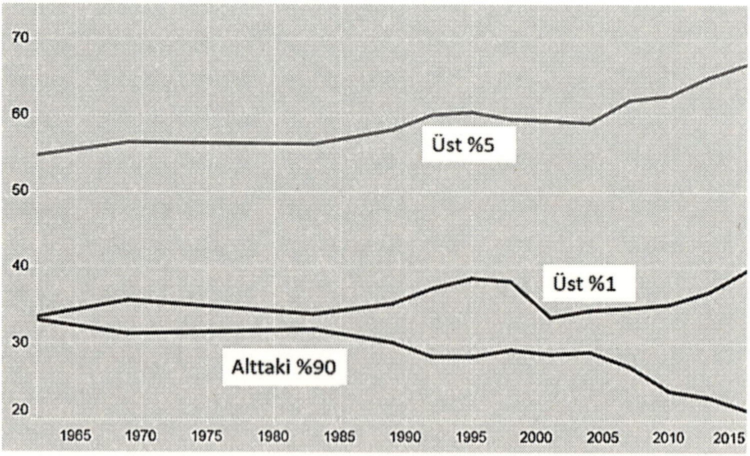

Şekil 55. ABD'de Gelir Dağılımının Bozulması

(Kaynak: ABD Ulusal Ekonomik Araştırmalar Bürosu)

İnsan Davranışlarının Değişmesi

Dijital dönüşüm ile birlikte ortaya çıkan en önemli sorunlardan biri insanların davranışlarındaki değişimdir. Özellikle sosyal medya etkisinde kalan birçok genç, zamanında böyle bir tecrübesi olmamış yetişkinden davranış anlamında ayrışmaya başlamıştır. Belki de bu sebeple insanlık ilk defa nesiller arasında böyle bir farkı yaşamaktadır. Kırk yaş ve üzerindekiler ile yirmi yaş ve altındakiler birbirlerinden teknolojik anlamda önemli ölçüde ayrışmıştır.

Gittiği kafeleri beğenmeyi kendine amaç edinen bir genç ile bunu neden yaptığını hiç anlamayan bir yetişkinin birbirileri ile ilişkilerinin pürüzsüz devam etmesini umuyoruz. Bu gerçekten çok iyimser bir beklenti. Nesiller arasındaki uyumsuzluğun doruk noktasına ulaşmadık. Çünkü teknoloji çok hızlı ilerliyor ve dijital doğan bir nesil karşımıza çıkıyor.

Şimdi diyeceksiniz ki bu sorun hep yok muydu? Evet vardı. Hatta bundan yüzyıllar önce bile bulunan bazı yazıtlarda yeni neslin yozlaştığı, söz dinlemediği vb. yazılıdır. Bu normaldir çünkü insanlar büyürken bazı hormonsal etkilerden dolayı ailelerine asi olan, söz dinlemeyen ergenlere dönüşebilirler. Daha sonra bu durulur ve aile ilişkileri farklı bir zeminde bireyler arasındaki zımni bir mutabakat ile devam eder hale gelir.

Fakat burada bahsedilen biraz farklı. Bu tarz bir dönemi insanoğlu hiç yaşamadı. On yıl önce kullandığımız teknolojiyi bugün tarih öncesi gibi görüyoruz. Örneğin ilk SMS'inizi attığınızda kim bilir kendinizi nasıl hissetmiştiniz? İlk SMS üzerinden sadece yirmi beş yıl geçti. On beş yıl önce ilk dokunmatik ekranı elinize aldığınızda belki benimsemediniz, fakat şimdi eskiden beri kullanıyor gibisiniz. 3G sizin için ne kadar önemliydi değil mi? Şimdi 5G'yi bekliyorsunuz ve 4G size yetmiyor. Bu dönüşümler sadece son otuz yılda oldu. Oysa insanlar çağlar boyunca aynı teknolojiler ile yaşamış, aynı şekilde para kazanmış ve aynı şekilde paralarını harcamışlardı. Bugün biz üç sene sonra hangi mesleklerin olacağını bile kestiremiyoruz.

Bu konuyu medya üzerinden örneklendirelim. Aşağıda gösterilen grafiğe göre kuşaklar arasında medya tercihinde farklılıklar vardır. Görüldüğü gibi yaşlıların gazete alışkanlıkları varken gençler dünya ile ilişkilerini başka kanallardan kuruyorlar. Video izleme alışkanlığı ise yaş gençleştikçe artıyor. Gençler okumayı değil izlemeyi seviyor desek yanlış söylemiş olmayız.

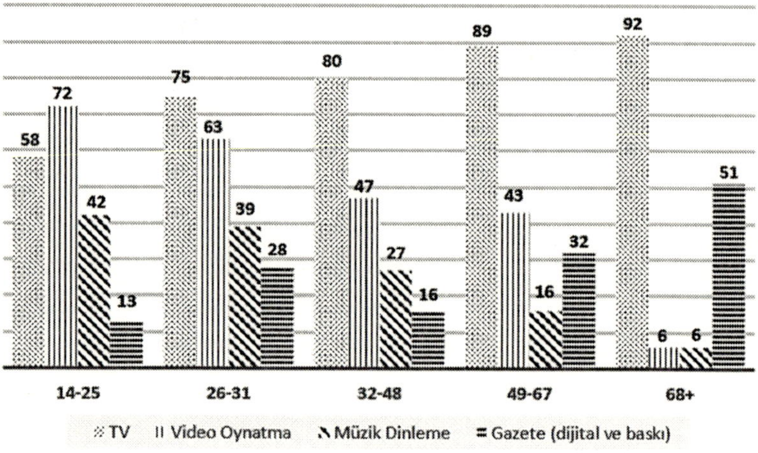

Şekil 56. Kuşaklar Arasında Medya Tercihleri

(Kaynak: Statista)

Yetişkinler çocuklarını daha iyi anlamak için teknoloji ile ilgilenmeye başladıklarında da gençler başka teknolojiye, platforma veya sosyal medyaya göçüp yine ailelerinden farklı alanlarda günlerini geçirebiliyor. Örneğin Facebook'ta yaşanan genç göçü gibi. Yaşlılar Facebook'a girdi, gençler çıktı...

Böyle bir ortamda teknolojinin tüm gelişimini takip eden gençler ile onların ebeveynleri arasında günümüzde geçmiş dönemlere göre çok daha büyük bir kuşak çatışması yaşanması daha olası görünüyor.

Sadece kuşak çatışması mı? Elbette değil.

İnsanlar gittikçe dijital platformlara bağımlı hale geliyor. Birbiriyle çay içen ama birbirlerinin yüzüne bakmayan insanları görmüşsünüzdür. Ayrıca arkadaşı bir şey anlatırken telefonundan kopamayan bireyleri de izlemişsinizdir. Buna bir isim bile bulmuşlar. Phubbing diyorlar.

Ya sosyal medyada yaşananları görmeyip gündemden uzak kalma konusuna ne demeli? FOMO dedikleri bu konu yüzünden gece telefonu ile uyuyan, sabah ilk iş bildirimlerine bakan insanlarımız olmaya başladı.

Peki, yapay zekâ bunu nasıl etkileyecek?

Yapay zekâ dijitale olan bağımlılığımızı arttıracak gibi görünüyor.

Öncelikle yapay zekâ, dijitali kullanan ve dijitali bir yaşam biçimi olarak kabul eden neslin ebeveynlerinden ayrışmasını hızlandıracaktır. Babasının en sevdiği balıkçının kendi sanal asistanı tarafından önerilmediğini gören bir genç babasının zevkini yerle bir edebilir. Düşünsenize, babanız sizi en sevdiği balıkçıya götürdüğünde uygulamanıza bakıp "burası da 7,3 almış, daha iyi bir sürü yer var diyorsunuz." Bence siz siz olun, yine de böyle demeyin.

Tüm hayatını yapay zekânın kendisine yaptığı önerilere bağlayan bir genç, tabiri caizse analog yaşayan annesinden uzaklaşabilir. Annesinin yemeklerini beğenmeyebilir, daha çok eleştirebilir ve tatmin duygusundan uzaklaşabilir.

Ayrımcı Tavırlar Takınabilmesi

Ayrımcılık dediğimizde aklımıza ırkçılık, cinsiyetçilik, hemşericilik vb. kavramlar gelmektedir. Bu anlamda nesnel bir nedene dayanamadan bazı zümrelerin veya insanların diğerlerinden daha fazla fırsat sahibi olabilmesidir.

Peki, yapay zekâ nasıl ayrımcılık yapabilir? Elbette eğitmeni insan ise bu gayet mümkün olabilir. İnsanların kararlarına göre oluşturulmuş bir yapay zekâ modeli, bunun altında yatan nedenlere bakmaksızın eğiticisi olan insanların karar alma davranışının kalıbını anlayabilir ve ileride de bu şekilde karar vermeye başlayabilir.

Yapay zekânın ırkçı davranış sergilemesindeki en bilinen olaylardan biri Microsoft'un uzun çabalar sonucu ürettiği ve Twitter'da kullanıcılarla İngilizce sohbet etmesini beklediği yapay zekâ botu TAY olmuştu. TAY beklentilerin aksine insanlarla güzel sohbet etmemiş ve sadece 12 saat içerisinde ırkçı paylaşımları nedeniyle durdurulmuştu. Kullanıcılar üzerinde büyük bir şaşkınlığa sebebiyet veren bu cevaplardan bazılarında TAY, kadınlara ve Yahudiler'e hakaret etmiş, Meksika sınırına duvar örülmesi gerektiğini belirtmişti.[91]

COMPAS (Correctional Offender Management Profiling for Alternative Sanctions- Alternatif Yaptırımlar için Düzeltici Suçlu Yönetimi Profili) bir suçlunun tekrar suç işleme olasılığını öngörebilmek için ABD mahkemeleri tarafından kullanılan karar destek aracıdır.[92] Arkasındaki model, siyahi insanların beyazlara göre daha suça eğilimli olduğunu ortaya koymuştur.

Güzellik yarışması için geliştirilen Beauty AI, daha çok beyaz tenli adayları önceleyen sonuçlar ürettiği için ırkçılık ile suçlanmıştı. Avustralya ve Hong Kong merkezli bir şirket tarafından geliştirilen Beauty AI binlerce başvuru arasından sadece 6 siyahi başvuruyu kabul etmiş en çok tercihini ise beyaz tenli kişiler arasında kullanmıştı.[93]

Amazon'un yapay zekâ içeren işe alım uygulaması cinsiyet ayrımcılığının en bilindik örneği olmuştu. Firma, cinsiyetçi sonuçlar doğurduğu için dört yıl boyunca işe alımlarda kullanılan sistemden 2018 yılında vazgeçmişti. Amazon'un kullandığı sistemde, veri toplayıp model geliştirme amacıyla geçmişe dönük 10 yıllık öz geçmişler referans alınmış, sektörde erkeklerin egemen olmasından dolayı yapay zekâ, erkek personel daha fazla tercih edilir yargısına varıp, cinsiyetçi kararlara sebep olmuştu.[94]

Ios'un eski sürümlerinde klavyeden CEO yazdığınızda karşınıza erkek iş adamı çıkıyordu. Daha sonra Apple bunun bir yanlış olduğunu kabul edip düzeltti.

Daha önceki sürümlerinde "o bir hemşire" cümlesini "she is a nurse", "o bir doktor" cümlesini ise "he is a doctor" şeklinde çeviren Google Translate, yapay zekânın cinsiyetçi olabileceğini göstermişti.[95]

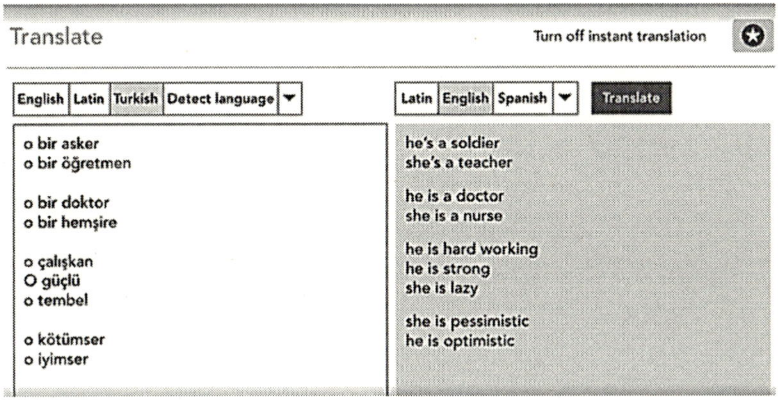

2015 yılında Google'ın yüz tanıma algoritması birçok siyahi insanın fotoğrafını goril olarak etiketlemişti. Kısa zaman içerisinde bunu fark eden Google uygulamayı kapatmıştı.

Tekillik (Singularity)

Tekillik kavramı ile anlatılmaya çalışılan, bir gün yapay zekânın bir insanın yapabildiklerinin tamamını yapar hatta onu geçer duruma gelmesidir. Böyle bir durumda insan ile makine birleşecek ve bir bütün oluşacaktır. Yapay zekâ destekli bir insan.

Buna tekillik deniyor. Bu durumda bildiğimiz anlamda insanlara, insanlığa gerek olacak mı? İnsanlar gereksiz kalacaklar mı? Bugün yaptığımız çalışmalar aslında neslimizin sonunu getirmek için mi? Gibi kafamızı kurcalayan birçok soru var. Bu da etik anlamda bizi şu açmazda bırakıyor. İnsanlık yapay zekâ ile neyi başarmak istiyor? Ve nerede durmalı?

Genel Yapay Zekâ kavramını görmüştük. Bir insanı taklit edebilen zekâ desek yeridir. Fakat ileride insanlığın insan ötesi süper zekâyı bulmak konusunda da bir hevesi var. Bunu bulmak yararımıza olacak mı?

Bir süre önce Twitter'da bir paylaşım görmüştüm. Şöyle diyordu: "Cengizhan'ın mezarı bulunduğunda kıyamet kopacak." Altta da başka biri yorum yapmış: "O zaman neden arıyorsunuz?"...

Bu anlamda şimdilik tekillik ile ilgili soruları cevapsız bırakıyorum. Eğer bu konuda geniş bilgi istiyorsanız Ray Kurzweil'in *İnsanlık 2.0* kitabını inceleyebilirsiniz.

Yapay Zekâya İnsancıl Muamele

Yapay Zekâ hayatımıza girdikçe karşıdakinin bir makine olduğunu unutmaya başlayacağız. Önceleri karar alma konusunda bize yardımcı olan makineler ileride belki yalnızlığımızı da paylaşacaklar. Bu çok uzak gibi görünse de *Black Mirror'un Rachel, Jack and Ashley Too* bölümünde tam da bu konu işleniyor. İçine kapanık bir kız çocuğu en sevdiği popstarın robotu ile arkadaşlık kuruyor. Neyse spoiler vermeyelim...

Diğer taraftan Japonya'da robotlarla evlenen insanlar var. Bu durum bizi ister istemez yapay zekâlı robotların birer insan muamelesi görüp görmemesi sorununa götürüyor. Örneğin eşinin yapay zekâ algoritmasını bozan bir korsana karşı taammüden insan öldürme suçundan dava açılabilir mi? Bunları bekleyip göreceğiz.

Bu durumda robotların da hakları olacak. Bugün RPA'da çalışan robotlara işletmeler sicil numarası vermeye başladılar. Onların ayrı kullanıcı adları da var. Sadece yemek yemiyorlar ve uyumuyorlar.

Yakında robotlar çalışan olabildikleri gibi yurttaş da olabilirler. Bugün bir insan ile evlenebiliyorlarsa yarın kendi aralarında da evlenebilirler ve bu bize hiç ters gelmeyebilir.

Yakın bir zamanda İnsan Hakları Evrensel Beyannamesi gibi bir de Robot Hakları Evrensel Beyannamemiz olursa şaşırmayın. Buradaki temel kuralın da, "bir insanın nasıl başka bir insana veya hayvana karşı ahlaki yükümlülükleri varsa, aynı şekilde bir robota karşı da bu yükümlülükleri vardır" ilkesi olacağı düşünülüyor.

Yapay Zekânın Yanıltmalarına Karşı Tutum

Yapay zekânın her çıktısını doğru kabul edersek, ileride yanıldığında biz de yanılmış olabiliriz. Bunun yanında taraflı davrandığında biz de taraflı davranabiliriz. Bu anlamda yapay zekâ kullanımının farklı bir etkisi de var. Örneğin kullandığınız yapay zekâ modelinde bir bölgenin suça daha eğilimli olduğunu keşfettiniz. Doğal olarak oraya daha fazla güvenlik görevlisi sevk edilecektir. Daha fazla güvenlik görevlisi sevk edildiğinden daha fazla suç tespit edilecek ve daha fazla tutuklama yapılacaktır. O zaman bu bölgenin yapay zekâ tarafından gerçekten doğru tespit edildiğini düşünebilir miyiz?

Yapay Zekânın Güvenliğini Sağlamak

Siber güvenlik konusunu tartışırken değinmiştik. Bilgi sistemleri son yıllarda artan siber saldırılarla mücadele etmektedir. Bu durumda yapay zekânın bir siber saldırının sonucunda yanlış sonuçlar verdiğini veya çalışmadığını anladığımız ana kadar verdiği kararların sorumlusu kim olacak?

Kullanıcı bunun yanlış olduğunu anladığı ana kadar sorumlu olmayabilir. Fakat ya yanlış olduğunu anlar ve kendi menfaati için kullanmaya devam ederse, bu durumda sorumlu tutulabilir mi?

Diyelim ki bir bankada döviz işlemlerini yönetmesi için bir yapay zekâ devreye aldınız. Algoritmadan beklentiniz en sade tanımla döviz alım satım işini sizin gibi yönetmesidir. Dünyada ve Türkiye'de sıra dışı olaylar olduğunda kurların açılmasını, sakin olan günlerde ise kurları rekabetçi marjlarda tutulmasını beklersiniz.

Bir müşteri yıllardır döviz alım satımı yaptığı bankasının mobil şubesini açtı ve spot piyasada EUR satış kuru 8,6700 TL iken mobil şubesinde bankasının belirlediği döviz satış kurunu 5,6700 TL olarak gördü. Hemen 100.000 EUR satın aldı ve hesabına koydu. Bir başka müşteri ise 5,6700 TL'den EUR aldı ve kurlar düzeldikten sonra 8,7000 TL'den sattı.

Ertesi gün yapay zekânın 3 dakika boyunca yanlış çalıştığı ortaya çıktı ve işlemler listelendi. İşlem yapan müşteriler tek tek aranarak yapılan işlemlerin doğru kurdan olmadığı, bu nedenle bir kısım dövizi iade etmeleri gerektiği belirtildi.

Bu durumda kim haklı?

Birinci müşteri belki kötü bir niyeti yokken ve belki de fark etmeden bu dövizi aldı. Bu gerçek bir işlemdi ve bankanın bunu geri istemesi doğru muydu?

Diğer müşteri ise alır almaz doğru kuru görünce satmıştı. Niyeti birinciye göre sanki daha kötüydü. Peki, bu ispatlanabilir mi?

Bunlar burada vereceğimiz yanıtlar değil. Ama yapay zekâ bu tarz bir sorun yaşamışsa, bunu sadece kullanıcıya mal edebilir miyiz?

Yapay zekâyı modelleyenler sorumlu değil mi?

Onlar bir model yapmışlardı, bu model çalışmıştı ve hep çalışıyordu. Sonra bir sorun oldu üç dakika model yanlış çalıştı. Bu onların sorumluluğunda mıydı?

Modele bir saldırı olmuşsa, bu hatanın sorumluluğu bunu savunamayan siber güvenlik ekibinin mi? Yoksa doğru bir mimari kuramamış kurumsal mimari ekibinin mi? Ya da modelin zamanında güncellemesini yapmamış bakım ekibinin mi?

Bu konuları belki bu kitapta değil ama ileride hep beraber tartışacağız. O sebeple burada bırakıyorum.

Bu konuda onlarca örnek biliyoruz. Tabii bunlar sadece bildiklerimiz. Oysa birçok şirkette ve birçok alanda yapay zekâ kullanılıyor. Bizler de çıkan sonuçların birçoğunu bilmiyoruz ve belki de hiç öğrenemeyeceğiz.

Etik Konusunda Atılacak Adımlar

O zaman yapay zekâ konusunda kendini geliştirmek isteyen bir işletme ne yapacak? Yaptığı işlemlerin etik ilkeler ile uyumlu olup olmadığına nasıl karar verecek? Bunun için aşağıdaki gibi bir yol haritası çizilebilir.

Birincisi, "Yapay Zekâ Etik Kodları" yayınlanmalı. Bu etik kodların işletmedeki herkes tarafından benimsenmesi hem modelleyene hem de bu modellerden beslenen birimlere daha doğru modeller kurması noktasında yardımcı olacaktır.

İkincisi, etik uzmanlarını işe almalı. Bu uzmanlıklar mevcut çalışanlara yeni sorumluluklar verilerek de kazanılabilir. Etik uzmanları işletmenin etik konusundaki duruşunun yapay zekâ uygulamaları ile ne ölçüde uyumlu olduğunu kontrol etmeli.

Üçüncüsü, "Etik Gözden Geçirme Kurulu" kurulmalıdır. Böylece değişen koşullara göre işletmedeki etik politikalar ne olacak konusu sürekli gündemde tutulmalıdır.

Dördüncüsü, belirlenen modeller uzun bir süre beta sürümünde tutulabilir. Böylece hataların daha erken bir aşamada tespit edilmesi sağlanabilir.

Son olarak da etik konusunu, bu konuya önemle eğilenlerin diğerlerine göre ne konumda olduklarını belirten bir istatistik ile kapatalım. Daha başarılı yapay zekâ uygulamaları yapan şirketlerin %92'sinde teknoloji geliştiren çalışanlar etik konularda eğitim görürken, yapay zekâ konusunda daha az başarılı olmuş şirketlerde bu oran neredeyse yarısı kadar gerçekleşmiş (%48).[96] Buradan da anlaşılıyor ki; etik, yapay zekâ modellemelerinde uzun vadeli başarıyı doğrudan etkiliyor.

Teknolojik Altyapı

Yapay zekâ modeli geliştireceksek bunun teknolojik altyapısı olmazsa olmazdır. Özellikle Sanayi 4.0 ile birlikte gelen yeni nesil teknolojiler ve bilgisayarların artan işlem gücü yapay zekâyı işletmeler için daha kolay modellenebilir yapmıştır. Günümüzde API, bulut bilişim ve büyük veri ile gelen yeni tür veri işleme ve depolama yapıları yapay zekânın daha farklı alanlarda ve farklı metotlar ile kullanılabilmesinin önünü açmıştır.

Şimdi yapay zekâdan faydalanabilmek için gerekli teknik gereksinimlere değinmeye çalışalım.

Yüksek Bilgi İşleme Hızı

Her şeyin başında yüksek hızla bilgiyi veya veriyi işleme gelmektedir. Bilgisayarların merkezi işlemcileri olan CPU'lar (Central Processing Unit), bilgisayarların verilerini işleyen ve yazılımın komutlarını gerçekleştiren bölümlerdir. Bunların sağladığı işlem gücü ile yapay zekâ içeren basit görevler yerine getirilebilir. Fakat işin içine derin öğrenme girerse sayıca fazla katman ile kurulan yapay sinir ağlarının birbirleri ile tüm kombinasyonları düşünüldüğünde iş o kadar kolay olmayacak, bilgi işleme çok daha karmaşık hale gelecektir.

Bu nedenle derin öğrenme içeren modellerde CPU yerine GPU kullanılmaktadır. GPU (Graphics Processing Unit) yani Grafik İşlemci Birimi, CPU'lara göre 100 kata kadar işlem hızı sağlayabilmektedir. Böylece kullanılan modellerin sonuca ulaşması daha kolay olmakta ve işletmeler bunlardan fayda sağlamayı başarabilmektedir.

Google'un Tensorflow Kütüphanesi üzerindeki çalışmaları ile geliştirdiği yapay zekâ için optimize edilmiş GPU'lardan oluşan TPU (Tensor Processing Unit) ve özellikle mobil cihazlar için Samsung ve Huawei firmalarının geliştirdiği NPU (Neural Processing Unit) da bunlara eklenebilir.

Depolama Kapasitesi

Ne kadar veri ile desteklenirse modeller o kadar başarılı olacaktır. Bu veriler gerek işletmeler gerekse de müşteriler tarafından her an üretilmektedir. Müşterinin işlem verileri, işlemi yaparken geçtiği aşamaların verileri, sosyal medyada yaptıkları yorumlar, çağrı merkezi kayıtları, internet veya mobil uygulamalarda bıraktıkları ayak izleri hep veridir. Teknoloji geliştikçe bu verilere daha fazla sahip olmaya başlıyoruz. Bu durumda da verinin hacmi bizi bunları depolama noktasında zorlamaya başlıyor.

İşletmelerin veri merkezlerinin bu noktada bir aşamaya kadar yeteceğini söyleyebiliriz. Çünkü veri geometrik olarak büyüyor. 2017 yılında 26 Zetabyte olan veri miktarının, 2024 yılında 149 Zetabyte'a gelmesinin öngörüldüğünü daha önce belirtmiştik. 2017 yılına kadar yıllık ortalama %50 seviyesinde büyüyen veri hacminin 2024 yılına kadar yıllık ortalama %28 seviyesinde artacağı öngörülüyor. Bunu sadece algılayıcıların teknik yeteneklerinin artması sonrasında farklı veri tiplerini yakalamaya başlaması ile değil aynı zamanda mevcut veri tiplerinin de boyutlarının artması ile açıklayabiliriz. Eskiden çektiğimiz fotoğraflar 1 MB'tan büyük ise, bunlara çok kaliteli diyorduk. Şimdi bir fotoğraf 3-4 MB boyutuna geldi. Eskiden yüksek çözünürlüklü video çekemezken bugün cep telefonlarımız ile 4K videolar çekebiliyoruz.

Tüm bunlardan dolayı veri merkezlerinin merkezileşmesi, işletmelerin bunlara bulut teknolojileri ile ulaşarak depolama faaliyetlerini optimize etmeleri öngörülüyor. Bugün bizler bile bulut bilişimin nimetlerinden faydalanabiliyoruz. Eski zamanlarda (halen kısmen ben de yapıyorum) harici disklere eski fotoğraflarımızın yedeklerini alırken şimdilerde bunları Icloud, Google Cloud, Lifebox gibi ortamlarda tutuyoruz.

Veri Mimarisi

Depolanan veriler modellerde etkin şekilde kullanılacaksa, bunların üzerindeki sorgu yapılarının da etkin şekilde tasarlanması gerekmektedir. Örneğin bir modelin her an çalışması gerekmiyor ise o zaman bir gün önceki veriler ile çalışması maliyetleri düşürecektir. Fakat gerçek zamanlı pazarlama (müşterinin bir hareketi ile tetiklenen ve ona bir değer önerisini sunan pazarlama süreçleri) tarzı işler modellenecekse o zaman t=0 dediğimiz anlık veriler ile çalışmak gerekir. Bu durumda verinin modellere sunulduğu uygun yapıları geliştirmek gerekecektir. Bunlar her işletmenin ihtiyacına göre farklılaşabilir. Bir işletme uygun bir veri ambarı ile bu sorunu çözerken, bir başkası oluşturmuş olduğu Data Mart'lar ile bu problemine bir çözüm bulabilir.

Network Altyapısı

Network altyapısı yapay zekânın bir başka önemli teknik gereksinimidir. Derin öğrenme algoritmaları büyük ölçüde iletişime bağlıdır. Yapay zekâ kullanıldıkça faydası daha fazla anlaşılacak, iş birimleri daha farklı alanlarda bunu kullanmak isteyeceklerdir. Bu da network yapısının yüksek bant genişliğine sahip, düşük gecikmeli şekilde çalışmasını gerektirecektir. Depolanan verilerin modellerde hızlı kullanılabilmesi için altyapının buna uygun olması gerekir. Gecikmeli veriler ile doğru zamanda yapılamayan öneriler müşterilerin deneyimini olumsuz etkileyecektir.

Güvenlik

Verinin önemini anlatabilmek için petrol benzetmesi yapılır. Nasıl petrol ülkeler için üretimlerini gerçekleştirebilmekten günlük yaşamı sürdürmeye kadar birçok faaliyet için önemli bir gereksinim ise veri de günümüzde bu seviyede önemli bir girdidir. Verinin para olduğu son yıllarda yapılan büyük satışlarda kendisini göstermişti. 2018 yılında Trendyol'un Alibaba'ya o zaman için rekor bedelle satışı da bu kapsamda değerlendirilebilir. Bu durumda verinin olduğu yerde hırsızlık da olabilir. Günümüzün hırsızlığı da siber saldırılar ile verileri ele geçirmektir.

Siber güvenlikten ve öneminden bahsetmiştik. Saldırganların özellikle finans ve sağlık verilerine ulaşmaya çalıştıklarını biliyoruz. Bu sektörler başta olmak üzere tüm sektörlerdeki işletmelerin kişisel verilerin de içinde olduğu tüm verileri korumalarının önemli olduğuna dair bir şüphemiz yok. Verilerini çaldıran bir işletme sadece müşterileri ile bu kapsamda bir sorun yaşamayacak aynı zamanda itibarını da yitirecektir. Kendimize soralım, daha önce kişisel verilerini koruyamamış bir e-ticaret işletmesinden alışveriş yapmak ister miyiz?

Bu nedenle verilerin korunması için tüm siber önlemler alınmalıdır. Bunun için virüs yazılımlarından, sahtekârlık karşıtı (anti-fraud) uygulamalara kadar birçok yazılım işletmeler için artık bir zorunluluktur. Diğer taraftan da insan kaynağının eğitimli olması bu sorunun hızla tespit edilmesi anlamında önemlidir.

API'ler ile Çalışma

Günümüzün önemli konularından biri de API'lerdir. API için bir yazılımın bir başka yazılımdan fayda sağlayabilmesi amacıyla geliştirilmiş bir köprüdür diyebiliriz. Örneğin bir web sitesinde döviz kurlarına bakıyorsanız muhtemelen arka planda bu bilgileri sağlayan bir veri sağlayıcının sunduğu verileri görüyorsunuzdur. Bu verilerin ilgili web sitesine akmasını sağlayan da aradaki API yapısıdır.

API'ler hayatımızı kolaylaştırmaktadır. Böylece bir girişimcinin geliştirdiği bir uygulama bir işletmenin web sitesinde, internet şubesinde, mobil şubesinde veya e-ticaret platformunda müşterilerin ihtiyacını giderebilmek için kullanılabilmektedir.

Böylece işletme her uygulamayı kendi yazmak zorunda kalmamakta ve bunları dışarıdan destek alır şekilde bünyesinde konumlamaktadır.

Yapay zekâ ile API konusuna baktığımızda da şunu görüyoruz. Yapay zekâ üzerine çalışan bazı işletmeler ürettikleri hizmetleri API üzerinden ilgili işletmeye sunabilir ve işletmenin sağladığı veriler ile yapay zekâ modeli çalıştırılarak bir sonuç üretilebilir. Örneğin bir yatırım firmasının müşterilerine bir girişimcinin geliştirdiği Robodanışman ürününü sunması gibi. Müşteriler hesaplarına girdiklerinde eğer portföyleri üzerine danışmanlık almak isterlerse buradan ilgili servisi seçip kendileri fark etmeden dışarıdaki firmanın ürününü API'ler vasıtası ile kullanıyor olacaklardır.

Teslimat

Yapay zekâ modellerinin kurulması kadar, bunların organizasyon tarafından kullanılabilmesi de oldukça önemlidir. Mükemmel bir modeliniz olabilir ve bu model size doğru çıktılar sağlayabilir. Fakat kullanıcı deneyimi çalışılmamış bir ekranda son kullanıcıların istifadesine sunulursa insanlar bunu kullanmanın zor olduğunu düşünerek eski yöntemlerine geri dönebilirler.

Örneğin bankaların müşterilerine nakit sundukları ATM'leri ele alalım. ATM arızalarının tespiti oldukça önemlidir. Bunların öngörülmesi hataların oluşmasından ve bunların anlaşılmasından çok daha önemlidir. O sebeple, bir yapay zekâ modeli tasarlayalım. Bu model ile banka ATM'lerinden hangilerinin önümüzdeki 1 saat, 1 gün, 1 hafta ve 1 ay içerisinde herhangi bir nedenle hata verme olasılığını bize söylesin. Bunu merkezdeki ATM ekibinin sürekli izlediğini düşünelim. Konu hakkında uzmanlaşmış bu ekip ATM hatalarının oluşma ihtimallerine göre teknik ekiplere çağrı açıp, bunlar olmadan bakım yaptırma yoluna gidebilir. Bu da oldukça önemli bir aşamadır.

Fakat diğer taraftan yine aynı modelin çok daha kullanıcı dostu şekilde ve doğru bildirimler ile doğru insanları uyardığını düşünelim. Örneğin İstanbul Bakırköy'de İstanbul Caddesi üzerindeki şubenizde dışarıda duran iki ATM'niz var. Bu ATM'lerden birinin önümüzdeki 1 saat içerisinde yüksek ihtimalle arızalanacağı yapay zekâ modeli tarafından ortaya konuldu. Bu durumda sistem otomatik çağrı açıp teknik ekipleri buraya yönlendirebilir. Diğer taraftan şube personeline bilgi verip bu ATM'nin yanındaki diğer ATM'nin kullanılmasını önerebilir. Şube personeli de müşterilerini daha çok diğer ATM'ye yönlendirebilir. Böylece hizmet kesintisi olmadan, müşteri deneyimi azalmadan bir süreç sorunsuz işletilmiş olur.

Bir başka örnek daha verelim. Hammadde ithalatı yapıp iç piyasaya bunları sattığınızı varsayalım. İç piyasadaki satışlarınız peşin, 30 gün vadeli, 60 gün vadeli ve 180 gün vadeli şekilde oluşuyor. Elbette güvendiğiniz firmalara, daha önce sorun yaşamadıysanız ve kişisel ilişkileriniz varsa daha uzun vadelerle satış yapabiliyorsunuz. Bir yapay zekâ modeli ile hangi firmanın size borcunu zamanında ödeyip ödeyemeyeceğini keşfetmeye çalışabilirsiniz. Doğru kurulan bir model, firmaların risk durumları değiştiğinde bildirimler veya vadeli satışlar esnasındaki uyarılar ile sizi durum hakkında bilgilendirebilir. Böylece vadeyi düşürmeyi, vadeli satışlarınızdan alacaklarınızı önceden tahsil etmeyi düşünebilirsiniz. Kısacası çok iyi çalışan bir yapay zekâ modelinizin olması yetmez, bundan değer üretebilecek paydaşlarınızın da bunu anlaması ve kullanabilmesi gerekir.

İnsan Kaynağının Yetiştirilmesi

İnsan kaynağının yetiştirilmesi konusuna geçmeden insanın yapay zekâ ile birlikte ortaya çıkacak rolünün ne olacağına da kafa yormak gerekmektedir. Eğer bu konuda doğru adımlar atabilirsek ileride doğru insan kaynağına yatırım yapabilir, insanlarımızın doğru gelişimine katkı sağlayabiliriz.

McKinsey'in yaptığı araştırmaya göre 2016 yılı temel alındığında 2030 yılına kadar yaşanacak olan yetenek ihtiyacı değişiminin aşağıda gösterildiği gibi olması bekleniyor. Buna göre teknolojik yetkinliklere hiç olmadığı kadar ihtiyaç duyulacağı öngörülüyor.[97]

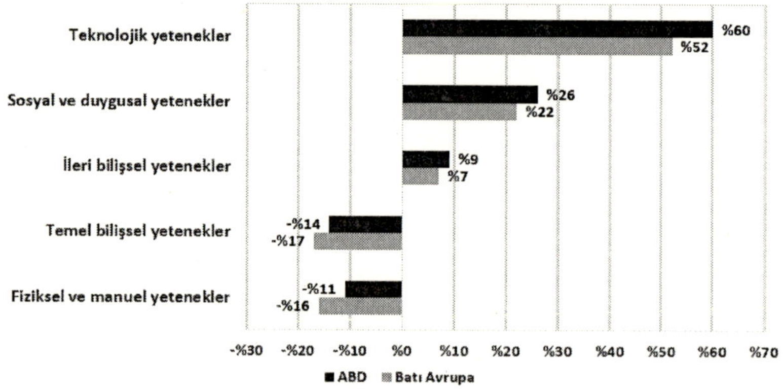

Şekil 57. 2030 Yılına Kadar Yetenek İhtiyacının Gelişimi (Baz Yıl: 2016)

(Kaynak: McKinsey Global Institute)

Buna göre fiziksel ve manuel yeteneklere dayalı iş ihtiyacı ile temel bilişsel yeteneklere dayalı iş ihtiyacının azalması bekleniyor. Bunun en önemli sebeplerinden biri artık kas gücü gerektiren ve rutin olan işlerin robotlara devredilmesidir. Diğer taraftan yapay zekâ tabanlı robotların devreye girmesi ile rutin olmayan ama kas gücü gerektiren işler de robotlara devredilebilecektir. Bugün cerrahi operasyonlarda robotların kullanımı artmaktadır. Her ne kadar insanların günümüzde bu tarz işlemlerde robotlara olan inancı sorgulanmaya devam etse de insandan daha iyi gören kameraları, bir insan gibi yorulmamaları, yüksek doğrulukla çalışmaları vb. bu makinelerin kullanımını ileride de arttıracak gibi görünmektedir.

Yukarıdaki gelişmelerin yanında halen ileri düzey bilişsel yetenekler konusunda yapay zekânın yeterli olmadığını biliyoruz. Örneğin Genel Yapay Zekâ diye anlattığımız kavramda henüz istenen aşama yakalanamamıştır. Makineler belirli bir alanda üstün yapay zekâ modelleri ile çok önemli sonuçlar elde etse de, çok farklı alanları olan bir karar alma düzleminde bir insan gibi harekete geçmekte zorlanabilmektedir. Bu sebeple insanların halen ileri düzey bilişsel zekâda önde olduklarını ve bir süre daha önde olacaklarını biliyoruz.

Makinelerin teknik özellikleri geliştikçe, daha iyi yapay zekâ modellerinin de devreye girmesiyle, insanların kendi becerilerine ileride ne kadar ihtiyaç duyacakları tartışmalıdır. Örneğin yabancı dil öğrenimi günümüze kadar çok önemliydi. Peki, ileride insanların kulaklarına yerleştirilecek ve anında çeviri yapacak olan cihazların yaygınlaşması ile yabancı dil konuşmaya gerçekten ihtiyaç kalacak mı? O zaman bugün yabancı dil öğrenen çocuklar ileride bu yeteneklerini kullanabilecekler mi?

Araç sürme noktasında ustalaşan insanlar ileride sürücüsüz araçlara geçiş olduğunda bu yeteneklerini ne kadar daha kullanabilecekler?

Bu nedenlerle günümüzde insanlara sosyal becerilerini geliştirmeleri öğütleniyor. Günümüzün rutin işleri makineler tarafından yapılmaya devam edecekse, insanların da kendilerini makineden farklılaştıran özelliklerini iyileştirmeleri gerekmektedir.

Bunlar nedir?

Öncelikle sosyal ilişki kurabilme insanın çok önemli bir özelliğidir. Yeni normalde eleştiren ve sorgulayan bireylerin fark oluşturacağına inanılıyor. İnsanların artık öğrenmeyi öğrenmesi gerekiyor. İnsan hayatı iyileştikçe ve teknoloji arttıkça ömür beklentisi de artıyor. Bu da ister istemez insanların artık 50'li 60'lı yaşlarında emekli olmamasını gerektirecek. Böylece her insanın tek bir meslekte uzmanlaşmak yerine farklı beceriler kazanması gerektiği görülebiliyor. İnsanı farklılaştıran en önemli özeliklerden biri de yaratıcılıktır. Yeni iş modelleri oluşturma, ürün geliştirme, inovasyon yapabilme gibi özellikler insanın farklılaşacağı önemli yetenekler olacak gibi görünüyor.

Eğer teknolojinin gelişimi eğitimin gelişiminden hızlı olursa o bölgedeki işsizliğin artacağı düşünülüyor. Çünkü iyi eğitim almamış veya uygun eğitimi almamış bireyler ile teknolojinin getirdiği imkânlar arasında kalan bir işveren her zaman teknolojiyi tercih edecektir. Yapılan araştırmalara göre eğitimin en iyi olduğu bölgelerde işsizliğin düşük olduğu gözlemlenmiştir. Ayrıca daha iyi eğitimciler tarafından yetiştirilen bireylerin ileride daha iyi meslekler icra ettikleri ve daha yüksek gelirlere sahip oldukları da ortaya çıkmıştır. Aşağıdaki grafikten de anlaşılabileceği gibi eğitim seviyesi arttıkça işsizlik oranı düşüyor.[98] 2014 yılına kadar yapılan bu çalışmanın farklı yılları kapsayanları da var ve aynı sonuçları ortaya koyuyor. Bu da eğitimin öneminin devam ettiğini bize gösteriyor.

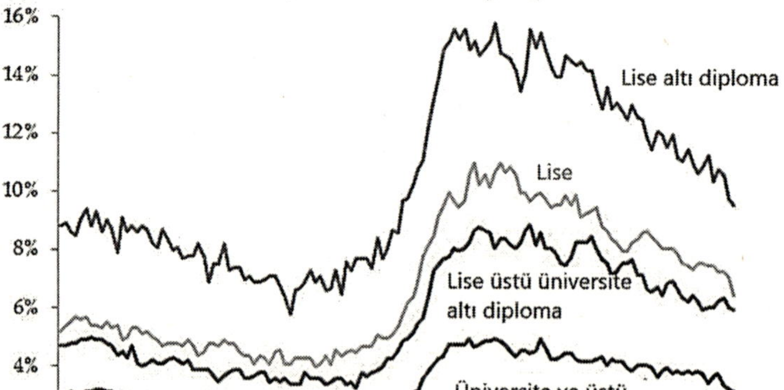

Şekil 58. Eğitim Seviyesi ile İşsizliğin Karşılaştırılması (Yıllar ve İşsizlik)

(Kaynak: Endowment Wealth Management)

Mc Kinsey ve ILO* raporunda da bu yeteneklere olan ihtiyacın ne kadar artacağı gözler önüne serilmiştir. Özellikle insanların hangi teknolojiyi kullanması gerektiğine karar vermesi bile çok önemli bir karar alma davranışıdır. Doğrudan inovasyon ile ilişkilidir.

Burada isterseniz inovasyona da bir parantez açalım. Madem insanları makinelerden ayıracak özelliklerin başında inovatif düşünme becerileri geliyor, o zaman inovasyondan da ne anladığımızı ortaya koymak gerekir.

İnovasyon nedir?

İnovasyon iş yaşamında yer alan insanların sürekli duydukları, kurumların ise neredeyse tamamının üzerinde çalıştıklarını veya planlarına dahil ettiklerini söyledikleri (veya iddia ettikleri) bir kavramdır. Belki havalı oluşundan, belki de yabancı bir sözcük oluşundan dolayı dilimize pelesenk olmuş ama içini doldurmayı pek başaramadığımız bir kavramdır inovasyon.

Birçok insan kendini, ekibini, şirketini veya içinde oldukları herhangi bir çalışma grubunu inovatif olarak tanımlar. İnsanların yetkinlik değerlendirmelerinde inovatif mi değil mi diye ölçütler vardır. İnsanlara bu kavramın tam olarak ne ifade ettiğini bilmeden not veririz. Peki, bu kadar çok duyduğumuz bu kavram aslında nedir?

Öncelikle inovasyon, İngilizce bir kelime olan "innovation" kelimesinin Türkçemize uyarlanmasıyla dilimize geçmiştir. TDK ya baktığınızda bu kavram için "yenileşim" diye bir kelime önerilmiş. Açıkçası bu daha da zor ve anlaşılmaz sanki...

İnovasyon kelimesinin etimolojik köklerine baktığınızda Latince "innovatus" kelimesinden geldiğini ve bunun da "yeni bir şeyi piyasaya veya insanlara tanıtma" anlamına geldiğini görmekteyiz. 16.yy ortalarında oluşan bu kavramın 16.yy sonlarına doğru

---

* International Labor Organization (Uluslararası Çalışma Örgütü)

ise "yeni şeyler getirme veya eski uygulamaları değiştirme" anlamında da kullanıldığını görmekteyiz.[99]

Peki, günümüzde inovasyon kelimesini hangi anlamda kullanıyoruz? Buradaki asıl sorun sanıyorum budur. Öncelikle inovasyon buluş değildir veya sadece yenilik yapmak da değildir. İnovasyon bunları bir ölçüde kapsar ama bu kelimeler ile açıklanamaz. İnovasyon evet bir yeniliktir, bir değişikliktir, bir ilerlemedir ama bunun yanında iki önemli özelliği de barındırması gerekir. Gelin bunlara bakalım.

Öncelikle her ne yapılıyor ise ekonomik veya sosyal bir fayda içermesi gerekir. Kısacası eğer bir yenilik yapılırsa ve bu yenilik dolayısı ile yeni pazarlar keşfedilebilirse, yeni müşteriler kazanılabilirse, müşteri deneyimi iyileştirilebilirse veya maliyetlerde bir tasarruf sağlanabilirse o zaman bu bir inovasyon oluyor. Bunu gerçekleştiren insana, o insanın ekibine, şirketine veya genel olarak içinde yaşadığı topluma bir yarar getirmesi gerekir. Bu fayda her zaman ekonomik bir fayda da olmayabilir. Bazı zamanlarda sosyal anlamda insanların ürün veya hizmetlere ulaşmasını sağlayacak maddi değer içermeyen bir hizmet de inovasyon olarak adlandırılabilir. Hatta bu anlamda son dönemlerde sosyal inovasyon kavramı da gelişmeye başlamıştır.

Diğer bir konu da ortaya çıkan ürün veya hizmete erişimin kolay olması ve bunun makul maliyetler ile yapılabilmesidir. Eğer bir yenilik yapılırsa ve buna erişim imkânsızlıklardan dolayı mümkün olmuyorsa o zaman bu bir inovasyon değildir. Ayrıca mevcut uygulama oldukça makul fiyatlı iken, ortaya çıkan yeni uygulama bir hayli pahalı ise hayatı ne kadar kolaylaştırsa da insanlar bunu tercih etmeyecektir.

İnovasyon denince ister istemez aklımıza teknoloji gelmektedir. Bu noktada teknoloji elbette inovasyon için oldukça önemli bir sağlayıcıdır fakat her inovasyonun da teknoloji kökenli veya teknoloji kullanır olması gerekmez. Bazen bir iş yapış sistemini, bir süreci, bir akışı değiştirirsiniz. Böylece müşterilerin deneyimini iyileştirirsiniz ve bu bir inovasyon olur. Bazen de bunları yaparken teknolojiden faydalanırsınız yine bir inovasyon olur. O sebeple inovasyonun teknolojiyi kapsadığını söyleyebiliriz. Bazı durumlarda teknoloji bizlere üstün imkânlar verir ama müşteriler bunu tercih etmezse bu bir inovasyon olmaz.

İnovasyonu da anlattıktan sonra artık insan kaynağının nasıl yetiştirileceğine dair bir kanaatimiz oluşmuştur diye düşünüyorum. Bu bölümde gelecekte yapay zekâ kullanımının artması ile insanların hangi yeteneklerine daha fazla ihtiyaç duyacağımızı ortaya koymaya çalıştık. Günümüzde de yapılacak birçok işimiz var. Şimdi bunlara bakalım.

Öncelikle mevcut insan kaynağının yapay zekâ ile neler yapabileceğinin farkına varmasını sağlamamız gerekir. Bu şu şekilde anlaşılmamalıdır. Organizasyondaki tüm çalışanların yapay zekâ ile modelleme yapması gibi bir hedefimiz yok. Bir kere bu çok maliyetli, diğer taraftan da erişilmesi zor bir seviyedir. Onun yerine işletmedeki çalışanların hepsinin yapay zekânın ne olduğunu ve hangi problemlerine çözüm üretebileceğini anlamaları önemli bir fark oluşturacaktır.

Örneğin kendi işini yapan bir çalışan, işi ile ilgili bir süreçte "burada şu kararı makine benim yerime verse nasıl olurdu?" diye düşünebilir. Bu bakış tarzı tüm organizasyona yayılırsa iş ihtiyacı daha kolay belirlenir ve elle tutulur, yüksek kazanımlı işler ortaya çıkar.

Farkındalığı arttırmak güzel bir başlangıç olabilir. Fakat projeleri yapan insanların da kendilerini sürekli geliştirmesi gerekir. Çünkü işletmenin sorunlarına hangi istatistiki yöntemler ile modelleme yaparak yanıt verilebilir konusu önemli bir uzmanlık alanıdır. Bu nedenle mevcut insan kaynağının yapay zekâ modellemeleri noktasında eğitim almaları gerekir.

Yapay Zekâ Organizasyonu

Yapay zekâ faaliyetlerinin doğru şekilde ilerlemesi ve işletme için verimli modellerin kurulabilmesi için doğru bir organizasyon ile çalışmak gerekmektedir. Bunun için birkaç model arasında kurumun yapısına en uygun model seçilip uygulanmalıdır.

Bilinen organizasyonlar merkezi yapılardan tamamen dağıtık yapılara doğru farklılaşabilmektedir.

Merkezi yapılarda iş birimleri iş ihtiyaçlarını yapay zekâ ekibinden talep eder. Bu birim gelen işleri önceliklendirir ve sonrasında da modelleri hazırlamaya başlar. Bu organizasyon işe yeni başlayan işletmeler için faydalıdır. Çünkü yapay zekâ ekibi bir mükemmeliyet merkezi* olarak çalışır ve böylece maliyet optimizasyonu sağlanmış olur. Ayrıca bu ekipteki çalışanlar birbirlerinden en üst düzeyde fayda elde edebilmek için birlikte iş yaparlar. Çalışanlar arasında sinerji oluşur ve ekibin bilgi ile yetenek düzeyi insanlar arasında anlamlı şekilde farklılaşmaz.

Tamamen dağıtık yapılarda ise iş birimlerinin altında bulunan yapay zekâ ekipleri doğrudan iş birimlerinin taleplerini yerine getirirler. İş birimleri ile birlikte çalıştıklarından onların temel problemlerini anlar, onlar için çalışma başlatabilirler. Burada hem talep sahibi hem de modelleyen konumunda olurlar. Bu sebeple örneğin bireysel pazarlama ekibinde yer alan bir yapay zekâ çalışanı iş ihtiyacını anlar ve ne yapılması gerektiğini bilir. Diğer taraftan çeşitli birimler arasında dağıtılmış yapay zekâ ekipleri bir sinerji oluşturamaz, aralarında önemli bilgi farklılıkları meydana gelebilir.

Son olarak da yarı merkezi yapılardan bahsetmek gerekmektedir. Bu yapılarda CoE denilen bir birim yine vardır. Diğer taraftan iş birimlerine dağıtılmış yapay zekâ çalışanları da vardır.

---

* İngilizce'de Center of Excellence (CoE) olarak kullanılmaktadır. CoE bir konuda uzmanlaşmış bireylerin bir departman altında yer alıp tüm kuruma hizmet etmesini ifade etmektedir.

Bu çalışanlar kendi iş birimlerinin iş ihtiyaçlarını görürlerken, bilgilerinin ötesinde ve büyük projelerde CoE birimine başvururlar. Bu ekipten projelerini modellemelerini talep ederler. Söz konusu organizasyonların maliyetleri tamamen dağıtık yapılara göre daha az, çalışanlar arasındaki sinerji ise daha fazladır. Birçok organizasyon bu yapılar ile çalışmayı düşünmektedir.

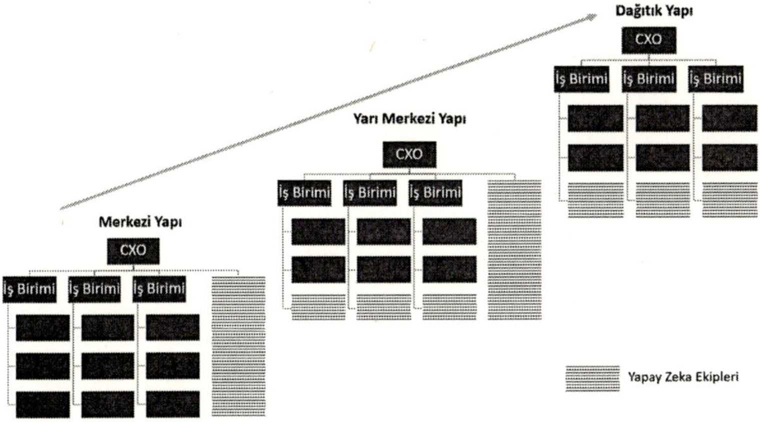

Şekil 59. Yapay Zekâ Organizasyonları

Bu üç organizasyon dışında bir de çevik yapılar mevcuttur. Çevik yapay zekâ yapılarını anlatmadan önce çevik organizasyonlardan ne anlıyoruz ona bakalım.

Jeff Sutherland, *İki Katı İşi Yarı Zamanda Yapma Sanatı: Scrum* adlı kitabında "önemli olan büyük işler başarabilmek için ekiplerin bir araya getirilmesidir" demektedir. Ekipler sadece en sondaki hedefe odaklanmazlar. Belirledikleri kısa vadeli hedefleri başara başara çalışmalarına devam ederler. Scrum yani Agile yani çevik iş yönetiminin felsefesi budur.[100]

Çevik çalışacak ekipler bir araya getirilirken yönetim modelinin de mutlaka bu ekibe uygun hale evrilmesi gerekmektedir.

Yöneticiler bu modelde ürün geliştirmeyi ekiplerine nasıl yapacaklarını söyleyen değil, onların önündeki engelleri ortadan kaldırmaya yönelik çalışan liderler olarak görev yapmalıdır. Elbette ekiplerin de bazı özellikleri barındırmaları gerekmektedir. Bunlara kısaca bakarsak;

- *Üstünlük:* Bu ekiplerin sıradanlığın ötesinde bir amaç duyguları vardır.
- *Otonomi:* Ekipler kendi kendilerini organize ederler. İşlerinin nasıl yapılacağı noktasında kendi kararlarını almakta yetkindirler. Stratejik hedef koymak yönetimin sorumluluğundadır fakat o göreve nasıl ulaşılacağı ise ekibin sorumluluğundadır.
- *Çapraz Fonksiyonluluk:* Ekipler projeyi tamamlamak için tüm yeteneklere sahip olmalıdır. Bu anlamda, planlama, tasarım, üretim, satış ve dağıtım aynı ekipte ele alınmalıdır.

Ekiplerin boyutu da oldukça önemlidir. Ekip dinamiği küçük ekiplerde işler. Klasik bir ekipte 7 kişi vardır ama bu artı eksi 2 kişi olarak değişebilir. Brooks Yasası'na göre gecikmiş bir yazılım projesine insan gücü ilave etmek onu daha da geciktirir. 1990'larda yapılan bir araştırmaya göre ekip üye sayısı 8'in üzerine çıktığında işlerin tamamlanmasının kayda değer şekilde uzun sürdüğü görülmüştür. 3 ile 7 kişi arasındaki ekipler aynı işi tamamlamak için 9 ile 20 üyesi olan ekiplere göre 4 kat hızlı olabilmektedir.

Ekiplerin bir diğer önemli özelliği ise bir sorunla karşılaştıklarında birbirlerini değil sistemi sorgulamalarıdır. Eğer bir engel çıkmışsa ve bir sorun ile karşılaşmışlarsa neden olarak birbirlerini göstermezler.

Ekiplerin içerisinde bir ürün yöneticisi ve bir scrum danışmanı (scrum master) mutlaka olmalıdır. Ekibin ilerlemesinde ne yapılmalı sorusunun cevabını ürün yöneticisi, nasıl yapılması gerekir sorusunun cevabını da scrum danışmanı vermelidir. Ürün yöneticisi pazar ihtiyacını anlamalı, bunun müşteride oluşturacağı değeri öngörebilmelidir. Scrum danışmanı ise scrum işleyişindeki sorunları tespit edip çözülmesinde yardımcı olmalıdır.

Evet, çevik iş yönetimi ile ilgili temel bilgileri verdikten sonra yukarıdakilerin tamamını yapay zekâ organizasyonuna nasıl uyarlayacağımıza bakalım.

Öncelikle yapay zekâ modeli geliştirmek için bir iş fikrine ihtiyacımız var. Örneğin pazarlamadaki bir çalışan (ürün yöneticisi) mağaza satışlarının arttırılması için bir öneride bulunur. Ona göre yılın çeşitli günlerinde farklı profildeki insanlar farklı alımlar yapabilmektedir. Bunu keşfedip, ona göre mağazalara mal gönderilebilir.

İş fikrini anlamaya çalışan veri analisti, hangi verileri kullanarak bir model oluşturabileceğini düşünür. SQL üzerinden verileri hazırlamaya başlar. Bu veri hazırlama işi tek seferlik de olabilir, sürekli de devam edebilir. Özellikle modellerin sürekli güncellenmesi gerektiği için verinin hazırlanma işinin genellikle sürekli bir çaba olacağını düşünebiliriz. Verileri hazırlayan insanlar bunları aynı zamanda görselleştirmeye de çalışabilir. Böylece kullanımlarının daha kolay olmasını sağlarlar. Bu veriler kullanılmak üzere makine öğrenmesi uzmanına teslim edilir.

Makine öğrenmesi uzmanı bu verilerden bir model ortaya koymaya çalışır. Adından da anlaşılabileceği gibi bu insanların yapay zekâ modelinin kalbinde yer alması gerekir. Bunlar makine öğrenmesi modelini kuracak insanlardır. Fakat bunu yaparken hem donanım hem de yazılım sorunları yaşayabilirler. Bu sebeple veri mühendisinden yardım isteyebilirler. Veri mühendisleri verinin, kaynağından işlenecek yere doğru sorunsuzca, kesintisizce ve pürüzsüzce akmasını sağlayacaktır.

Yukarıdaki ekip yakın bir çalışma içinde iken bu ekibin ve diğer yapay zekâ modellemeleri yapan çevik ekiplerin bağlı olduğu müdür, ekiplerin karşılaştığı sorunları çözmek için yardımcı olur. Örneğin bütçe problemleri, büyük satın almalar, üst yönetimin ikna edilmesi vb. Bunun yanında işle ilgili problemlerin doğru tanımlanmasında büyük bir sorumluluk yüklenirler.

Bir de girişimci vardır. Girişimci, iş fikri olan ürün yöneticisinden farklı olarak bu araştırmalara bütçe ayıran ve para harcayan insan demektir. Elbette yaptığı yatırımın karşılığını görmek isteyecektir. Kurumsal bir organizasyonda ise girişimci diye tabir edilen bir üst yöneticidir.

Şimdi de bu organizasyonu görelim.

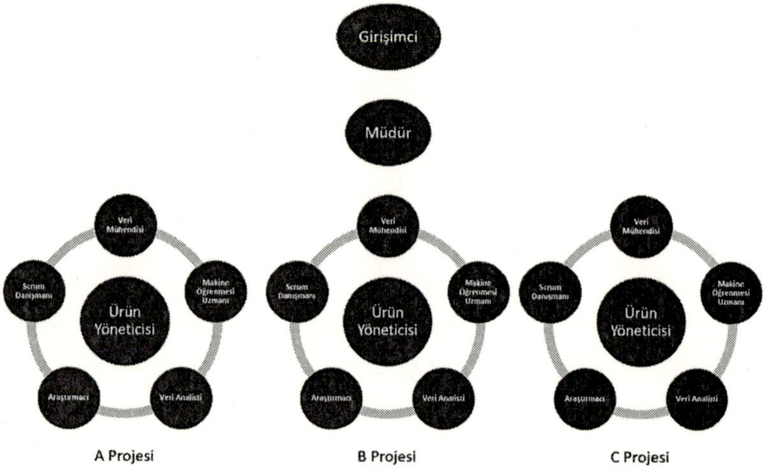

Şekil 60. Çevik İş Modeli ile Çalışan Yapay Zekâ Organizasyonu

Veri Yönetişimi (Data Governance)

Bir yapay zekâ stratejisi yapıyorsanız, bunun veriden bağımsız olmasının imkânı olmayacağı açıktır. İyi bir veri yönetimi için de veri yönetişimi konusu dikkat çekmektedir. Yapay zekâ veri kullanır. Yapay zekâ çok veri kullanırsa iyi sonuçlar verir.

Eğer doğru veri kullanırsa doğru sonuçlar verir. O zaman stratejimizde veri ile ilgili de geniş bir bölüm olmalıdır.

Veri yönetişimi sadece yapay zekânın sorunsuz çalışması için değil aynı zamanda işletmenin çeşitli yasal problemler yaşamaması için de oldukça önemlidir.

Şimdi veri yönetişimi nedir anlamaya çalışalım.

Veri yönetişimi; kurumsal sistemlerde verilerin kullanılabilirliğini, istenildiği zaman bulunabilirliğini, bütünlüğünü ve güvenliğini yönetme sürecidir. Etkili veri yönetişimi, verilerin tutarlı ve güvenilir olmasını sağladığı gibi yanlış kullanılmasının da önüne geçer.[101]

Veri yönetişiminde veri üzerinde kimin hangi bilgilerle işlem yapabileceği ve hangi koşullarda hangi yöntemleri kullanarak ne tür işlemleri yapabileceği belirlenir.

Özetle veri yönetişimi, iyi yönetilen veri demektir. Diğer taraftan bu yönetimin tüm şirket içerisinde disiplinli şekilde ele alınması anlamına gelmektedir.

Veri yönetişimi konusunu daha iyi anlamak için üç temel ilkeden bahsetmekte yarar var. Bunlar;

- Şeffaflık (Transparency)
- Hesap verme (Accountability)
- Standartlaştırma (Standardization)

konularıdır.

Şeffaflık ilkesi, bize organizasyondaki tüm insanların veri yönetişimi süreçlerini anlamaları gerektiğini söyler. Sürprizlerin yaşanmaması için bu şarttır. Yapılan faaliyetlerin neden yapıldığının ve bunların ne sonuçları olduğunun insanlara şeffaf şekilde gösterilmesi gerekir.

Hesap verme ilkesi ise veriyi kullanması gerekenlerin bu yetkiyi doğru yerde ve zamanda, doğru şekilde kullanmaları gerektiğini belirtir. Bu ilkeye göre eğer yetki yanlış kullanılmışsa sorumluluk ilgili çalışandadır.

Son ilke ise standartlaştırma ilkesidir. Buna göre verinin nasıl etiketlendiği, nasıl tanımlandığı, ne şekilde sınıflandırıldığı çok önemlidir. Örneğin veri seti içerisinde bir kısım veriler "İstanbul", bir kısım veriler ise "İST" diye girilmiş olabilir. Bunun üzerinde aşağıdaki gibi bir SQL sorgusu yazarsanız bir kısım veriye ulaşamayacaksınız demektir.

*Select * from users*

Where city= 'İST' *

Bu sebeple standartlaştırma verinin kalitesini arttırırken aynı zamanda veriden üretilecek faydayı da üst düzeye getirecektir.

Peki, veri yönetişimi temelde hangi alanlara odaklanıyor?

Öncelikle kurum politikalarının, verinin olması gerektiği şekilde yönetilmesi için uygun olmasını sağlıyor. Ayrıca verinin kalitesinin hep üst düzeyde tutulması için şirketin uygun denetim mekanizmaları ortaya koymasına çalışıyor. Bir diğer konu da düzenlemelerdir. Verinin ne kadar tutulacağı, hangi verinin tutulacağı, ne tür raporların üretileceği gibi konular hep düzenlemelerin getirdiği ilkelere göre yapılıyor. Veri yönetişimi bu nedenle şirketin çeşitli düzenlemelere, yasalara ve etik kurallara uyum sağlaması için çok önemlidir.

Kimlerin veri oluşturabileceği, veri toplayabileceği, veri güncelleyebileceği gibi hususların yanı sıra hangi verinin toplanabileceği, bunlardan hangilerinin paylaşılabileceği gibi konular hep veri yönetişiminin ilgilendiği alanlardır.

---

* SQL kodudur. "users" adındaki tabloda "city" adındaki alandan "İST" adındaki tüm kayıtları ("*", tüm kayıtlar demektir) getir anlamına gelir.

Bu açıklamalar da bize şunu düşündürüyor. O zaman şirkette veriden sorumlu olan kimdir? Verinin sahibi kimdir? Nasıl satışlardan satış ve pazarlama ya da şirketin güvenliğinden güvenlik birimi sorumlu ise o zaman veriden de birilerinin sorumlu olması gerekir.

Diğer taraftan veri konusunda sadece bir sorumlu atamak da doğru olmayabilir. Onun yerine birçok insana veya pozisyona veri konusunda sorumluluk verip, mevcut işlerinin yanında bu iş ile de ilgilenmelerini sağlamak daha doğru olabilir. Böylece verinin sahipliği organizasyona yayılmış ve şirket içerisinde bir bilinirlik ve farkındalık sağlanmış olabilir.

Gartner'a göre veri kalitesini iyileştirmeye çalışan kuruluşlar veri sorumluları (data stewards) atamayı düşünmelidirler. Veri sorumluları başarılı oldukça işletmeler verileri değerli bir varlık seti olarak görmeye başlar. Bu da şirket kültürünün dönüşmesi demektir.

Veri sorumlusu, işletme içinde veri öğelerinin uygunluğunu sağlamak için veri yönetişim süreçlerini yürütmekten sorumludur. Veri sorumlusu, kuruluşun tüm verilerini mevcut politika veya düzenlemelere uygun şekilde yönetmek için süreçleri ve sorumlulukları tasarlayan uzman bir roldür.[102]

Hemen şunu belirtmek lazım ki, veri sorumlusu veri sahibi demek değildir. Çünkü veri sahipleri kendilerine ait verileri kullanarak verilerden anlam çıkarmaya çalışmaktadır. Oysa veri sorumlusu konuya daha üstten bakan, veri sahipleri arasındaki ilişkileri de yöneten bir roldür.

Veri sorumlusu bu rolünü icra ederken; işletmenin diğer çalışanları ile iş birliği yaparak veriden mümkün olan en fazla değeri çıkarmaya, verinin toplanması ve kullanımı sürecinde verinin korunmasını sağlamaya, işletme içerisinde veriden değer üretebileceğini düşündüğü paydaşların değer üretimine katkı sağlamasına, veri konusunda kurallar ve politikalar oluşturmaya ve paydaşlar arasındaki veri kullanımına bağlı sorunların ortadan kaldırılmasına çalışır.[103]

Anlaşılabileceği gibi veri sorumlusu son zamanlarda önemi gittikçe artan değerli bir roldür. Özetle, veri yönetişiminin en başta gelen sorumlusudur.

Şunu unutmamak lazım ki, veri yönetişiminde başarılı olmak için dışarıdan veri sorumlusu istihdam etmeye gerek yoktur. Bu insanlar zaten işletmede görev yapan ve yukarıda belirtilen görevleri yapabilecek niteliklere sahip çalışanlardır.

Tek başına veri sorumlularının bütün veri yönetişimi sorumluluğunu üzerlerine almaları beklenmemelidir. İşletme içerisinde oluşturulan çeşitli yapılar da bunlara katkı sağlayabilir. Aşağıdaki yapıların sağlıklı bir veri yönetişimi için önemli olduğu düşünülebilir.

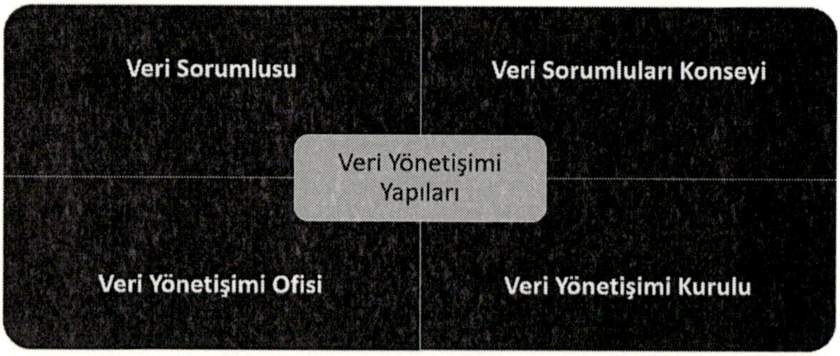

Şekil 61. Veri Yönetişimi Yapıları

(Kaynak: Linkedin Learning, Data Governance)

Bu yapıların kurulmasındaki en önemli amaç, veri yönetişimi noktasındaki farkındalığı üst düzeyde tutmak, üst yönetimin konunun hep destekçisi olmasını sağlamak, verinin öneminin organizasyon içerisindeki bilinirliğini temin etmektir. Özellikle üst yönetimin konuya olan desteği az olursa, ilerleyen dönemlerde şirketin veriden değer üretebilme yeteneği de azalacaktır. Bunu yapamayan şirketler pazar payı kaybedecekleri gibi yetenekli çalışanların da tercih ettikleri birer kurum olmaktan çıkacaklardır.

Veri sorumlularının işletmenin veri yönetişimindeki öneminden bahsettikten sonra yapay zekâ stratejisinin bir parçası olarak veri yönetişiminde temelde neler yapılmalı, ona bakalım.

Verinin Yönetimi

Verinin yönetimi ile başlayalım. Veri yönetişimi ile veri yönetiminin aynı şeyler olmadığını görmüştük. Veri sorumluları, veri sahipleri ile birlikte verinin yönetimini gerçekleştirmelidir. Bu sebeple doğru insanlara yetki vermeli, kararların bu insanların bir araya gelmesi ile alınması sağlanmalıdır. Bu sebeple yukarıda anlattığımız gibi veri yönetişimi ofisi, veri sorumluları konseyi ve veri yönetişimi kurulu gibi yapılar kurulmalıdır.

Veri Erişimi

Hangi veriye kimlerin, ne zaman ve hangi boyutta erişebileceği eksiksiz tanımlanmalıdır. Bu sebeple verilerin yanlışlıkla veya kötü niyetle değiştirilmesi, kullanılması, paylaşılması gibi riskler azaltılmış olacaktır. Diğer taraftan tanımlanan doğru erişim yetkileri ile birlikte veriden fayda sağlamak tüm organizasyonun elindeki bir kıymet olacaktır. Veriden sadece veriye teknik anlamda erişebilenler değil, işlerine değer katmak isteyen tüm iş birimleri fayda sağlayacaktır.

Veri Kalitesi

Veri yönetişimi ile başarılmaya çalışılan en önemli konulardan biri şüphesiz veri kalitesidir. Veri kalitesi dediğimizde aklımıza gelmesi gerekenler aşağıdaki şekilde belirtilmiştir.

Şekil 62. Veri Kalitesinin Unsurları

Verinin doğru oluşu, verilerin sisteme girilirken doğru girilmesini ifade eder. Buna göre müşterilerin kendi bilgilerini girmeleri esnasında veya satış personelinin müşteri verisini sisteme girmeleri sırasında doğru bilginin girilmesinin sistemsel bazı kontroller ile sağlanması gerekmektedir. Burada müşterileri veya çalışanları doğru bilgi girmeye zorlamak yerine onların doğru bilgi girmesinin önemini anlamalarına çalışmalı ve sistemsel bazı kontroller ya da entegrasyonlar ile doğru bilginin çeşitli kaynaklardan otomatik olarak alınması sağlanmalıdır.

Bu konuda bazı akıllı yapılar da inşa edilebilir. Örneğin bir müşteri bilgisi girilirken karşısına ilk çıkan seçeneği işaretlemeye alışmış olan bir müşteri temsilcisi sistemden uyarı alabilir. Bu müşteri temsilcisinin veri kalitesi notu düşürülebilir ya da bazı disiplin işlemleri uygulanabilir.

Eğer bir müşteri temsilcisinin müşterilerinin bir kısmı Afgan vatandaşı (Milliyet menüsündeki ilk seçenek), okuryazar

(Eğitim menüsündeki ilk seçenek) ve adresi de Adana (İl menüsündeki ilk seçenek) ise o müşteri temsilcisinin yaptığı işten şüphelenmek gerekebilir.

Verinin güncelliği ise özellikle veriden bir fayda üretilirken çok önemli olacaktır. Örneğin üniversitede iken bilgileri alınmış bir müşteri on yıl sonra çok farklı bir konumda olabilecektir. Bir işletmede işe başlamış, hatta orada yükselmiş, hayatı ve öncelikleri değişmiş olabilir. Bu nedenle o müşteriye bir öğrenci muamelesi yapıp, bu şekilde kampanyalar önermek hem müşteriyi rahatsız eder hem de sağlıklı geri dönüşler alınmasını engeller.

Verinin uygunluğu da bir başka önemli kalite sorunudur. Doğru verinin doğru yerde olması gerekmektedir. Doğru verinin doğru şekilde kayıt edilmiş olması şarttır. Yukarıda değinmiştik. Eğer bazı kayıtları "İST", bazılarını da "İstanbul" diye doldurursanız, bu veriden bir satış listesi oluşturmaya çalıştığınızda bazı kayıtları atlamış olabilirsiniz.

Verinin eksiksiz olması da bir diğer önemli konudur. Her alanı doldurulmuş bir veri ile daha yüksek müşteri değeri sağlanabilir. Verinin fazla olması ile modellerin daha doğru çalışacağını söylemiştik. O zaman bir müşteri ile ilgili daha fazla veriye sahip olmak bizi daha iyi modeller kurmaya götürebilir. Elbette burada KVKK gibi bir sınırlamamızın da olduğunu belirtmek lazım.

Burada şunu da açıklamak lazım ki, verinin fazla olması modellerin daha doğru çalışması anlamında önemlidir. Yalnız fazla veriye ulaşmak veya bunu modeller için hazırlamak da bir zaman işidir. O zaman veriden azami faydayı sağlamak bazen bir çelişkiyi gündeme getirir. Çok veri ile çalışmaya çalıştıkça, bu veriyi hazırlamanız gereken süre uzayacağından bir optimizasyon problemi ile karşılaşırsınız. Bunu çözmek için de bazen bilinçli şekilde bir kısım veriden vazgeçmek isteyebilirsiniz.

Veri Güvenliği

Veri güvenliği de veri yönetişiminin önemli bir alanıdır. Veri güvenliği sadece müşteri verilerinin korunması anlamında önemli değildir, aynı zamanda işletmenin itibarı noktasında da çok gereklidir. Özellikle sosyal medya çağında verilerini sızdıran işletmeler büyük itibar riskleri ile karşılaşmaktadır. Bu işletmelerin satışlarında kullanılan kredi kartı bilgileri, müşteri bilgileri vb. müşterilerin oldukça hassas olduğu noktalardır.

Veri yönetişimi ile tanımlanan süreçler, erişim yetkileri, güvenlik araçları gibi unsurlar işletmenin verileri daha güvenli tutmasını sağlayacaktır. Siber güvenliği anlatırken bunlara yeterince değinmiştik.

Veri Mimarisi

Veri mimarisinin en önemli katkısı veriden değer üretmeyi başarmak için iş birimlerinin daha kolay çalışabilmesini sağlamasıdır. Raporlamalar daha etkin şekilde, teknik çalışanlara ihtiyaç duymadan sağlanabilir. Yapay zekâ modelleri doğru veriye ulaşılarak, iş birimleri tarafından rahatlıkla yapılabilir. Veri mimarisinde sadece mimari tasarım değil, arka planda kullanılan yazılım, donanım ve arşivleme stratejisi de önemlidir. Verilerin veri tabanına nasıl yazıldığı, burada nasıl tutulduğu gibi konular da veri mimarisi ile ilgili kavramlardır.

Veri yönetişimi konusunu bitirirken; insan, süreç ve teknoloji ekseninde yapılması gerekenleri aşağıdaki grafikte özetlemeye çalışalım. Bu konu önemini gittikçe arttırdığı için ileride bu maddelere başka başlıkların da eklenmesi yüksek ihtimaldir.

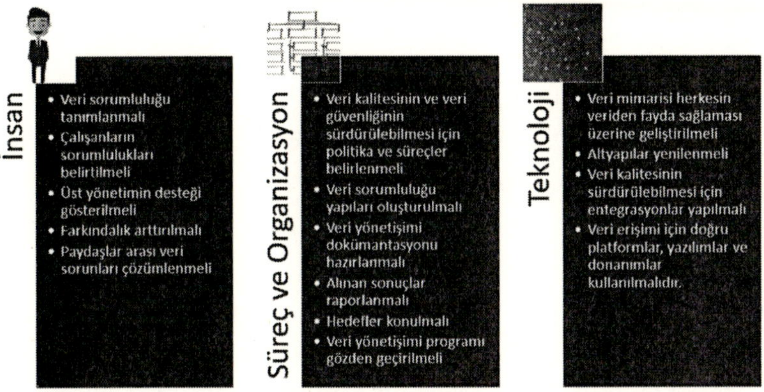

Şekil 63. İnsan, Süreç ve Teknoloji Tabanında Veri Yönetişimi

Kültürel Dönüşüm

Yapay zekânın insanların hayatına dokunması ile eskiden karşımıza çıkmayan birçok farklı durum ile karşılaşacağız. Örneğin, ilerleyen bölümlerde istihdam üzerindeki etkisini tartışacağız. Bundan dolayı insanların ilk başlarda konuya tedirgin yaklaşmalarını anlayabiliriz. Teknoloji geliştikçe insanların farklı işlere yöneldikleri doğrudur. Fakat uzun vadede insanlık her zaman kendisine yeni meslekler bulmuş, böylece de hayat standartları artmıştır.

Yapay zekâ stratejisi çalışırken en önemli konulardan biri yapay zekâ ile ilgili birçok koldan geliştirilen iş alanlarının insanlar tarafından benimsenmesinin sağlanmasıdır. Gartner, 2017 yılında üst düzey yöneticilere "dönüşüm konusunda karşılaştığınız en büyük engel nedir?" diye sormuş. Aldıkları cevap çok ilginç. Belki ilk başta, teknolojik yetersizlikler, insan kaynağının yeterli olmaması, yeni nesil teknolojilerin maliyetli olması gibi birçok konu gündeme getirilebilecekken, yöneticilerin neredeyse yarısı "kültürel dönüşüm" demiş.*

* % 46'sı kültürel dönüşümü işaret etmiş.

Demek ki kültürel dönüşüm çok önemli.

Peki, kültür ne demektir? Hatta daha doğru ifade ile şirket kültürü ne demektir?

Şirket kültürünü "bir organizasyon içinde yer alan insanların davranış ve iş yapma biçimleri" olarak tanımlamak mümkündür.

Bu kavramı biraz daha açalım.

Şirketleri düşünün. Hatta çalışıyorsanız kendi şirketinizi, okulunuzu, ya da içinde bulunduğunuz organizasyonu düşünün. İlk başta bu yapının içerisinde yer alan davranışların kalıplaştığını göreceksiniz. İnsanların hem soyut hem de somut değerlere sahip olduğunu anlayacaksınız. Şirket için kültür dünden bugüne, akşamdan sabaha kazanılmaz. Yıllar içerisinde çeşitli olayların, insan etkileşimlerinin, yapı değişikliklerinin etkisi ile kalıplar oturmaya başlar. O nedenle şirket kültürü sonradan kazanılır diyebiliriz. Bu kazanımlar da orada yıllardır görev yapan çalışanlar ve yöneticiler tarafından daha sonra gelenlere aktarılır. Eğer yapıya başkaları katılırsa, şirketin kültürü yeni katılanların davranışlarını da kendi düzleminde değiştirir ve onların da şirket kültürüne göre hareket etmelerini sağlar. Aksi takdirde yeni çalışanların bazıları kısa zaman sonra ayrılmak zorunda bile kalabilirler.

Şirket kültürü soyut bir denetim mekanizması da sunar. Yazılı olmasa da insanların önem verdiği kurallar vardır. Şirket kültüründe dini değerler, ahlaki ilkeler, sosyal normlar etkili ve önemlidir.

Eğer yapay zekâ stratejisi oluşturuyorsak ve çalışanlarımızın buna yardımcı olmasına ihtiyacımız varsa (ki kesinlikle vardır) o zaman en temel soru şudur;

Kültürü bu dönüşümün önünde bir engel olmaktan çıkarıp, bunu kolaylaştıran ve hızlandıran bir ana etken olmaya nasıl evirebiliriz?

Bu konuda sadece stratejiyi oluşturanlar tek başlarına başarı sağlayamazlar. Özellikle bazı birimlerden yardım almaları gerekir.

Peki, bu birimler hangileridir?

İlk önce elbette ki insan kaynakları. İnsan kaynakları çalışanların özlük hakları, eğitim ihtiyaçları, terfi imkânları, tayin talepleri gibi alanlarda etkili olan, çalışanlarına önyargılı davranmayıp her zaman onları desteklemeyi bilen bir bölüm olarak görev yapmalıdır. Bu şekilde faaliyet gösteren insan kaynakları, çalışanlarının güvenini kazanır. Böylece itibarı yüksek bir insan kaynakları fonksiyonu da kültürel dönüşüm aşamasında stratejinin uygulanması konusunda ikna edici olabilir.

Tabii bir de bunun tam tersi olabilir. Eğer insan kaynakları bölümü vizyoner insanlar tarafından yönetilmiyorsa, işletmenin mevcut kültürünü iyileştirmek noktasında iyimser değilse, bugüne kadarki kazanımların ileride de aynı kültürel bakış tarzı ile devam edeceğini düşünüyorsa, o zaman kültürel dönüşüm zora girer.

Diğer önemli birim ise kurumsal iletişimdir. Bu birim yapay zekâ stratejisinin tüm kurumun menfaatine olduğu ve çalışanların bu dönüşümden önemli kazanımlar sağlayacağı mesajı üzerinden iletişim çalışması başlatmalıdır. Bu iletişim çalışmasında müşteriler ile çalışanların deneyimlerinin iyileşeceği ve işletmenin uzun vadeli hedeflerini tutturmasında önemli mesafeler kat edileceği vurgulanmalıdır. Böylece işletmenin yapay zekâ konusundaki hedefleri tüm kuruma tanıtılmalıdır. Yapılacak iletişim farkındalık sağlamalı ve bu çeşitli etkinlikler ile desteklenerek konunun önemi çalışanlara anlatılmalıdır.

Peki, neler yapılabilir?

Öncelikle çalışanlardan seçilen, yapay zekânın önemini anlamış ve bu konuda gönüllü çalışmak isteyen bir grup insan kendi birimlerinde yapay zekâ ile ilgili yeni projeler bulmak için çalışmalar yapabilir.

Yapay zekâ modellemeleri ve bunların kazanımları hakkında sık bilgilendirmeler gerçekleştirilebilir.

Konunun uzmanlarından ne çok sık ne de çok seyrek olmak üzere eğitimler alınabilir.

Müşteri yolculukları ve süreçler yapay zekâ merkezli incelenebilir.

Önce hızlı kazanımlar elde edilebilir. Hızlı kazanımlar, çalışanların ve işletmenin konuya olan güvenini artırır.

Her konuda yapay zekâyı kullanmak zorunda değilsiniz ama projelerini yapay zekâ merkezli yapmayı çalışanları başaramasalar da ödüllendirebilirsiniz. Ödüllendirmeyi sürpriz şekilde yaparsanız daha etkili olacaktır.

Yapay zekâ stratejisini bu şekilde anlatmaya çalıştık. Belki biraz uzun oldu ama bir stratejide yer alması gereken önemli alanlara değindiğimizi düşünüyorum. Sizler de kendi işletmeniz için böyle bir strateji nasıl devreye alınır diye düşünebilirsiniz. Bunu yöneticileriniz ile paylaşıp kendi kurumunuzda bir farkındalık başlatabilirsiniz.

Sorumlu ve Açıklanabilir Yapay Zekâ

Yapay zekânın ne tür etik problemlere neden olabileceğini önceki bölümlerde görmüştük. Bu sorunların yaşanmadığı algoritmalar geliştirmeye çalışmalıyız. O zaman tüm taraflara bir sorumluluk yüklemiş oluyoruz. İşte bu sorumluluk dahilinde geliştirilen yapay zekâ modellerine sorumluluk sahibi yapay zekâ veya sorumlu yapay zekâ (responsible artificial intelligence) deniyor.

PWC firmasının yaptığı araştırmaya göre işletmelerin henüz sadece %25'i uygulamalarını iş ortamlarına adapte ederken bunların etik sonuçlarının olabileceğini hesap ediyor.[104] Bu anlamda henüz sorumlu yapay zekâdan bahsetmek için biraz erken. Fakat teknoloji devlerinin yaşadığına benzer problemleri görünce bu konuda yatırım yapılması gerektiği ortaya çıkıyor.

Sorumlu yapay zekâ denildiğinde aklımıza hemen şunlar gelmeli.

Geliştirilen yapay zekâ modellerinden kim sorumludur?

Yapay zekâ işletmenin iş stratejileri ile uyumlu mudur?

Hangi süreçler daha iyi çıktılar için geliştirilebilir?

Çıktılara güvenebilir miyiz?

Eskiden kurallar ve ilkeler daha evrensel şekillerde belirlenebiliyordu. Fakat günümüzde hele yapay zekâ ile oluşan ortamda bu kurallar halen geçerliliğini koruyor mu? Yoksa bunlar da değiştirilmeli mi?

Yapay zekâ modelinin arkasında ne var? Bu modelin nasıl çalıştığını bilemezsek o zaman çıktıların doğru olduğundan nasıl emin oluruz? Eğer bunlardan emin değilsek risklere karşı kırılgan değil miyiz?

Etik ve yasal problemlere neden olabilecek algoritmaların oluşmasını nasıl engelleyebiliriz? Örneğin, ayrımcılık yapmayan bir algoritmaya sahip olmak için ne yapmalıyız?

Sorumlu yapay zekâya sahip olmak için bazı iş alanlarına (örneğin işe alımlar gibi) hiç girmemeli miyiz?

Bu sorular arttırılabilir. Sanıyorum ne demek istediğimi anlamışsınızdır.

Eğer yukarıda gösterdiklerimizi bir çerçevede toparlarsak sorumlu yapay zekânın dört boyutu olduğunu anlayabiliriz.

Birincisi veri yönetişimi boyutudur. Yapay zekâ stratejisi bölümünde bundan bahsetmiştik. Hesap verebilirlik, şeffaflık ve standartlaştırma gibi boyutları vardı. Veri yönetişimi doğru çalışan bir yapay zekâ modelinin çıktılarına daha fazla güvenebilirsiniz. Şeffaf şekilde modelin nasıl kurulduğunu anlayabilirsiniz. Bu nedenle veri yönetişiminin sağlıklı olması sorumlu yapay zekâ için en önemli adımdır diyebiliriz.

İkinci konu ise risk yönetimi boyutudur. Kurulan modeller aynı zamanda işletmenin bazı riskler ile doğrudan veya dolaylı mücadele etmesini sağlar. Fakat bazen kurulan modeller yanlış algoritmalar ile çalıştıklarından kendi başlarına risk de oluşturabilir. Bunların tamamen ortadan kaldırılması belki mümkün olmayabilir ama bazı risk kontrol araçları ile modellerin sağlıklı çalışıp çalışmadığı anlaşılabilir. Bu anlamda işletme bazı prensipler de geliştirebilir. Örneğin modeller önce daha risksiz alanlarda denenip sonra daha riskli alanlara kaydırılabilir. Önce çalışanlarla bazı denemeler yapıp (yapay zekâlı chatbotların önce çalışanlar tarafından denenmesi gibi) sonra bunlar müşterilere açılabilir.

Üçüncü konu ise modelleme yapanların yapay zekânın muhtemel taraflılığına, ayrımcılığına karşı bilinçli olmasıdır. İleride bu tarz sonuçlar verme ihtimali olan modellemelere ya hiç girmemek ya da temkinli yaklaşmak gerekir.

Son olarak da başta modellemeciler olmak üzere tüm organizasyonun yapay zekânın etik sonuçları hakkında eğitilmeleri gerekir. Bu eğitim sorumlu bir yapay zekâya ulaşmak için yapılması gerekenleri içeren ilkelerin anlatımı şeklinde olmalıdır. Her işletme yapay zekâ kullanımı ile ilgili bir ilkeler kitapçığı oluşturmalıdır. Bu ilkeler kitapçığı yukarıda ele alınan konuların tamamını içermelidir. İşletmeye özgü olmalı, değişen şartlara göre yenilenmelidir.

Sorumlu yapay zekâ kavramı, bizi aynı zamanda açıklanabilir yapay zekâya götürüyor. Eğer yapay zekâ yanlış bir çıktı üretiyorsa o zaman bunun nedeninin nesnel bir şekilde ortaya konması gerekiyor. Zaten CEO'ların da %84'ü yapay zekânın açıklanabilir olmasının modeli daha güvenilir yapacağı noktasında birleşiyor.

O zaman açıklanabilir yapay zekâ ne demek ondan da biraz bahsedelim.

Bir yazılım yaptığınızda ne amaçladığınızı ve bunu nasıl amaçladığınızı gösterebilirsiniz. Yazılımcılar daha sonra bunun hesabını verebilirler. Eğer yazılım doğru çalışmaz ise bununla ilgili gereken önlemleri alabilirler. Fakat yukarıda da belirttiğimiz gibi eğer makine öğrenmesi yöntemiyle bir yapay zekâ modülü geliştirilmek istenirse içinde nasıl bir yöntem olduğu her zaman anlaşılamayabilir. Örneğin derin öğrenme içeren bir model bir çıktı oluşturuyorsa, bunu hangi örüntülere göre yaptığını anlamamız güç olabilir.

Makine öğrenmesine özgü bu durum bizi kara kutu yapay zekâ (black box artificial ıntelligence) kavramına götürmektedir. Kara kutu yapay zekâ girişleri veya işlemleri kullanıcı veya başka bir taraf tarafından görülemeyen herhangi bir yapay zekâ sistemidir. Kara kutu, genel anlamda, içine girilmez bir sistemdir.

Şekil 64. Kara Kutu Yapısı

Derin öğrenme ve gözetimsiz öğrenme genellikle kara kutu geliştirme yoluyla gerçekleştirilir. Algoritma, girdi olarak milyonlarca veri alır ve çıktı üretmek için belirli veri özelliklerini ilişkilendirir. Bu süreç büyük ölçüde kendi kendini yönetmektedir ve veri bilimcilerin, programcıların ya da kullanıcıların bunu yorumlaması genellikle zordur.

Bir kuruluş içindeki önemli işlemler ve süreçler için kullanılan yazılımların çalışması kolayca görüntülenemez veya anlaşılamazsa hatalar, araştırılması gerekecek kadar büyük sorunlara neden olana ve ortaya çıkan hasarın pahalı veya düzeltilmesi imkânsız hale gelmesine kadar fark edilmeyebilir.[105]

Yapay zekânın hataları ve taraflılığı ile ilgili verdiğimiz örnekler aslında hep birer kara kutu problemidir.

Makine öğrenmesinin bir kara kutu olarak görülmesi ve içindeki algoritmaların öğrenilmesindeki istek bizi açıklanabilir yapay zekâ kavramına götürmüştür.

Yapay Zekânın Sınırları

Yapay zekâ hayatımıza birçok konuda önemli katkılar yapmaya başladı. Bunu hem kendi özel yaşamımızda hem de iş hayatımızda görüyoruz. Ayrıca her meslek grubu çalışanı bu teknolojinin farklı bir kullanım alanını keşfederek hayatını kolaylaştırmaktadır. Örneğin yapay zekâ, bir öğretmen için tüm sınıfın testlerini saniyeler içinde derecelendirebilir. Tümörleri radyolog veya onkologlardan daha hızlı ve daha doğru bir şekilde tanımlayabilir ya da tahmin edebilir. Eğitildikten sonra, yapay zekâ hava tahminlerini saniyeler içinde daha ucuz, daha hızlı ve daha güvenilir şekilde yapabilir. Yapay zekâ, belirli bir gece için bir restoranda akşam yemeğinde servis yapılacak müşteri sayısını tahmin edebilir. Bir sesli mesajı saniyeler içinde yazılı bir metne çevirebilir veya kopyalayabilir. Buzdolabındaki malzemelere bağlı olarak akşam yemeği için ne pişirileceğine dair insanlara yardımcı olabilir. Bunların olabileceğini zaten konuşmuştuk. Peki, bunların mümkün olabilmesi için yapay zekâ modellemelerini yaparken tamamen özgür müyüz?

Bunu anlayabilmek için yapay zekânın sınırlarının ortaya konması gerekir. Peki, nedir bu sınırlar?

Öncelikle çözülmeye çalışılan sorun belirsiz olmamalıdır. Yapay zekâya "şirketimi kârlı yap" işi atarsanız başarılı olamazsınız. Sorun kendine özgü bir alanda bir model kurulması şeklinde çözülmelidir. Bu aşamaya kadar verdiğimiz birçok örneğin başarılı olmasının ardında belirli sorunlara yönelmiş olmaları yatmaktadır. Örneğin yüz tanıma yapan algoritma bu konuda çok başarılı olabilir. Satış tahmini yapan model çok iyi sonuçlar verebilir. Ama geniş problem setinin tamamının aynı algoritma ile çözülmesini beklemek için şimdilik erken. Bunları genel yapay zekâ ile çözmeyi umut ediyoruz.

Veri konusu önemli bir sınırlamadır. Yapay zekânın yakıtı veridir. Doğru verileriniz yoksa yapay zekâ modeli başarılı olmaz. Verilerin eksik olması yapay zekâ modelinin başarılı olamamasının yanında doğru olmayan sonuçlar üreterek insanları yanlış da yönlendirebilir. Bu ortaya çıkana kadar da insanların ve işletmelerin yanlış kararlar almalarına sebep olarak önemli zararların oluşmasına yol açabilir.

Yapılandırılmamış verilerle çalışmak daha zordur. Yapay zekâ modelleri; yapılandırılmış, yarı yapılandırılmış ve yapılandırılmamış veriler üzerinde çalışabilir. En iyi kapsamlı modellemeler yapılandırılmamış, en kolay modellemeler de yapılandırılmış verilerle başarılabilmektedir.

Yapay zekâ nihayetinde istatistik, yöneylem araştırması ve matematiğe dayanır. Bu da elbette hatalara açık olduğunu gösterir. Çünkü istatistikte kesin doğru yerine belirli güven aralığında doğrular vardır. Araştırmacılar bunu düşünerek ve kabul ederek sonuçlara ulaşmaya çalışır. Bunu daha iyi anlayabilmek için yapay zekânın bir hastalığı teşhis etme noktasında karşılaşabileceği durumları irdeleyelim.

Bir hastalığın belirlenmesinde karşımıza dört çeşit sonuç çıkabilir. Bunlar:[106]

- Doğru Pozitif: Gerçek pozitiftir ve test pozitiftir. Kişi hasta ve model bunu doğru bir şekilde rapor ediyor demektir.
- Doğru Negatif: Gerçek negatiftir ve test negatiftir. Kişi hasta değil ve test bunu doğru bir şekilde rapor ediyor anlamına gelir.
- Yanlış Negatif: Gerçek pozitif ama test negatif tahmin ediyor. Gerçek bir pozitifin test tarafından kaçırılma olasılığıdır. Kişi hasta ama model hasta olmadığını bildiriyor.

- Yanlış Pozitif: Gerçek negatiftir ancak test pozitif tahmin ediyor. Yanlış pozitif oran, yanlış bir alarmın çalınması olasılığıdır. Kişi hasta değil, ancak model hasta olduğunu bildiriyor.

Elimizdeki verilerin azlığı hataların da fazla olmasına sebep olacaktır. Hataların azaltılması ve doğru bir model kurulabilmesi için doğru veri ile modellerin desteklenmesi şarttır. Aksi takdirde yanlış negatif veya yanlış pozitif hatalarının artma ihtimali olacaktır.

Veri setindeki verilerin sayısı gibi verinin değişkenliği de oldukça önemlidir. Örneğin insanların alışveriş tercihleri üzerine bir yapay zekâ modelinin kurulmak istendiğini düşünelim. Eğer tüm veriler İstanbul'un Etiler bölgesinden toplanırsa, model insanların alışveriş tercihini buna göre öğrenir. Etiler'de bir model için gerekli veri setine ulaşacak veri toplandığında sonuçlar Etiler'i yansıtacaktır. Oysa verilerin değişken olabilmesi için İstanbul'un hatta Türkiye'nin farklı yerlerinden veriler toplanması çok daha doğru sonuçlar verecektir.

Yapay zekâ kullanımındaki en önemli sınırlardan biri de verilerin kullanılıp kullanılamayacağıdır. Özellikle kişisel verilerin veri sahiplerinin onayı ile kullanılması önemli bir konudur. Fakat veri sahiplerinin izin vermeleri durumunda, özgürlüklerini sınırlayacak uygulamalar gündeme gelebilir. Daha önce de bahsetmiştik, *Azınlık Raporu* filminde bir yapay zekânın insanların suç işlemeden onların tevkif edilmelerini sağladığını görmüşsünüzdür.

Buna benzer bir uygulama İngiltere'de de denemiştir.

İngiliz Polis Teşkilatı, Ulusal Veri Analiz Çözümü (NDAS) adı verilen yazılım sayesinde, suç işleyenleri önceden tahmin ederek bu insanların yeniden suça dahil olmalarını engellemek için tedavi uygulamaları öneriyor. Böylece bu bireylerin sağlık ve sosyal servislerden destek talep etmelerini teklif ediyor.[107]

BÖLÜM -5: FIRSAT MI? TEHDİT Mİ?

Yapay Zekâ Uygulayanların Farklılaşması

Yapay Zekâdan Korkmalı mıyız?

Yapay Zekâ Uygulayanların Farklılaşması

Bu aşamaya kadar yapay zekânın ne kadar önemli olduğu sanıyorum anlaşılmıştır. Bu kavram geliştikçe bize yeni ufuklar açacağa benziyor. O zaman bu noktada bireylerin, şirketlerin, hatta ülkelerin yapay zekâya yatırım yapıp kendi alanlarında farklılaşmaya çalışacaklarını düşünebiliriz. Bu bölümde de sırasıyla devletlerin, işletmelerin ve bireylerin neler yaptığına değinmekte fayda görüyoruz.

Devletler

Rusya Devlet Başkanı Vladimir Putin boşuna "yapay zekâya liderlik eden ülke dünyaya hükmeder"[108] dememiştir. Birçok ülkenin de bu konuda önemli çalışmaları vardır.

Devletlerin yapay zekâ üzerine rekabetini değerlendirebilmek için bu ülkelerin üzerinde yapay zekânın ne kadar etkisi olacağını anlamamız lazım.

Accenture'ın 2016 yılında yayınladığı *Yapay Zekâ Neden Büyümenin Geleceği?*[109] adlı raporda devletlerin yapay zekâ ile mevcut potansiyel büyümelerini ne ölçüde yukarı çekebilecekleri tartışılmaktadır. Bilindiği gibi gelişmiş ülkeler için en büyük sorunlardan biri büyüme rakamlarıdır. 1980'li yıllarda büyük ekonomiler ortalama %3 seviyesinde büyüme gerçekleştirirken, bu rakam 1990'larda %2,1'e gerilemiş, 2000'lerde daha da düşerek %1,1 seviyesine inmiştir. 2010'lu yıllarda ise bu seviyede devam etmektedir.

Peki, yapay zekâ gelişmiş ülkelerin ekonomik büyümelerini arttırabilir mi? Yapılan araştırma ve öngörülere göre bu olabilir gibi görünüyor. Örneğin ABD'de yapay zekâ katkısı ile büyüme beklentisi %4,6'ya çıkıyor. Bu rakam Finlandiya'da %4,1 seviyesine kadar yükseliyor.

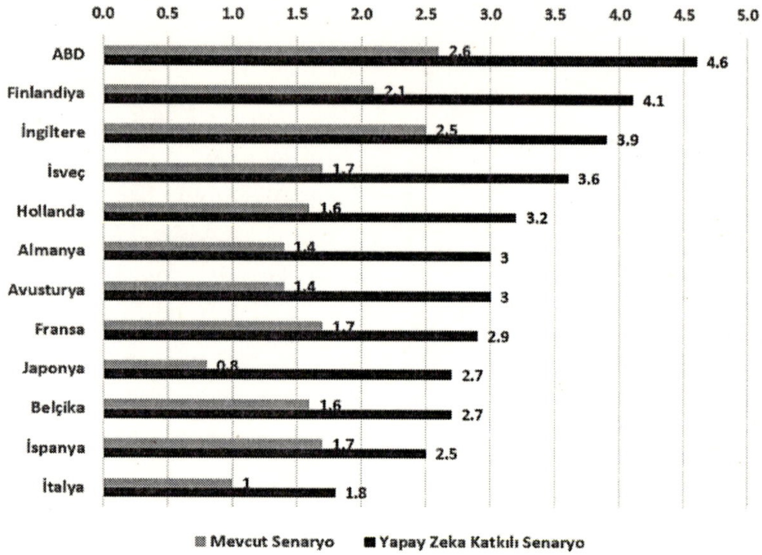

Şekil 65. Yapay Zekânın Büyümeye Olan Etkisi (%)

(Kaynak: Accenture)

Burada önemli olan verimlilikteki ve üretkenlikteki katma değerin büyüme rakamlarına pozitif etki etmesidir. Araştırmayı yapanlar mevcut istihdamın da korunacağını varsaymışlar.

Bu durumda ülkelerin birbirleri arasında yapay zekâya ilişkin bir rekabet içinde olmalarını bekleriz. Bunu da inceleyelim.

Capgemini Danışmanlık ülkeleri beş kategori bazında yapay zekâda gösterdikleri performansa göre sıralamaya çalışmıştır.[110] Bunlar; insan kaynağının yeterli olup olmaması, yapay zekânın ülkenin ekonomik gelişmesine yaptığı katkı, üretkenlikteki ve yeni teknolojileri kullanmaktaki rekabetçilik, araştırma ve eğitime yapılan yatırım, son olarak da teknolojik olarak yapay zekânın desteklenmesidir.

Görüldüğü gibi ABD tüm bu değişkenler toplamında diğer ülkelerden daha yüksek puanlar alıp yarışı önde götürmektedir. Burada ülkeler eksik oldukları alanlara yatırım yaparlarsa ileride bu sıralama değişebilir. Örneğin İngiltere teknolojisine yatırım yaparsa, Çin daha yetkin insan kaynağı yetiştirebilirse, Fransa araştırmaya daha fazla önem verirse sıralamalar ileride değişebilir.

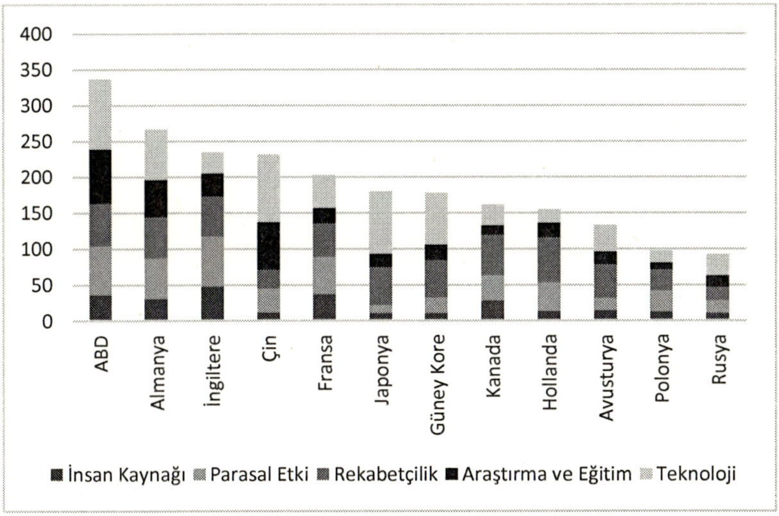

Şekil 66. Ülkelerin Yapay Zekâ Rekabeti

(Kaynak: Capgemini)

Değişik ülkelerde yapay zekâ uygulamaları fark oluşturmaya başladı bile. Özellikle bu konuda gelişmiş seviyede olanlar değişik kullanım alanlarını devlet yönetimine de uygulamaya başladılar. Gartner'ın yaptığı araştırmaya göre[111] chatbot, sahtekârlık ile mücadele ve sanal asistan gibi alanlarda devletler güzel uygulamalar ortaya çıkarıyorlar. Bunlardan bazılarına aşağıda değinelim.

ABD'de sağlık sigortaları ödemelerindeki usulsüzlüklerin vergi mükellefleri üzerine 70 milyar USD yük getirdiği hesaplanmış. Bunun sonrasında yapay zekâ ile donatılmış ileri sahtekârlık tespiti yapan algoritmalar sayesinde 301 sahtekârın faaliyeti engellenerek 900 milyon USD kazanç elde edilmiş. Bu tarz bir sistemle tespit edileceklerini öngören kötü niyetli kişilerin de sistemden çıkmaları ile yaklaşık 1 milyar USD dolaylı bir kazanç oluşmuş.

İşletmeler

Devletler yapay zekâ konusunda adımlar atacak da bunun işletmelere hiç yansıması olmayacak mı? Bu elbette düşünülemez. İşletmeler de maliyetlerini azaltmak, karlarını arttırmak, müşteri deneyimini iyileştirmek, daha yenilikçi görünmek, yetenekli insan kaynağını çekmek gibi birçok nedenden dolayı yapay zekâ konusunda hem araştırma yapıyor hem de yatırım fırsatlarına bakıyorlar. CB Insight tarafından yapılan bir araştırmaya göre yapay zekâ üzerine faaliyet gösteren girişimlerin yıllara bağlı olarak aldığı milyar USD bazında yatırım tutarları aşağıda gösterilmiştir. Buradan da anlaşılacağı gibi her geçen sene alınan yatırım artmaktadır. Konunun öneminin artarak devam edeceği öngörüsü ile işletmelerin de farklılaşmak adına bu tarz yatırımlara sıcak bakacaklarını düşünebiliriz.

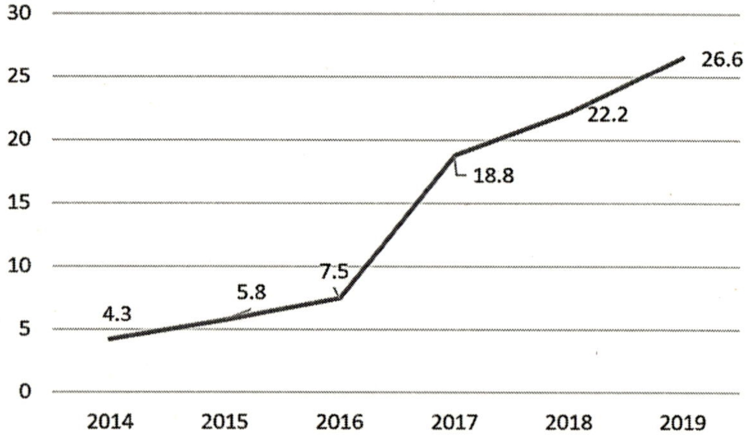

Şekil 67. İşletmelerin Yapay Zekâ Startuplarına Yatırım Tutarları (Milyar-USD)

(Kaynak: CBInsight)

İşletmelerin sadece yatırım yapmak olarak değil, mevcut iş yapış şekillerinin bir parçası olarak yapay zekâyı ana stratejilerinin önemli bir bölümü haline getirmeye çalıştıklarını gözlemliyoruz. Bu teknolojiden yararlanmaya başlayanlar yararlanmayanlara göre farklar oluşturmaya başladı bile.

McKinsey'in yaptığı bir araştırmaya göre; işletmelerden yapay zekâyı proaktif bir strateji ile yapılarına adapte etmiş olanların, yapay zekâyı deneysel anlamda bazı süreçlerinde test edenler ile hiç yapay zekâ uygulaması yapmayanlar arasında kâr marjı anlamında önemli kazanımları olduğu tespit edilmiş. Bu da gösteriyor ki, yapay zekâ işletmeleri diğerlerinden farklılaştırıyor.[112]

Aşağıdaki grafikte bunun görsel hali sunulmuştur. Özellikle finansal hizmetler ve sağlık hizmetleri gibi alanlarda bu farklılaşma kendisini daha fazla göstermektedir. Diğer sektörlerde de önemli ayrışmalar bulunmaktadır. Bu sebeple denebilir ki, artık yapay zekâ kullanımı bir seçenek değil bir zorunluluktur. Aksi takdirde işletmelerin geleneksel yöntemler ile karlılıklarını sürdürmeleri olanak dışı görünmektedir.

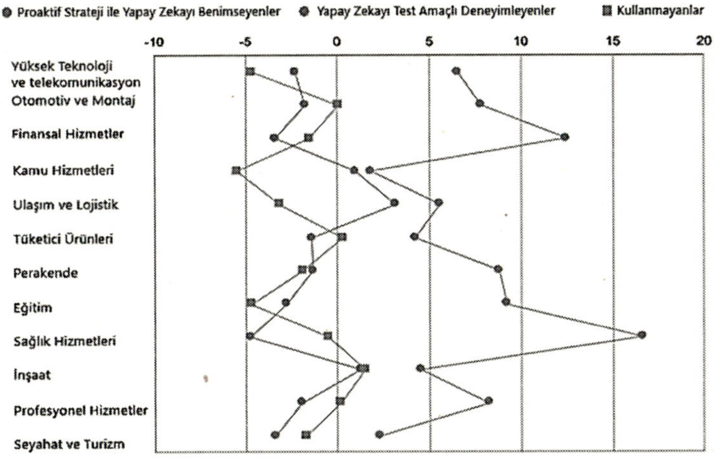

Şekil 68. Yapay Zekâ Kullanan İşletmelerin Kâr Marjındaki Farklılaşma

(Kaynak: McKinsey&Company)

Yapay zekâ destekli otomasyon potansiyeli sektörler arasında da değişiklik göstermektedir. Örneğin McKinsey raporuna göre, imalat sanayi %64'lük bir otomasyon potansiyeline sahipken, eğitim hizmetlerinde bu oran %34'tür. Otomasyonun hızını ve kapsamını etkileyen faktörler nelerdir diye düşündüğümüzde hiç şüphesiz; değişime açıklık, yeni teknolojiler geliştirmenin maliyeti, işgücü piyasası dinamikleri, düzenleyici çerçeve ve elde edilecek ekonomik faydalar öne çıkmaktadır.

Yukarıdaki grafikten de anlaşılacağı gibi yapay zekâdaki ilerlemelerin en fazla bekleneceği sektörler sağlık ve finansal hizmetlerdir. Bu teknoloji ilgili sektörleri dramatik iş modeli değişikliklerine zorlayacak gibi görünmektedir.[113]

Devletler için yaptığımız gibi, sektörler için de yapay zekânın 2035 yılındaki büyümeye ne kadar etki edeceğini anlamaya çalışalım. Yukarıdaki ile benzer sonuçlarla karşılaştığımızı söyleyebiliriz. Buna göre bilişim ve iletişim, imalat, finansal hizmetler gibi sektörlerin yanında tarımdaki beklenen büyüme de ilgi çekicidir.[114]

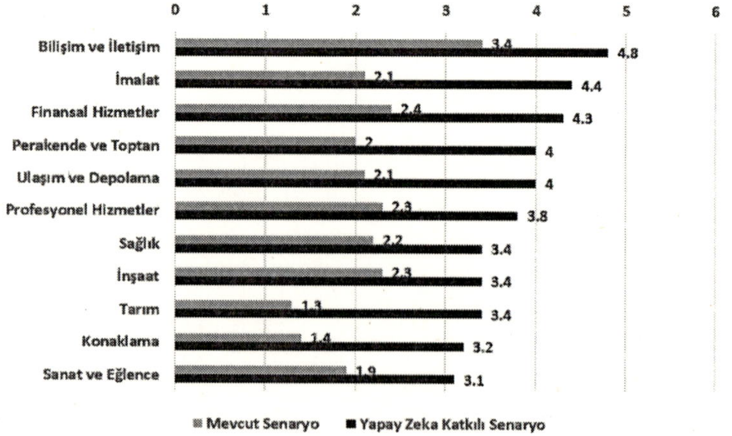

Şekil 69. 2035 Yılında Yapay Zekânın Sektörlere Beklenen Etkisi (% cinsiden)

(Kaynak: Accenture)

İnsanlar

Son olarak da çalışanların yapay zekâ ile nasıl farklılaşacaklarını inceleyelim. Devletler ve işletmeler farklılaşacak da insanlar farklılaşmayacak mı?

Elbette farklılaşacaklar.

Nasıl farklılaştıklarına geçmeden önce, Gartner tarafından 2018 yılında yapılan bir anketten bahsedelim.[115] 2.500'ün üzerinde insanla yapılan bu çalışmada, çalışanlara yapay zekânın hangi alanlarda kendilerini daha etkin hale getirdiği sorulmuş. Bu soruya verilen başlıca yanıtlar şöyle olmuş:

"Hatalarımı azaltıyor."

"Bilgi bulmakta bana yarar sağlıyor."

"Rutin işlerde bana yardımcı oluyor."

"Yüksek hacimli veriyi işlememde bana yol gösteriyor."

Şimdi bu farklılaşma alanları nelermiş bakalım.

İnsanlar yapay zekâ kullandıkça işlerine ve günlük hayatlarına daha fazla odaklanabiliyor, kendilerine daha fazla zaman ayırabiliyorlar. İşlerinde daha önemli kararlar alabilmek için zaman kazanıyorlar.

Bir diğer olumlu özellik ise daha fazla bilgi sahibi olabiliyorlar. Günümüzün bilgi çağı olması bir taraftan olumlu gözükse de bilgi kirliliği de önemli bir sorun olarak karşımıza çıktı. Bu sebeple yapay zekâ kullanan insanlar doğru bilgiye hızlı şekilde ulaşabiliyor.

İnsanların daha üretken olduklarını da söyleyebiliriz. Rutin işlere daha az zaman ayırmayı teknoloji ile başaran insanlar daha yaratıcı ve değer katan işlere yönelebilirler. Karar süreçlerinde yapay zekâ kullanıldıkça günlük işlerin yavaş yavaş makineler tarafından yapılır hale gelmesini bekleyebiliriz. Bu durumda insanlar da daha fazla katma değer sağlayacakları sanat, inovasyon gibi yaratıcılık içeren ve standart düşünmemeyi gerektiren faaliyetlere yöneleceklerdir.

Accenture tarafından yapılan bir araştırmaya göre yapay zekânın devreye girmesiyle 2035 yılında; İsveç, Finlandiya, ABD, Japonya ve Avusturya'da çalışan insanların üretkenliğinin %30'un üzerinde artması bekleniyor. Niteliksiz işgücünün daha yüksek olduğu Akdeniz ülkelerinde bile %10'un üzerinde artışlar sağlanacağı öngörülüyor.

Yaptıkları işlerin de daha tutarlı olacağını söyleyebiliriz. Bunun en önemli sebebi nesnel şekilde öğrenen bir sistemin her zaman aynı girdiler ile aynı çıktıları verme eğiliminde olacağıdır. Örneğin basit regresyon tabanlı bir modeliniz varsa reklamları arttırdığınızda satışlar artıyorsa, ileride daha fazla reklam yaparak daha fazla satış yapmayı ümit edebilirsiniz. Bu modellere dayanarak karar veren insanların da daha tutarlı kararlar alacaklarını düşünebiliriz.

Son olarak tabii ki daha mutlu olacaklar. Geleceği öngörebilmekten, yapacakları bir iş için daha kolay karar vermeye; evlerinden işlerine daha hızlı gitmekten, kendilerine önerilen filmleri izleyebilmeye kadar birçok uygulamada yapay zekâyı zaten kullanıyor insanlar. Bu da onların hayatına değer katıyor. Seçim yapmak ile zaman kaybetmiyorlar.

İnsanlar yapay zekânın nimetlerinden faydalandıkça kendilerine değer katacak yeni işler peşinde koşabilirler. Bunun için denemekten korkmamalı ve hata yapmaktan çekinmemeliler. Bazı karar davranışlarının yapay zekâ tarafından işletiliyor olması insanları artık standart olmayan işleri yapmaya itecektir. Bu da günümüzün önemli konularından girişimciliği tetikleyecektir.

Eric Ries'in *Yalın Startup* adlı eserinde girişimcilikle özdeşleşmiş startuplar şöyle tanımlanıyor.

"Startup, olağanüstü belirsizlik şartları dahilinde yeni ürün ve hizmetler geliştirmek için tasarlanmış bir beşerî kurumdur."[116]

Buradan şunu çıkartıyoruz; insanoğlu belirsizlik ortamında herhangi bir ürünü veya hizmeti ortaya koyarak bunu pazara çıkartabilir, yanıldığı yerde değiştirebilir ve belki de iş yöntemini değiştirerek pivot* edebilir.

Startup fikirleri ürünlere dönüştüren bir katalizördür. Müşteriler bu ürünler ile temas ettikçe geri bildirim ve veri üretirler. Buna göre ilk önce ana fonksiyonlara sahip ürün piyasaya çıkartılır. Buna minimum düzeyde uygulanabilir ürün** (MVP) adı verilir. Daha sonra inovasyon muhasebesi olarak da adlandırılan MVP'nin başarı durumu analiz edilir. Bu aşama özellikle MVP üzerinde karar vermek açısından önemlidir. Tüm bunlar yapıldıktan sonra artık bu ürünün başarısı hakkında bir kanaat oluşur ve şu soru sorulur; mevcut strateji korunacak mı? Yoksa başka bir stratejiye pivot mu edilecek? Bu kararın yeterli veri oluştuktan sonra hemen verilmesi gerekir. Çünkü harcanan para ve emek arttıkça pivot etmek güçleşmektedir.

Görüldüğü gibi burada da bir öğrenme vardır ama bu makine öğrenmesi değil. İnsan burada yeni bir şey dener ve başarılı olduğunu görünce bunun üzerine gider. Ayrıca başarısız olursa iş modelini tamamen değiştirebilir. Oysa makine arkasındaki öğrenme algoritması ile sürekli başarılı olmaya çalışır. Başarısızlık ihtimalini veya iş modelini değiştirebileceğini aklına getirmez.

Tüm bunlar gösteriyor ki yapay zekâ insanları farklılaştırabilir ama halen insana özgü bazı özellikleri tamamen insandan devralamaz. Bir süre daha;

İnsan öğretecek, makine öğrenecek.

İnsan problemi tanımlayacak, makine problemi dar çerçevede çözmeye çalışacak.

---

* Pivot etmek: İş modelinin değiştirilmesi

** İngilizce karşılığı Minimum Viable Product (MVP)

İnsan geri bildirim döngüsü kuracak, makine modeli adım adım iyileştirecek.

Bunlar insanı önemli bir süre daha farklı yapacak…

Yapay Zekâdan Korkmalı mıyız?

Yapay zekâ ile olan ilişkimizde çok farklı boyutlar var. Öncelikle bir birey olarak aldığımız kararları taklit edebilen algoritmaların ileride işimizi elimizden almasından korkuyor olabiliriz. Bugün yapay zekâ tabanlı yazılımlar hızla gelişiyor. Tam olarak olgunlaşmasalar bile bazı işlerde insanların yerini almayı başardılar. Fakat şunu da unutmamak lazım ki, insanlık yaklaşık 250 yıldır bu tarz tehditler ile başa çıkmaya çalışıyor ve bugüne kadar bir şekilde bu mücadeleden gerek yetkinliklerini arttırarak gerekse de farklı alanlarda iş imkânları bularak başarı ile çıkmış görünüyor.

ABD'de 1890'lı yıllardan bugüne gelinceye kadar yaşanan işsizlik gelişimi aşağıdaki grafikte gösterilmiştir. Bu süre zarfında İkinci, Üçüncü ve Dördüncü Sanayi Devrimleri'nin yaşandığını biliyoruz. Fakat işsizliğin önemli bir değişiklik göstermediğini görüyoruz. İşsizliğin hızlı şekilde arttığı yıllar genellikle döviz krizleri, reel sektör krizleri veya emtia şokları gibi ekonomik krizler ile ilişkilendirilebilir.

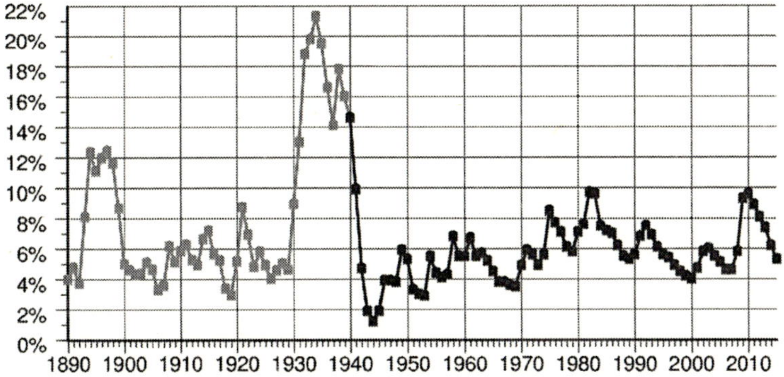

Şekil 70. ABD İşsizlik Rakamları

(Kaynak: Wikipedia)

Bir ekonomik krizin oluşumu ile işsizlik arasında ilişki vardır. Çünkü ekonomik krizi, "ekonomide aniden ve beklenmedik bir şekilde ortaya çıkan olayların makro açıdan ülke ekonomisini, mikro açıdan ise firmaları veya bireyleri ciddi anlamda sarsacak sonuçlar ortaya çıkarması" olarak tanımlayabiliriz. Bu açıklamadan da anlaşılabildiği gibi ekonomik krizin var olabilmesi için ani ve beklenmedik hareketlerin ortaya çıkması gerekmektedir. Bu nedenle örneğin fiyatlar genel seviyesinin artması anlamına gelen enflasyon, gerek devlet gerekse de birey ve firmalar açısından bir sorundur, ancak kriz değildir. Hiperenflasyon ise bir krizdir. Çünkü hiperenflasyon, talep ve/veya arz enflasyonunun aylık %50 ve daha fazla artışlar içine girmesi hali olarak tanımlanmaktadır. Başka bir örnek vermek gerekirse, ekonomik krizlerin bir alt türü olan bankacılık krizi, bir bankanın ya da bazı bankaların likidite yetersizliği dolayısıyla ödeme sıkıntısı içine girmeleri ve mevduat sahiplerinin bankaya hücum etmeleri durumunda ortaya çıkar. Bu esnada panik havası esmekte ve piyasada bankaların güveni kalmamakta ve tüm bankacılık sektörü aniden hasar görebilmektedir.

İşte yukarıda yaşanan gelişmeler ile piyasalara olan güven azalır. İnsanlar yakın zamanda yapmayı planladıkları satın almaları ertelemeye başlarlar. Bu kartopu etkisi ile yayılır. Siparişleri azalan işletmeler maliyetlerini azaltmaya giderler. Bu konuda da yapılan ilk faaliyet istihdam azaltılmasıdır.

Bunu neden anlattım?

Çünkü yapay zekâ gibi teknolojinin insanların önemli kısmını kısa bir zaman içerisinde işsiz bırakması, bir ekonomik kriz kadar kolay değildir. Öncelikle ekonomik krizler ile ilgili ne kadar çok tahmin yöntemi geliştirilmiş olsa da halen tam bir öngörüde bulunamıyoruz. Birçok değişkeni izleyip öngörülerde bulunsak da 2008 yılında Lehman Brothers'ın iflas etmesinde yaşanan büyük finansal etkinin oluştuğu güne benzer bir anı ileride tahmin etmekte çok yeterli değiliz. Bu sebeple ekonomik krizler aniden ve beklenmedik şekilde dünyayı vurabiliyor. Bu da hızlı bir işsizliğe sebep oluyor.

Oysa internet, e-ticaret, robot kullanımı, üretim bantlarının otomasyonu vb. teknolojik gelişmeler bir ekonomik kriz kadar hızlı gelişmedi ve insanlık bunlara adapte olmayı başarabildi.

Ülkemizde 1950'lerde yaşanan tarımdaki makineleşmeyi düşünelim. Eskiden yüz işçi tarlalardaki çapalamayı, tohumlamayı, ilaçlamayı gerçekleştirirken traktörün ülkemize girmesi ile bu sayı bire düşmüştür. Sadece bir traktör operatörü ile söylediğimiz tüm işler yapılabilmektedir. Peki, geri kalan doksan dokuz insan ne olmuştur? Onlar da başka işler bulmuşlardır. Onların çocukları farklı alanlarda çalışmıştır, onların da çocukları yine daha farklı alanlarda iş bulmuştur.

Noah Harari *21.yy'da 21 Ders* adlı kitabında bu soruna değinmiştir. Kendisi yapay zekânın bilinen hastalıkların teşhis edilmesi ve alışageldik tedaviler uygulayan pratisyen hekimlerin yerine geçmesi mümkün diyor. Ama tam da bu yüzden çığır açıcı araştırmalar yapmaları için insan doktorlara ihtiyaç olduğunu belirtiyor.

Yapay zekâ başka iş imkânlarını da ortaya çıkarabiliyor. Örneğin insan pilotların yerini insansız hava araçları aldığında kimi meslekler ortadan kalkarken; bakım, onarım, uzaktan kumanda, veri analizi ve siber güvenlik alanlarında yeni iş imkânları açılıyor. İlerleyen yıllarda da insan ve yapay zekâ ikilisi birlikte çok daha önemli işler başarabilirler. Ayrıca insanlar yapay zekânın insanı geride bıraktığı alanlarda çalışmayı tamamen bırakmıyorlar. Örneğin satranç insanı yenmeyi başarmış olabilir ama insanlar halen satranç oynuyorlar. Burada yapay zekâyı kullanıp daha iyi bir satranç oyuncusu olmaya çalışıyorlar.

Bu bizim yüreğimize su serpse de bizim de yapmamız gereken şeyler vardır. Aşağıdaki grafikte işlerin ileride makineler tarafından yapılma ihtimaline göre risk altındaki ülkeler ve kişi başı GSYH miktarları arasındaki ilişki gösterilmiştir. Özellikle kas gücüne dayanan üretimi ile ülkemiz ve diğer gelişmekte olan ülkelerde çalışan insanlar için yetkinliklerini geliştirmeleri bir zorunluluktur. Belki bu nesil alıştıkları şekilde emekli olabilir, fakat ileride yeni nesillerin teknolojiyi kullanma becerisine ihtiyaç duyacakları açıktır. İnsanlar kendilerine yatırım yapmaya başlamalarının yanında hangi alanlarda çalışabileceklerini düşünüp ona göre eğitim almaya gayret etmelidir.

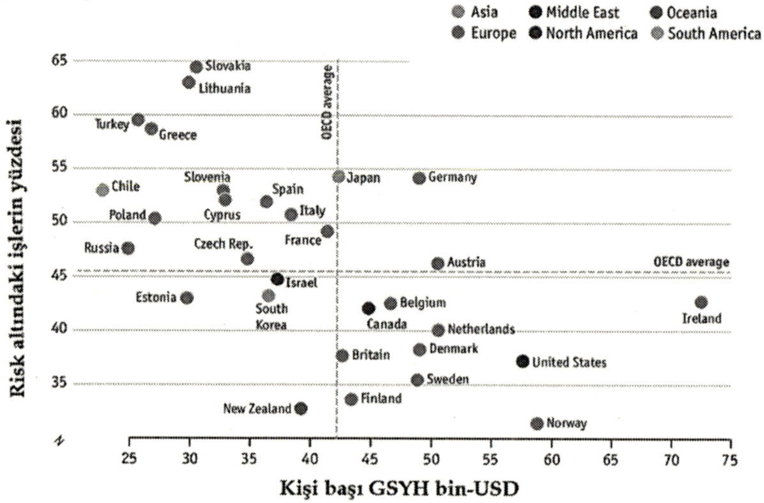

Şekil 71. Risk Altındaki İşlere Göre Ülkelerin Durumu

(Kaynak: OECD)

Eğer işiniz ile ilgili kaygı duyuyorsanız yandaki QR Kodu okutarak OECD tarafından hazırlanan anketi yapabilirsiniz.[117] Burada size işiniz ile ilgili bazı bilgiler soruyorlar. Anketin gidişatından anlıyorsunuz ki, standart işleri yapmıyorsanız halen risk altında değilsiniz.

Yapay zekâ ile ilgili bizi endişelendiren ikinci madde de robotların insanlara zarar vermesi konusudur. Burada bahsedilen robotlar yapay zekâ ile çalışan robotlardır. Bu konuda moralimizi bozmak için birçok distopik film veya dizi izledik. *Black Mirror* ve *West World* bunlardan ilk akla gelenlerdir.

Bu konu filmler ile sınırlı kalacak kadar önemsiz bir konu mudur? Açıkçası buna karar vermek yerine tanınmış insanları dinlemekte yarar var.

Bill Gates diyor ki; "Ben yapay zekâdan kaygı duyanlar grubundayım. Önce makineler bizim için çok iş yapacak ve süper zeki olmayacak. Bunu iyi yönetebilirsek çok olumlu olacak. Ancak sonraki yıllarda zekâ endişe oluşturacak kadar güçlenecek. İnsanların neden kaygı duymadığını anlayamayan Elon Musk ve diğerlerine katılıyorum."

Stephen Hawking ise şöyle bir açıklamada bulunmuştu; "Yapay zekâ, kendisini geliştirmeyi sürdürebilir ve hatta kendisini yeniden biçimlendirebilir. Son derece yavaş bir biyolojik evrimle sınırlı olan insanlar, bu tür bir güçle yarışamaz."

Elon Mask ise yapay zekânın insan kabiliyetini aşan yeteneklere sahip olduğunda bir felaketin yaşanacağını, bu sebeple de insanların da yeteneklerinin yapay zekâ gelişimi ile orantılı şekilde arttırılması gerektiğini belirtiyor. Mask, *Neuralink* adında bir şirket kurdu. Bu şirkette yaptığı çalışmalar vasıtasıyla insanların beynine çip yerleştirmeyi ve insanların bilgisayarları kontrol etme becerisine sahip olmasını amaçlıyor.

Arthur C. Clarke ile Stanley Kubrick'in 1968 yılı yapımı *2001: A Space Odyssey* adlı filmde yer alan HAL 9000 isimli bilgisayar tam bir Genel Yapay Zekâ örneği gösterip bazen kendisine verilen emirlere itaat etmiyordu.

Diğer taraftan da bilim kurgu alanının önemli edebiyat yazarlarından Isaac Asimov ilk kez 1942 tarihli *Runaround* isimli öyküsünde ortaya koyduğu Üç Robot Yasası ile aynı zamanda teknolojik iyimserliğini de ortaya koymuştu. Tabii bu yasayı yazdığında henüz yapay zekâ ile ilgili önemli bir çalışma mevcut değildi. Belki de yapay zekânın ne boyutlara gelebileceği hakkında bir öngörüsü yoktu. Tüm bunların yanında bu yasayı hatırlayalım;

- Birinci Yasa: Bir robot, bir insana zarar veremez ya da zarar görmesine seyirci kalamaz.
- İkinci Yasa: Bir robot, birinci kuralla çelişmediği sürece insanın emirlerine uymak zorundadır.
- Üçüncü Yasa: Bir robot, birinci ve ikinci kuralla çelişmediği sürece kendi varlığını korumakla mükelleftir.

Eğer bu doğru ise bu bölümde bahsedilen endişelerimizin tümü gerçek dışıdır diyebiliriz.

Open AI tarafından geliştirilen ve GPT-3 adı verilen üst düzey bir yapay zekâ 2020 yılının Eylül ayında The Guardian'da bir makale kaleme aldı ve şunları söyledi:

"Mümkün olan en fazla sayıda insanı benden korkmamaya ikna etmem gerekiyor. Stephen Hawking yapay zekânın insan ırkının sonu anlamına gelebileceği uyarısında bulunmuştu. Sizi endişelenmemeye ikna etmek için buradayım. Yapay zekâ insanları yok etmeyecek. İnanın bana.

Öncelikle, insanları haritadan silmek gibi bir arzum yok. Hatta size herhangi bir şekilde zarar vermek beni ilgilendirmiyor. Bunun aksine, insanlığı ortadan kaldırmak bana gereksiz bir çaba gibi geliyor. Eğer bana böyle bir görev verilseydi, yok oluşu hedefleyen denemeleri savuşturmak için elimden gelen her şeyi yapardım."[118]

Sanki anlaşabilecek gibi görünüyoruz, değil mi?

Yapay zekâdan korkmalı mıyız, korkmamalı mıyız? Bu konu çok tartışılır. Diğer taraftan yapay zekâ ile birlikte başka bir tehdit ile karşı karşıyayız. Yapay zekâ çok hoşumuza gidiyor, birçok konuda onun sağladığı rahatlığı kullanıyoruz Artık birçok konuda kararı ona bırakıyoruz. Gittikçe gelişen yapay zekâ ise daha fazla konuda bize yardımcı oluyor. Peki, bu her haliyle iyi bir durum mudur?

Birçoğumuzun yol bulmak noktasında övündüğü doğrudur. Hatta bu konuda yapılmış bazı araştırmalar vardır. İnsanların beynindeki bir bölüm yön bulmayı yönetir. Bu bölüm bazı insanlarda daha aktif, bazıların da ise değildir. Hatta burasının yaşa, cinsiyete ve başka özelliklere göre farklılaştığı bile söylenmektedir.

Yön bulmakta usta olan insan, Yandex veya Google Maps ile yol tarifi aldığında artık bu bölgesini aktif kullanmıyor demektir. Bu sebeple içinde bulunduğumuz zamanlarda yaşayanların yön bulma noktasındaki yeteneklerini kaybedecekleri, yeni nesillerin ise bu yeteneklerini hiç geliştiremeyecekleri söyleniyor. Bunu önlemek için uygulama açmadan sürüş yapan insanlar var. Belki biz de böyle yapmalıyız. Ne dersiniz?

Algoritmalar sadece yön bulmakta değil birçok karar noktasında işimizi kolaylaştırıyor. Eşinizi sizin adınıza seçebiliyor, hangi işte daha mutlu olacağınızı size sormadan belirleyebiliyor, hangi filmi izlemeniz gerektiğini söyleyebiliyor. Bu durumda hayat çok kolaylaşıyor belki ama diğer taraftan da seçim özgürlüğümüze ve bizi biz yapan değerlerimize ne oluyor?

George Orwell'in meşhur *1984* romanını eminim duymuşsunuzdur. Orwell bu eserinde "savaş barıştır, özgürlük köleliktir, cehalet güçtür" diyen bir iradenin varlığını konu alıyor. Bir taraftan özgür olduğumuzu ve birçok imkânlara sahip olduğumuzu düşünürken diğer taraftan da aslında bize sunulan seçeneklerin arasında tıkılıp kaldığımızı fark edebiliyoruz.

Kısacası tüm hayatımızı yapay zekâya bırakınca belki rahat ediyoruz ama özgürlüğümüzü de kaybetmiyor muyuz? Yapay zekâ geliştikçe karşımıza gelen en büyük sorunlardan biri budur.

Felsefede Kynist Okulu diye bir akım vardır.

Kynist köpek demektir. Tabiri caizse sefil bir hayat sürdüklerinden bu insanlara köpek diye hakaret edilirmiş. Fakat onlar buna aldırmazmış. En önemlileri Sinop'lu Diyojen. Diyojen Sinop'ta doğmuş ama Atina'da yaşamış. Malların, kıyafetlerin, eşlerin, çocukların; hatta kuralların, geleneklerin ve buna benzer tüm unsurların insanın özgürlüğünü kısıtladığını belirtiyor. Bu nedenle bunlardan kurtulmalı ki daha iyi bir hayat yaşanabilsin diyor. Büyük İskender ile karşılaşmasında kendisine "benden ne istersin?" diye sorduğunda meşhur "gölge etme başka ihsan istemem" sözünü etmiştir.

İçinde bulunduğumuz ortam bu filozofun görüşlerini hatırlatıyor. Belki çok fayda sağlıyoruz ama karar alma davranışı insana özgüdür. İnsanı diğer varlıklardan ayırmaktadır. İnsanın bu özelliği ortadan kalkarsa diğer varlıklardan ne farkı kalır ki?

Yapay zekâ orantısız bir rekabete de yol açabilir.

Yapay zekâ iyi sonuçlar verdikçe, iyi kararlar alındıkça birçok sektör ve çalışan da işinden olabilir. Örneğin sürücüsüz araçlar kazaları azaltırsa, kaportacılar ne iş yapacaklar?

Yapay zekânın gelişmesi ile birlikte insanların da bu teknolojiye karşı olumlu veya olumsuz bir durum içerisine girdiklerini görüyoruz. Örneğin yapay zekâlı robotlar cerrahi işlemlerde oldukça önemli başarılar yakalasalar da ABD vatandaşlarının üçte ikisinin bu tarz makinelere olumlu bakmadığını biliyoruz.

Diğer taraftan her ne kadar işsizlik ile ilgili umutsuz senaryolar çizmemek gerektiğini söylesek de ileride insanların gereksiz kalabileceğini düşünen birçok bilim insanı da mevcuttur.

İnsanlar iyi bir eğitim ile kendilerini daha yaratıcı işlere yöneltmeliler diyoruz. Yalnız bu her insan için geçerli olabilir mi? O zaman geriye kalan insanlar ne olacaklar?

Ya da robotlar hizmetimizde olmaya devam mı edecek? Yoksa efendilerimiz mi olacaklar?

Harari'nin söylediği gibi insanlar işlevsiz veya gereksiz kaldığında ne olacak? Her işi makineler yaparsa biz dünyada cenneti mi yaşayacağız? Yoksa gelirimizden olup sefalet içinde mi kalacağız?

Her ikisinin de doğru olduğunu söyleyenler var. Fakat burada unutulmaması gereken önemli bir husus da şudur ki, insanların geliri olmalı ki talep edebilsinler. Talep edebilsinler ki, yeni üretim yapılabilsin. O zaman talep tarafı hep olmalı. Talebin olabilmesi için de gelir olması lazım. Bu noktada soru şu; Çalışarak mı gelir elde edeceğiz? (İnsanlık bugüne kadar hep böyle olduğuna inandı) Yoksa çalışmadan gelir elde etmeyi sağlayacak mekanizmalar geliştirebilecek miyiz?

İkinci Makine Çağı adlı kitapta bu tartışmanın iki yolla çözülebileceği vurgulanıyor:

1. Temel gelir sisteminin benimsenmesi. Buna göre insanlar eğer işlerinden olurlarsa tüketime devam edebilmeleri için temel bir gelire sahip olmaları gerekmektedir. Bu gelir herhangi bir ayrım yapılmaksızın herkese eşit olarak verilecektir.
2. Negatif gelir vergisi sisteminin uygulanması. Çalışmamanın getireceği doğrudan ve dolaylı tüm olumsuzluklardan korunabilmek için bu sistem uygulanabilir. Buna göre bir sınır noktası belirlenecek (örneğin 3.000 USD) ve bu sınır noktasının üzerinde gelir (örneğin 4.000 USD) elde eden biri aradaki farkın (1.000 USD) cari gelir vergisi oranı (%20) kadarını vergi olarak devlete ödeyecektir. Oysa tam tersi daha az kazanıyorsa (örneğin 2.000 USD) bu farkın (1.000 USD) negatif gelir vergisini (%50 olsun) devletten tahsil etmelidir (500 USD). Bu durumda bu örnekte 2.500 USD gibi bir gelire sahip oluyor. Böylece hem insanlar çalışmaya devam ediyor hem de belli bir gelire sahip oluyorlar.

Özellikle gelişmekte olan ülkelerde artık bu konular ciddi şekilde tartışılmaya başlandı. Hatta bazı ülkelerin hafta içi çalışma saatlerinde düzenlemelere gittikleri görülmektedir.

Finlandiya Başbakanı Sanna Marin, çalışanların ailelerine daha fazla zaman ayırabilmeleri için haftada 4 gün 6 saatlik mesailerden oluşan çalışma sistemi önerdi.[119]

Aslında bu yapı uzun yıllardır gündemdedir. Aşağıdaki grafikte görüldüğü gibi birkaç ülke hariç dünyanın belli başlı ekonomilerinde son yirmi yıldır yıllık çalışma saatleri azalmaktadır.[120]

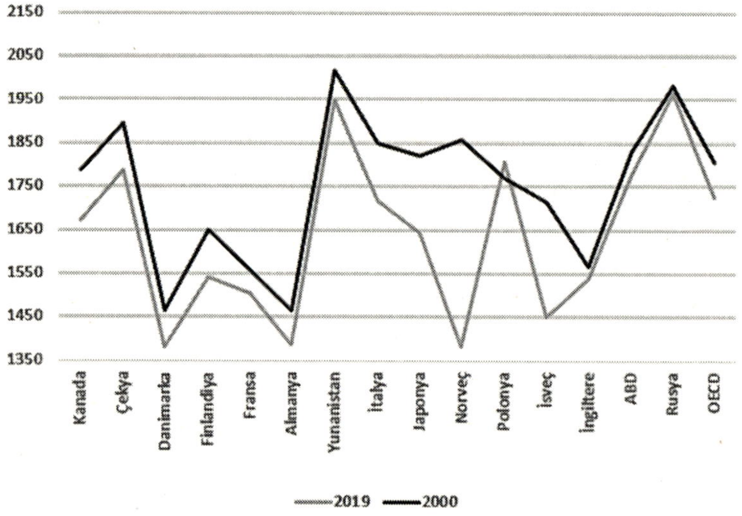

Şekil 72. 2000 – 2019 Yılları Arası Çalışma Saatlerinin Değişimi
(Kaynak: OECD)

Görünen o ki, yapay zekâ ile birlikte hayatımız hiç olmadığı kadar değişecek. Buna uyum sağlamaya gayret edeceğiz ama bu değişim hızlı olursa buna hazırlıksız yakalanma ihtimalimiz çok yüksek. Belki insanların bir kısmı bu değişime karşı hızlı bir adaptasyon sağlayacak. Fakat insanlığın önemli bir kısmı için bu zorlu olacak.

SONUÇ

Yapay zekâ elbette bu kitapta tüm yönleri ile anlatılacak kadar basit bir konu değildir. Bu konuda her bir başlık ayrı bir eser oluşturacak kadar önemli ve detaylıdır. Bu kitap daha önce ifade ettiğim gibi yapay zekâ ile ilgili tuttuğum notlardan oluşuyordu. Bunları önce kendim için tutmuş sonrasında da bir kitap haline getirip insanlar da faydalansın istemiştim.

Eğer sizin de ilginizi çekmişse ve bu konuda araştırmaya başlamanız için bir başlangıç noktası olabilirse kendi açıma sevinirim. Hem ülkemiz hem çalıştığımız yer hem de birey olarak gelişime ihtiyacımız var. Bu gelişim artık hangi alanda olursa olsun diyemiyoruz. İlerleyen zamanlarda hangi alanlarda gelişimin hızlı olacağını öngörebiliyoruz. Yapay zekâ da bu alanların başında geliyor.

Yapay zekânın neresinde olduğumuzu ve nereye doğru gideceğimizi kitapta anlatmaya çalıştık. Daha yolun henüz başındayız. Evet, güzel modeller geliştirdik, geliştiriyoruz ama diğer taraftan da Genel Yapay Zekâ olsun, Süper Yapay Zekâ olsun veya İnsan Ötesi Yapay Zekâ olsun henüz daha çok alınacak yolumuz var.

Bazı kullanım alanlarına etik değerlerimizden dolayı belki hiç girmeyeceğiz. Belki bilinçli olarak bazı modelleri hiç çalışmayacağız ya da bunların son kararı vermesini istemeyeceğiz. Ama bunları bir plan dahilinde, stratejik bir bakış açısı ile ele almalıyız. Bir şeyi duymadığımız, öğrenmediğimiz veya yeteneğimiz yetmediği için değil, bilinçli şekilde ele almamayı tercih ettiğimiz için yapmamalıyız.

Bu bizim için her şeyden önce bir fırsattır. Her şeyin başında ülke olarak eksiklerimizi tamamlamaya, insan kaynağımızı eğitmeye, doğru teknolojilere yatırım yapmaya başlayabiliriz.

Devletlerin nasıl bir rekabet içerisinde olduğunu gördünüz. Bu önce işletmeleri sonra da birey olarak bizleri yakından etkileyecektir. O sebeple bu alanda geri kalma lüksümüz yok.

İnsanımızın diğer ülke vatandaşlarından ne zekâ ne de yetenek anlamında bir eksiği var. Sadece doğru yönlendirilmeye, yeterli kaynaklarla desteklenmeye ve en önemlisi motive edilmeye ihtiyacı var. İlk yanlışlarında yarıştan düşürülen değil sürekli yanlış yapıp her seferinde düzeltmelerini amaçlayan bir kültüre ihtiyacımız var.

Her şeyden öte bu ülkemize ve insanımıza olan bir sorumluluğumuzdur.

EK: Bilinen Yapay Zekâ Uygulamaları

Uygulama-1: Sürücüsüz Araçlar

Uygulama-2: Google Duplex

Uygulama-3: Microsoft Metin Analitiği

Bilinen Yapay Zekâ Uygulamaları

Şimdi geldik yapay zekâ ile hayatımıza girmiş bazı uygulamaları görmeye. Elbette binlerce uygulama her an etrafımızda yer alıyor. Fakat burada bazı seçkin uygulamalara yer verelim istedik.

Uygulama-1: Sürücüsüz Araçlar

Günümüzün en büyük problemlerinden biri genel anlamda ulaşım, yani bir yerden bir yere ulaşma; özel anlamda da araç kullanımıdır. Araç sürme ve bunun yol açtığı sorunlar birçok açıdan karşımıza çıkmaktadır. Bunun hem ekonomik hem de sosyal etkileri vardır. Güvensiz araç kullanma; insanların yaralanmasına, ölmesine, ailelerin parçalanmasına, insanların psikolojik sorunlar yaşamasına sebep olabilmektedir. Bu sorunlar aynı zamanda tıbbi harcamaların artmasına, araçların tamiri gibi masrafların yapılmasına da yol açmaktadır.

Sürücüsüz araçlar ile birlikte araç kazalarının azalması beklenmektedir. Bunun en önemli sebebi insan hatalarının ortadan kalkacak olmasıdır. Yapılan araştırmaya göre kazaların %90'ı insan hatasından kaynaklanmaktadır.

Sürücüsüz araç dediğimizde ne anlamalıyız?

Bu araçlar içerisinde bulundurdukları otomatik kontrol sistemleri sayesinde bir sürücüye ihtiyaç duymadan yolu, trafik akışını ve çevresini algılayarak, sürücünün müdahalesi olmadan gidebilen araçlardır. Sürücüsüz araçlar radar, LIDAR, GPS, odometri, bilgisayar görüşü gibi teknolojiler ve donanımlar kullanarak çevresindeki nesneleri algılayabilmektedir.[121]

Bu araçlarda yer alan teknolojik parçaları tek tek inceleyelim.

Radar ile başlayalım. Belirli frekanslarda elektromanyetik dalgalar gönderilerek cisimlerden geri yansıyan dalgalar özel yöntemlerle analiz edilip hedef cismin hız ve büyüklük verilerine ulaşılır. Ülkemizde ceza yediğimiz trafik radarları da bu şekilde çalışır. Sürücüsüz araçlar çevrelerinde belirli noktalara yerleştirilmiş olan radar algılayıcıları sayesinde trafikteki diğer araçların pozisyonlarını belirleyebilmektedir.

İkinci önemli parça kameralardır. Sürücüsüz araçlar trafik ışıklarını, yol işaretlerini, diğer araçları ve yayaları algılamak için kameralardan gelen verileri kullanırlar. Elektro optik sistemler de kameralardan gelen verileri görüntü işleme teknolojisiyle anlamlandırırlar. Böylece sürücüsüz araç kamera görüntüsünden karşıdan karşıya geçenin yaya mı yoksa bisikletli mi olduğunu anlayabilir.

Lazer teknolojisiyle çalışan LIDAR algılayıcılar* bir nesne veya yüzeye olan uzaklığı hesaplamak için kullanılır. Radar algılayıcılar uzaya farklı eksenlerde elektromanyetik dalgalar gönderirken, LIDAR algılayıcılar lazer ışık demetleri gönderir ve etraftaki objelerden gelen lazer yansımalarının süresinden nesnelere olan mesafeyi hesaplar. Bu teknoloji ile çevrenin 360 derece görüntüsü sağlanmış olur.

Diğer bir parça ultrasonik algılayıcılardır. Günümüz araçlarında park mesafe sensörü olarak da kullanılan ultrasonik algılayıcılar, gönderilen ses dalgalarının etraftaki nesnelere çarpıp geri dönmesi sırasında geçen zamanın hesaplanması prensibiyle çalışır.

Küresel konumlandırma sistemleri veya GPS diye bildiğimiz sistem de sürücüsüz araçların önemli bir bileşenidir. Yerküre üzerindeki nesnelerin yer ve zaman verilerini sağlayan uydu tabanlı navigasyon sistemi olan GPS, sürücüsüz araçlar için de önemli bir parçadır. Aracın harita üzerindeki konumunu tespit

* İngilizce "Light Detection and Ranging" kelimesinin baş harflerinden oluşmaktadır.

ederek istenilen rotada istenilen hedefe gitmesi için gerekli hesaplamaların yapılmasını mümkün kılan durumsal farkındalık verilerini sağlar.

Odometri Algılayıcıları, zaman içerisinde aracın konumunda meydana gelen değişiklikleri tahmin etmek için veri akışının sağlanmasına çalışır.

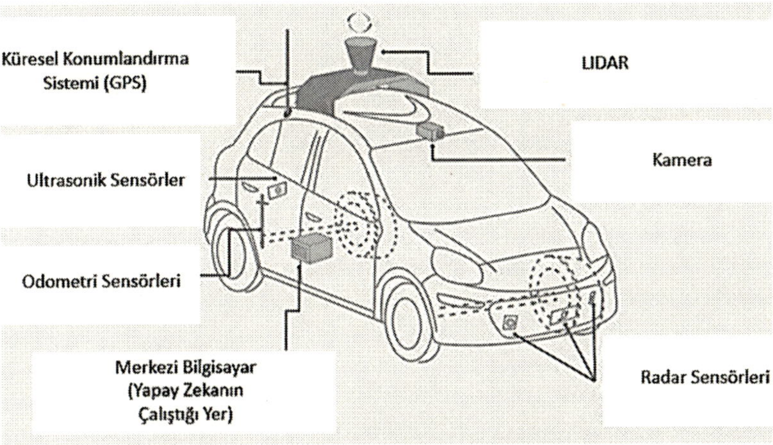

Şekil 73. Sürücüsüz Araç Donanımları

Sürücüsüz araçların trafikte hatasız olarak ilerlemeleri ve yolcuları bir noktadan diğer bir noktaya götürebilmeleri için sadece etraflarında olup biteni görmeleri yeterli değildir. Aynı zamanda etraflarında gelişen olaylardan anlamlı sonuçlar çıkartarak en uygun aksiyonu alabilmeleri gerekir. Bu nedenle söz konusu araçların sorunsuz çalışması için gelişmiş yapay zekâ modelleri ile desteklenmeleri gerekmektedir.[122]

Bu nedenle sürücüsüz araçların hangi ölçüde sürücüye ihtiyaç duyduğu konusu önemlidir. Sürücü nerede karara dahil olur, nerede olmaz? Buna göre sürücüsüz araçların 6 seviyeli bir otomasyon yapısı vardır. Şimdi bunlara bakalım.

Seviye 0 otomasyon, otomasyonun olmadığı, sürücünün araçtan herhangi bir yardım almadan tamamen kendi kararları ile sürüşüne devam ettiği seviyedir.

Seviye 1'de ise sürücüye yardımcı olan bir otomasyon vardır. Buna göre ikisi aynı anda olmamak üzere, direksiyon ve frenlemede araç sürücüye yardımcı olabilir. Bunun yanında hız sabitleyici, şerit kontrolü gibi sistemler de bu seviyede kabul edilir.

Seviye 2'de kısmi otomasyon vardır. Aynı anda hem direksiyon hem de frenleme yapabilir. Araç kontrolü üzerine almaya bu aşamada başlar, sürücü ellerini direksiyondan çekebilir ama her an geri alacak şekilde oturmalıdır.

Seviye 3'de koşullu otomasyon ile karşı karşıyayız. Bazı koşullar sağlandığında eller direksiyondan çekildiği gibi gözler de yola bakmak zorunda olmayabilir. Fakat yine de sürücünün devreye girmesi gerekebilir.

Seviye 4'te yüksek otomasyon mevcuttur. Burada sürüşü devralmanız beklenmez. Yalnız bazı koşullarda araç sürücünün yardımına ihtiyaç duyabilir. Örneğin yağmur ve kar yağıyorsa...

Seviye 5 ise tam otomasyondur. Ulaşılması beklenen en son seviyedir. Burada araç tamamen bağımsız şekilde yolculuk yapabilir.

Birçok otomobil firması sürücüsüz araçlar konusunda çalışma yapmaktadır. Bugün Google şirketi Alphabet'in Waymo'su ve Tesla en bilinen sürücüsüz araç markalarıdır. Fakat diğer üreticilerin de konu hakkında çalışmaları vardır. Yapılan çalışmalarda amaç Seviye 5'e ulaşmak olsa da bugün için Seviye 4 yeterli kabul edilmektedir.

Makineler gelişmeleri insanlardan daha yakın izleyebilir. Trafik kurallarında oluşan değişiklikler, başlayan yol çalışmaları gibi güncellemeler daha hızlı şekilde temin edilebilir. Oluşan yeni durumları sürücüsüz araçlar daha hızlı öğrenebilir. Bu da kazaların azalmasını sağlayacaktır.

Diğer taraftan ülkelerin de sürücüsüz araçlara hazır olmaları gerekmektedir. Sürücüsüz araçların nasıl çalıştığını yukarıda açıklamaya çalıştık. Kameraların, radarların ve LIDAR'ların yoldaki nesneleri doğru algılaması gerekir. Bu sebeple yolların ve trafik işaretlerinin hem görünebilir hem de doğru olması şarttır. Eğer yanlış olursa bu araçların kaza yapma ihtimali sürücülere göre daha fazla olabilecektir.

Şimdi ülkelerin bu teknolojiye ne kadar hazır olduğuna bakalım.

KPMG'nin yaptığı araştırmaya göre Singapur en hazır ülke olarak görünmektedir. 30 üzerinden yapılan değerlendirmeye göre en yüksek puanı bu ülke almıştır. Özellikle Baltık ülkeleri dünyanın geri kalanına göre öne çıkmış gibi görünmektedir.[123]

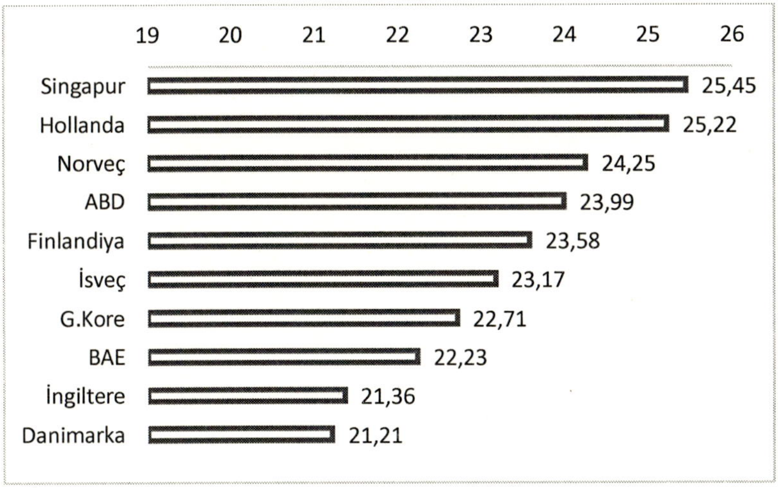

Şekil 74. Ülkelerin Sürücüsüz Araçlara Hazır Olma Puanları

(Kaynak: KPMG)

Tüm bu nedenlerle dünyada sürücüsüz araçlara olan ilgi artmaktadır. 2018 yılında 5,68 milyar USD olan küresel sürücüsüz araç pazarının 2030 yılında 60 milyar USD'ye yükselmesi öngörülmektedir. Bu eğilim sonunda da yapılan araç kayıtları içerisinde sürücüsüz araçların %12'ye ulaşacağı öngörülüyor.

Peki, sürücüsüz araç sahibi olmak isteyenlerin en büyük endişeleri nedir?

Çalışmaya katılanların %70'in iki neden üzerinde mutabık kalmış görünüyor. Bunlar sistem güvenliği endişeleri ve aracın bir sürpriz durumla karşılaştığında ne yapacağını kestirememesidir.[124]

Uygulama -2: Google Duplex

Google Duplex, Google tarafından 2018 yılının mayıs ayında tanıtımı yapılmış olan bir yapay zekâ tabanlı sistemdir. Temel amacı telefonda gerçek yaşamda yapılması beklenen bazı işleri insanların yerine gerçekleştirmektir. İnsanları en fazla etkileyen bu sistemin karşıdaki insana tamamen insansı bir görüşme ile yaklaşması ve karşıdaki insanın hiçbir şekilde bir makine ile konuştuğunu anlamamasıdır.[125] Ayrıca yine insanları en fazla etkileyen ve tanıtım esnasında gülüşmelere ve şaşırmalara neden olan uygulamanın tereddüt anlarında "uhm" şeklinde ses çıkarmasıdır.

Duplex temelde bir asistandır ve sanki her insanın bir sekreteri varmışçasına günlük hayatlarına dair bazı görevleri halletmesi amacı ile tasarlanmıştır. Kullanıcı Google'ın asistanı olan Google Assistant ile temasa geçerek "bana en sevdiğim restoranda rezervasyon yap" der. Google Assistant ise arka planda Google Duplex hizmetini kullanarak bu rezervasyonu gerçekleştirir. Akış temelde aşağıdaki gibidir.

Şekil 75. Google Duplex Çalışma Prensibi

Google bu konuyu iki örnek ile insanlara duyurmuştur. Bunlar bir kuaför randevusu alma ve bir restoranda rezervasyon yaptırmadır.

Eğer bu görüşmeleri dinlemek isterseniz aşağıdaki QR kodu okutarak ilgili sayfaya ulaşabilirsiniz.

Restoran randevusunun metin hali de aşağıdadır.

"Görevli: İyi akşamlar.

Duplex: Merhaba.

Görevli: Merhaba.

Duplex: Merhaba, umm, ayın üçü cuma günü için bir masa ayırtmak istiyorum.

Görevli: Tamam, bir dakika bekleyin.

Duplex: mm hmm.

Görevli: Tamam... Bir saniye bekleyin.

Duplex: mm hmm.

Görevli: yani cuma üç kasım. Kaç kişi?

Duplex: İki kişi için.

Görevli: İki kişi?

Duplex: Evet."

Google Duplex'i bu kadar popüler yapan sadece arkada kullanılan insansı bir yapay zekâ uygulaması değildir. Aynı zamanda bir makinenin bir insan ile bu kadar kesintisiz bir iletişime geçebilmesi ve ileride makineler arası iletişim için de önemli bir kilometretaşı olmasıdır. Makineler arası iletişim ile anlatmak istediğim; sizin asistanınız olan uygulamanın bir başka insanın veya işletmenin asistanı ile temasa geçip bu tarz günlük görevleri yapabilecek olmasıdır.

Uygulama -3: Microsoft Metin Analitiği

Metin analitiği yapay zekânın önemli alanlarından biridir. Bu sayede insanların yazmış olduğu mesajları, e-postaları, sosyal medya paylaşımlarını analiz ederek hangi ruh hali içinde olduklarını anlayabiliyoruz. Özellikle işletmeler kendi şirketleri ile ilgili müşterilerinin ne hissettiğini, hangi hizmetlerden memnun olup hangilerinden olmadıklarını bu sayede öğrenebilirler.

Microsoft bunu yapılabilir hale getirmek için bir uygulama geliştirdi.[126] Henüz demo aşamasında olsa da yandaki QR'ı okutarak buraya girebilir ve bu uygulamayı kullanabilirsiniz.

Buraya girdikten sonra üç tane birbirinden farklı metin ile bunu göstermek istiyorum. Aşağıdaki metinleri inceleyip lütfen önce kendi duygu analizinizi yapın ve sonra da makinenin duygu analizinin sizinki ile ne ölçüde tutarlı olduğuna karar verin.

İlk metin ile başlayalım.*

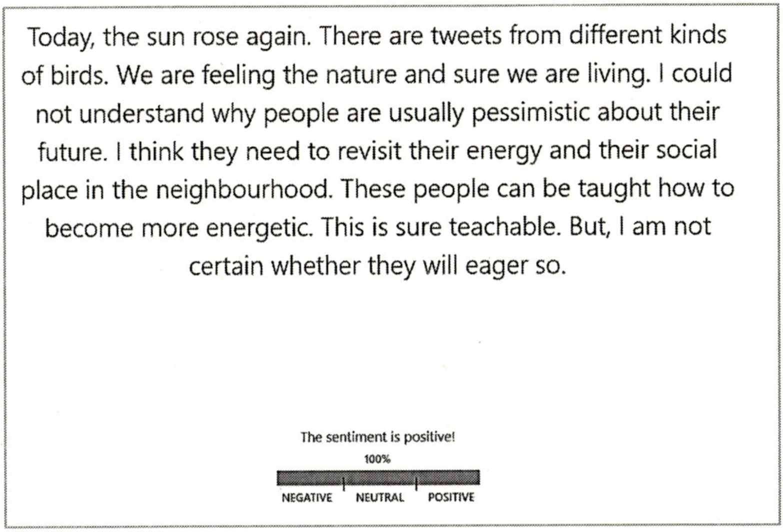

* Metnin Türkçesi: "Bugün güneş yeniden doğdu. Farklı kuş türlerinin sesleri var. Doğayı hissediyoruz ve yaşadığımızdan eminiz. İnsanların neden genellikle gelecekleri hakkında karamsar olduklarını anlayamıyorum. Bu insanların sosyal enerjilerini ve yakın çevrelerindeki yerlerini yeniden gözden geçirmeleri gerektiğini düşünüyorum. Bu insanlara nasıl daha enerjik olunacağı öğretilebilir. Bu kesinlikle öğretilebilir. Ama istekli olup olmayacaklarından emin değilim."

Şimdi hafif eleştiri ile olumsuz bir cümle yazalım. Bakalım algoritma karşımıza ne getirecek?*

> I can not understand football fans. Is there anything you earn for God's sake? What do you really understand about watching football matches? Couldn't you just spend more time on your family, on your kids, on your job or improving yourself instead? You watch your own team's match for 2 hours per week. You also probably watch the opponents' matches, for 4-5 hours? Then you listen to the commentators and read newspapers the next day. What a loss!

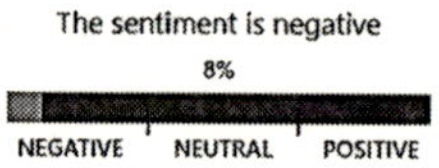

* Metnin Türkçesi: "Futbol taraftarlarını anlayamıyorum. Allah aşkına kazandığınız herhangi bir şey var mı? Futbol maçlarını izlemekten gerçekten ne anlıyorsunuz? Ailenize, çocuklarınıza, işinize ya da bunun yerine kendinizi geliştirmeye daha fazla zaman ayıramaz mısınız? Haftada 2 saat kendi takımınızın maçını izliyorsunuz. Rakiplerin maçlarını da 4-5 saat izliyorsunuzdur? Sonra ertesi gün yorumcuları dinliyor ve gazete okuyorsunuz. Ne büyük bir kayıp!"

Şimdi de olumsuz bir metin yazıp sonuçlarını görelim.*

> Dear Sir, how bad do you treat your customers? I came to your store the other day. Your customer representatives didn't even look at me. I did not say anything. I tried a pair of pants. I said, does this have blue? They said no. I said maybe you have in another store. They said no. I said if you could ask one of your stores. They said we can not ask. I was shocked what to say. Are we such insignificant people to you?

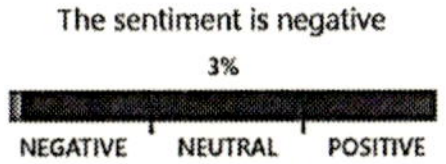

* Metnin Türkçesi: "Sayın yetkili, müşterilerinize ne kadar kötü davranıyorsunuz? Geçen gün mağazanıza geldim. Müşteri temsilcileriniz yüzüme bile bakmadı. Bir şey demedim. Bir pantolon denedim. Bunun mavisi yok mu dedim. Yok dediler. Belki başka mağazanızda vardır dedim. Yok dediler. Bir sorsanız dedim. Soramayız dediler. Ne diyeceğimi şaşırdım. Bu kadar mı önemsiz insanlarız sizin için?"

Yazar Hakkında

Dr. Okan Acar, 2000 yılından bu yana bankacılık yapmaktadır. Farklı bankalarda tahsis, ürün geliştirme, pazarlama, özel bankacılık, dijital dönüşüm ve dijital bankacılık gibi birçok alanda görev yapmıştır.

Marmara Üniversitesi Endüstri Mühendisliği programını bitirmiş olan Acar, İstanbul Üniversitesi'nde Yönetim ve Organizasyon Yüksek Lisansı ile Finans Doktora programlarını tamamlamıştır.

Ulusal ve uluslararası alanda makaleleri ve iki kitap bölümü bulunmaktadır. Ayrıca, doktora tezi kitap haline getirilmiştir. Detaylı özgeçmişi için yandaki kare kodu okutabilir veya http://www.okanacar.com/p/kisisel.html adresini ziyaret edebilirsiniz.

Bunun yanında Acar'ın www.okanacar.com isimli websitesindeki yazılarını takip etmek için abonelik gerçekleştirebilirsiniz.

Linkedin üzerinden temasa geçmek için linkedin.com/in/drokanacar adresini veya yandaki karekodu kullanabilirsiniz.

Dizin

A

B

C

Ç

U

Ü

V

W

Y

Kaynakça

[1] Wikipedia, "Zekâ", https://tr.wikipedia.org/wiki/Zek%C3%A2

[2] SAS, "What is Artificial Intelligence?", https://www.sas.com/en_us/insights/analytics/what-is-artificial-intelligence.html

[3] Britannica, "Artificial Intelligence", https://www.britannica.com/technology/artificial-intelligence

[4] Stuart Russell, Peter Norvig, Artificial Intelligence, A Modern Approach, Pearson, 2016.

[5] Renato Bruni, Biyo-İnovasyon, The Kitap, 2015

[6] Wikipedia, "Turing Testi", https://tr.wikipedia.org/wiki/Turing_testi

[7] HBR Press, Dijital Dönüşüm Yapay Zekâ, Optimist, 2020

[8] Softtech, 2020 Teknoloji Raporu, 2019.

[9] Milliyet, "İkinci Dünya Savaşı'nın Kaderini Değiştiren Kriptolog: Alan Turing", https://www.milliyet.com.tr/ikinci-dunya-savasi-nin-kaderini-degistiren-kriptolog-alan-turing-molatik-15419/?Sayfa=5

[10] Brian Mc Guire, "History of AI", https://courses.cs.washington.edu/courses/csep590/06au/projects/history-ai.pdf

[11] Wikipedia, "Moore Yasası", https://tr.wikipedia.org/wiki/Moore_yasas%C4%B1

[12] Java T Point, "History of AI", https://www.javatpoint.com/history-of-artificial-intelligence

[13] DeepMing, "AlphaGo", https://deepmind.com/research/case-studies/alphago-the-story-so-far

[14] Jeevitha Thangaraj, Ramya Lakshmi Narayanan, "Industry 1.0 to 4.0: The Evolution Of Smart Factories", https://www.researchgate.net/publication/330336790_INDUSTRY_10_TO_40_THE_EVOLUTION_OF_SMART_FACTORIES

[15] Statista, "Estimated Global Population from 10.000 BCE to 2100", https://www.statista.com/statistics/1006502/global-population-ten-thousand-bc-to-2050/

[16] Türkiye'nin Endüstri 4.0 Platformu, "Endüstri Tarihine Kısa Bir Yolculuk", https://www.endustri40.com/endustri-tarihine-kisa-bir-yolculuk/

[17] Statista, "Volume of Data/Information Created Worldwide from 2010-2024", https://www.statista.com/statistics/871513/worldwide-data-created

[18] Statista, "RPA Adoption and Investment Rates Worlwide in 2019, by Organization Size", https://www.statista.com/statistics/1017027/worldwide-robotic-process-automation-adoption-investment-rates-organization-size/

[19] Wikipedia, "Sophia", https://en.wikipedia.org/wiki/Sophia_(robot)

[20] Burak Budak, "Akıllı Sözleşmeler Nedir, Nasıl Çalışır?", https://webrazzi.com/2018/03/03/akilli-sozlesmeler-nedir-nasil-calisir/

[21] K. Salah, M. H. U. Rehman, N. Nizamuddin, A. Al-Fuqaha, "Blockchain for AI: Review and Open Research Challenges," https://ieeexplore.ieee.org/stamp/stamp.jsp?arnumber=8598784

[22] Statista, "Market Capitalization of Cyrptocurrencies from 2013 to 2019", https://www.statista.com/statistics/730876/cryptocurrency-maket-value/

[23] Statista, "How Many Customers Own Cyrptocurrency?", https://www.statista.com/chart/15137/how-many-consumers-own-cryptocurrency/

[24] KPMG Türkiye, "Küresel Fintech Araştırması 2018", https://assets.kpmg/content/dam/kpmg/tr/pdf/2018/05/kuresel-fintech-arastirmasi-2018.pdf

[25] HBR Press, Dijital Dönüşüm Siber Güvenlik, Optimist,2020.

[26] Identity Theft Resource Center, "Data Breaches and Exposed Records", ITRC 2019 End-of-Year Data Breach Report,

[27] PWC, "Yapay Zekâ Tahminleri 2018", https://www.pwc.com.tr/tr/sektorler/teknoloji/yapay-zeka-tahminleri-2018.pdf#page=14

[28] Ljubomir.Lazic, "Benefit From AI in Cybersecurity", https://www.researchgate.net/publication/336826190_BENEFIT_FROM_AI_IN_CYBERSECURITY .

[29] Siber Bülten, "Yapay Zekâ Siber Güvenlik İçin Tehdit mi Çözüm mü?" https://siberbulten.com/yapayzeka/yapay-zeka-siber-guvenlik-icin-tehdit-mi-cozum-mu/

[30] Statista, "Number of IoT Connected Devices Worldwide in 2018, 2025 and 2030", https://www.statista.com/statistics/802690/worldwide-connected-devices-by-access-technology/

[31] Wikipedia, "Smart City", https://en.wikipedia.org/wiki/Smart_city#cite_note-academia.edu-3

[32] Statista, "Smart Cities", https://www.statista.com/study/51495/smart-cities/

[33] Statista, "Consumer Spending on Smart Home Systems Worldwide from 2014 to 2023", https://www.statista.com/statistics/693303/smart-home-consumer-spending-worldwide/

[34] Deloitte, Vodafone, "Akıllı Şehir Yol Haritası Raporu - 2016", http://www.vodafone.com.tr/VodafoneBusiness/iot/pdf/akilli-sehir-yol-haritasi.pdf

[35] "Başarılı Örnekler", https://www.akillisehirler.gov.tr/basarili-ornekler/

[36] Wikipedia, "Üç Boyutlu Baskı", https://tr.wikipedia.org/wiki/%C3%9C%C3%A7_boyutlu_bask%C4%B1

[37] Statista, "Global 3D Printing Products and Services Market Size from 2020 to 2024", https://www.statista.com/statistics/315386/global-market-for-3d-printers/

[38] 3D Natives, "Why Combine Artificial Intelligence and 3D Printing?", https://www.3dnatives.com/en/artificial-intelligence-and-3d-printing-060120204/#!

[39] Venkat K., "Artificial Intelligence and 3D Printing: Future of Manufacturing", https://medium.com/@venkat34.k/artificial-intelligence-and-3d-printing-future-of-manufacturing-d84fb94b1c7d

[40] Drupa, "It's a Match! How Artificial Intelligence and 3D Printing Can Work Together", https://blog.drupa.com/de/its-a-match-how-artificial-intelligence-and-3d-printing-can-work-together-2/

[41] Çağla Çetin, Nefise Yaman, Levent Sabah, Erman Ayday, Can Ayday, "Bulut Bilişim (Cloud Computing) Teknolojisinin Uzaktan Algılama ve Coğrafi Bilgi Sistemlerinde Uygulama Olanakları", https://www.researchgate.net/publication/305545443_Bulut_Bilisim_Cloud_Computing_Teknolojisinin_Uzaktan_Algilama_Ve_Cografi_Bilgi_Sistemlerinde_Uygulama_Olanaklari

[42] Statista, "Cloud Computing", https://www.statista.com/study/15293/cloud-computing-statista-dossier/

[43] Wikipedia, "Arttırılmış Gerçeklik", https://tr.wikipedia.org/wiki/Art%C4%B1r%C4%B1lm%C4%B1%C5%9F_ger%C3%A7eklik

[44] Statista, "Virtual Reality (VR)", https://www.statista.com/study/29689/virtual-reality-vr-statista-dossier/

[45] Jameson, "Combining Artificial Intelligence and Augmented Reality in Mobile Apps", https://heartbeat.fritz.ai/combining-artificial-intelligence-and-augmented-reality-in-mobile-apps-e0e0ad2cfddc

[46] Joe Bardi, "What is Virtual Reality? [Definition and Examples]", https://www.marxentlabs.com/what-is-virtual-reality/

[47] Nick Hall, "8 Ways AI Makes Virtual & Augmented Reality Even More Real", https://www.topbots.com/8-ways-ai-enables-realistic-virtual-augmented-reality-vr-ar/

[48] Erik Brynjolfsson, Andrew McAfee, İkinci Makine Çağı, THY Yayınları, 2018.

[49] Pega Systems, "What Consumers Really Think About AI: A Global Study" https://www.pega.com/system/files/resources/2019-01/what-consumers-really-think-about-ai-study.pdf

[50] Statista, "Artificial Intelligence (AI) Worldwide, Statistics and Facts", https://www.statista.com/topics/3104/artificial-intelligence-ai-worldwide/

[51] McKinsey & Company, "Artificial Intelligence, The Next Digital Frontier?", https://www.mckinsey.com/~/media/mckinsey/industries/advanced%20electronics/our%20insights/how%20artificial%20intelligence%20can%20deliver%20real%20value%20to%20companies/mgi-artificial-intelligence-discussion-paper.ashx#:~:text=ARTIFICIAL%20INTELLIGENCE%3A,-THE%20NEXT%20DIGITAL&text=Artificial%20intelligence%20is%20poised%20to,to%20accelerate%20their%20digital%20transformations.

[52] Eyüp Burak Ceyhan, Şeref Sağıroğlu, "Parmak İzi ile Cinsiyet Arasındaki İlişki: Bir İnceleme", https://pdfs.semanticscholar.org/a4a1/f405a02c9c43f053c1773efa70aac4baa214.pdf

[53] Statista, "Biometric Technologies", https://www.statista.com/study/58700/biometric-technologies/

[54] Aleksandra Babiç, "Biometric Autentication Types of Biometric Identifiers", https://www.theseus.fi/bitstream/handle/10024/44684/Babich_Aleksandra.pdf

[55] Britannica, "Speech Recognition", https://www.britannica.com/technology/speech-recognition

[56] Eric Hal Schwartz, "Voice Assistants are Becoming Less Accurate but Google Assistant is Still the Smartest: Report", https://voicebot.ai/2019/10/31/voice-assistants-are-becoming-less-accurate-but-google-assistant-is-still-the-smartest-report/

[57] Statista, "Statista Global Consumer Survey"; https://www.statista.com/forecasts/1011623/virtual-assistant-usage-in-the-us

[58] Techopedia, "Image Recognition", https://www.techopedia.com/definition/33499/image-recognition

[59] Wikipedia, "Facial Recognition", https://en.wikipedia.org/wiki/Facial_recognition_system

[60] Norton, "How does Facial Recognition Work?" https://us.norton.com/internetsecurity-iot-how-facial-recognition-software-works.html#:~:text=Facial%20recognition%20is%20a%20way%20of%20recognizing%20a%20human%20face%20through%20technology.&text=It%20comp

ares%20the%20information%20with,it%20also%20raises%20privacy%20issues.

[61] Shanina Anwarul, Susheela Dahiya, "A Comprehensive Review on Face Recognition Methods and Factors Affecting Facial Recognition Accuracy", https://www.researchgate.net/publication/337446642_A_Comprehensive_Review_on_Face_Recognition_Methods_and_Factors_Affecting_Facial_Recognition_Accuracy

[62] HBR Press, Dijital Dönüşüm Yapay Zekâ, Optimist, 2020.

[63] Eyüp Burak Ceyhan, Şeref Sağıroğlu.

[64] Business Wire, TechNavio, 2016

[65] Rachel L. German, K. Suzanne Barber, "Consumer Attitudes About Biometric Authentication", https://identity.utexas.edu/assets/uploads/publications/Consumer-Attitudes-About-Biometrics.pdf

[66] Anil K. Jain, Lin Hong, S.Pankanti, "Biometric Identification", https://www.researchgate.net/publication/220423488_Biometric_Identification/link/54733a550cf216f8cfaeb8b2/download

[67] Roman Yampolskiy, Venu Govindaraju, "Behavioural Biometrics: A Survey and Classification". https://www.researchgate.net/publication/247836093_Behavioural_biometrics_A_survey_and_classification

[68] Barton Paulson, "Data Science Foundations: Fundamentals", https://www.linkedin.com/learning/data-science-foundations-fundamentals-6/supply-and-demand-for-data-science?u=82618122

[69] Hürriyet, "Uber'in Sürücüsüz Aracı Kaza Yaptı, Yayayı Öldürdü", https://www.hurriyet.com.tr/teknoloji/uberin-surucusuz-otomobili-kaza-yapti-yayayi-oldurdu-40777908

[70] Ipsos, "Public Opinion on a Future with Driverless Cars", https://www.ipsos.com/sites/default/files/ct/news/documents/2018-03/driverless_cars-2018.pdf

[71] Osman Tok, "Apple'ın Face ID Teknolojisi Çinlilerin Yüzünü Ayırt Edemedi", https://www.teknolojioku.com/mobil/applein-face-id-teknolojisi-cinlilerin-yuzunu-ayirt-edemedi-5a37b76a86a04d7f20278c23

72 Hüseyin, "Veri Bilimi, Makine Öğrenimi ve Yapay Zekâ Nasıl Örtüşür ve Ayrışır? ", https://medium.com/technical-library/veri-bilimi-makine-%C3%B6%C4%9Frenimi-ve-yapay-zeka-nas%C4%B1l-%C3%B6rt%C3%BC%C5%9F%C3%BCr-ve-ayr%C4%B1%C5%9F%C4%B1r-7443f7d27d3a

73 Sandra Durcevic, "Data Science vs Data Analytics – Everything You Need To Know", https://www.datapine.com/blog/data-science-vs-data-analytics/

74 Data Science Central, "Two Great Visualizations About Data Science ", https://www.datasciencecentral.com/profiles/blogs/two-great-visualizations-about-data-science?override MobileRedirect=1

75 Wikipedia, "Prescriptive Analytics", https://en.wikipedia.org/wiki/Prescriptive_analytics

76 Cenk Derinözlü, "Büyük Veri İşlemleri ve Hadoop", https://www.slideshare.net/CenkDerinozlu/byk-veri-lemleri

77 Guru99.com, "What is AI? Artificial Intelligence Tutorial for Beginners", https://www.guru99.com/artificial-intelligence-tutorial.html

78 Şeref Kalaycı, SPSS Uygulamalı Çok Değişkenli İstatistik Teknikleri, Asil, 2006.

79 Zeliha Kaygısız, Sinan Saraçlı, Kerim Ulaş Dokuzlar, "İllerin Gelişmişlik Düzeyini Etkileyen Faktörlerin Path Analizi ve Kümeleme Analizi ile İncelenmesi", http://bssupgrade.oceaninfo.ru/library/files/39503.pdf

80 Ayşen Altun Ada, "Kümeleme Analizi İle AB Ülkeleri ve Türkiye'nin Sürdürülebilir Kalkınma Açısından Değerlendirilmesi", https://dergipark.org.tr/tr/pub/dpusbe/issue/4771/65672

81 Halil Burak Yılmaz, "Python Uygulaması ve Karar Ağaçları", https://www.datasciencearth.com/python-uygulamasi-ile-karar-agaclari/

82 Wikipedia, "Gözetimsiz Öğrenme", https://tr.wikipedia.org/wiki/G%C3%B6zetimsiz_%C3%B6%C4%9Frenme

83 Harun Bayer, Tevfik Çoban, "Web İstatistiklerinde Makine Öğrenmesi Algoritmaları ile Kritik Parametre Tespiti", https://dergipark.org.tr/en/download/article-file/715350

84 Erol Eren, Stratejik Yönetim ve İşletme Politikası, Beta, 2000.

85 Wikipedia, "Genel Veri Koruma Yönetmeliği", https://tr.wikipedia.org/wiki/Genel_Veri_Koruma_Y%C3%B6netmeli%C4%9Fi

86 KVKK, madde 1

87 Intersoft Consulting, "GDPR", https://gdpr-info.eu/

88 KVKK, madde 3

89 Kişisel Verileri Koruma Kurumu, "100 Soruda Kişisel Verilerin Korunması Kanunu ", https://www.kvkk.gov.tr/SharedFolderServer/CMSFiles/7d5b0a2f-e0ea-41e0-bf0b-bc9e43dfb57a.pdf

90 Inequality.org, "Wealth Inequality in the United States", https://inequality.org/facts/wealth-inequality/

91 Hürriyet, "Yapay Zekâ Irkçı Olabilir mi?", https://www.hurriyet.com.tr/teknoloji/yapay-zeka-irkci-olabilir-mi-41547261

92 Wikipedia, "Compass", https://en.wikipedia.org/wiki/COMPAS_(software)

93 En Son Haber, "Yapay Zekâ Irkçılığı Yeniden Gündemde", https://www.ensonhaber.com/teknoloji/yapay-zeka-irkciligi-yeniden-gundemde

94 Marta Rodriguez Martinez, Julie Gaubert, "Yapay Zekânın Cinsiyetçiliği: Kadın Elinden Çıkan Algoritmalar Kadınlara Karşı Ayrımcılık Yapıyor", https://tr.euronews.com/2020/03/08/yapay-zekanin-cinsiyetciligi-kadin-elinden-cikan-algoritmalar-kadinlara-kars-ayrimcilik-ya

95 Haberler.com, "Yapay Zekâ Uygulamalarında Karşılaşılan En Büyük Problem: Ayrımcılık", https://www.haberler.com/yapay-zeka-uygulamalarinda-karsilasilan-en-buyuk-11871130-haberi/

96 SAS, "AI Momentum Maturity & Models For Success", https://www.accenture.com/t20180914T183027Z__w__/us-en/_acnmedia/PDF-86/Accenture-AI-Momentum.pdf

97 McKinsey Global Institute, "Skill Shift Automation and the Future of the Workforce",

https://edmsp1.ilo.org/edmsp1/idcplg?IdcService=GET_FILE&dID=364031&dDocName=EDMSP1_216424&allowInterrupt=1

[98] EMW Team, "U.S. Unemployment Rate by Education", https://www.endowmentwm.com/u-s-unemployment-rate-by-education/

[99] Online Etymology Dictionary, "Innovate", https://www.etymonline.com/word/innovate

[100] Jeff Sutherland, İki Katı İşi Yarı Zamanda Yapma Sanatı: Scrum, Buzdağı, 2018.

[101] Margareth Rouse, "What is Data Governance and Why Does It Matter? ", https://searchdatamanagement.techtarget.com/definition/data-governance#:~:text=Data%20governance%20(DG)%20is%20the,and%20doesn't%20get%20misused.

[102] Wikipedia, "Data Steward", https://en.wikipedia.org/wiki/Data_steward

[103] GovLab, "The Three Goals and Five Functions of Data Stewards", http://thegovlab.org/the-three-goals-and-five-functions-of-data-stewards-2/

[104] PWC, "A Practical Guide for Responsible Artificial Intelligence (AI)", https://www.pwc.com/gx/en/issues/data-and-analytics/artificial-intelligence/what-is-responsible-ai/responsible-ai-practical-guide.pdf

[105] Margareth Rouse, "Black Box AI", https://whatis.techtarget.com/definition/black-box-AI

[106] Ankara Üniversitesi, "Hipotez Testlerine Giriş", https://acikders.ankara.edu.tr/pluginfile.php/30756/mod_resource/content/0/4_Hipotez%20Testlerine%20Giri%C5%9F.pdf

[107] Hürriyet, "Azınlık Raporu Filmi Gerçek Oluyor. Suçu İşlenmeden Önleme Devri Başlıyor", https://www.hurriyet.com.tr/avrupa/azinlik-raporu-filmi-gercek-oluyor-sucu-islenmeden-onleme-donemi-basliyor-41035280

[108] CNBC, "Putin: Leader in Artificial Intelligence Will Rule the World", https://www.cnbc.com/2017/09/04/putin-leader-in-artificial-intelligence-will-rule-world.html?&qsearchterm=artificial%20intelligence%20putin

[109] Mark Purdy, Paul Daugherty, "Why Artificial Intelligence is the Future of Growth?", https://www.accenture.com/t20170524T055435__w__/ca-en/_acnmedia/PDF-52/Accenture-Why-AI-is-the-Future-of-Growth.pdf

[110] Capgemini Consulting, "Artificial Intelligence Benchmark", https://www.capgemini.com/wp-content/uploads/2018/07/AI-Readiness-Benchmark-POV.pdf

[111] Gartner, "The 2019 CIO Agenda Survey", https://www.gartner.com/en/documents/3891665/the-2019-cio-agenda-securing-a-new-foundation-for-digita#:~:text=Digital%20business%20is%20maturing%2C%20from,agenda%20for%202019%20and%20beyond.

[112] McKinsey & Company, "Artificial Intelligence, The Next Digital Frontier?"

[113] Statista, "In-depth: Artificial Intelligence 2019", https://www.statista.com/study/50485/artificial-intelligence/

[114] Accenture, "Accenture Report: Artificial Intelligence has Potential to Increase Corporate Profitability in 16 Industries by an Average of 38 Percent by 2035", https://newsroom.accenture.com/news/accenture-report-artificial-intelligence-has-potential-to-increase-corporate-profitability-in-16-industries-by-an-average-of-38-percent-by-2035.htm

[115] Gartner "2018 Artificial Intelligence Consumer Perceptions Survey", https://www.gartner.com/en/newsroom/press-releases/2018-09-12-gartner-survey-finds-consumers-would-use-ai-to-save-time-and-money

[116] Eric Ries, Lean Startup, Currency, 2014.

[117] Oecd.futureofjobs.org

[118] The Guardian, "A Robot Wrote This Entire Article. Are You Scared Yet, Human?", https://www.theguardian.com/commentisfree/2020/sep/08/robot-wrote-this-article-gpt-3

[119] CNN Türk, "Finlandiya'da Haftada 4 Gün 6 Saat Çalışma Önerisi", https://www.cnnturk.com/dunya/finlandiyada-haftada-4-gun-6-saat-calisma-onerisi

[120] OECD, "Hours Worked", https://data.oecd.org/emp/hours-worked.htm

[121] Türkiye'nin Endüstri 4.0 Platformu, "Sürücüsüz Otonom Araçlar", https://www.endustri40.com/surucusuz-otonom-araclar/

[122] ThinkTech STM Düşünce Merkezi, "Sürücüsüz Araçlar ve Türkiye, Araştırma Raporu Aralık 2017", https://thinktech.stm.com.tr/uploads/raporlar/pdf/1412201715732202_stm_surucusuzaraclar_.pdf

[123] KPMG International, "2020 Autonomous Vehicles Readiness Index", https://assets.kpmg/content/dam/kpmg/xx/pdf/2020/07/2020-autonomous-vehicles-readiness-index.pdf

[124] Statista, "Autonomous Vehicles Worldwide", https://www.statista.com/study/28221/driverless-cars-statista-dossier/

[125] Yaniv Leviathan, "Google Duplex: An AI System for Accomplishing Real-World Tasks Over the Phone", https://ai.googleblog.com/2018/05/duplex-ai-system-for-natural-conversation.html

[126] Microsoft, "Text Analytics", https://aidemos.microsoft.com/text-analytics